Navegar en Internet
Macromedia
Dreamweaver 4

Navegar en Internet
Macromedia
Dreamweaver 4

Francisco Pascual González

Alfaomega ✠ Ra-Ma

Navegar en Internet: Dreamweaver 4
© Francisco Pascual González

ISBN 84-7897-473-3, edición original publicada por RA-MA Editorial,
MADRID, España. Derechos reservados © RA-MA Editorial

MARCAS COMERCIALES: RA-MA ha intentado a lo largo de este libro distinguir
las marcas registradas de los términos descriptivos, siguiendo el estilo de mayúsculas
que utiliza el fabricante, sin intención de infringir la marca y sólo en beneficio del
propietario de la misma.

© 2001 ALFAOMEGA GRUPO EDITOR, S.A. de C.V.
Pitágoras 1139, Col. Del Valle, 03100 México, D.F.

Miembro de la Cámara Nacional de la Industria Editorial Mexicana
Registro No. 2317

Internet: **http://www.alfaomega.com.mx**
Email: **ventas1@alfaomega.com.mx**

ISBN 970-15-0732-0

Derechos reservados.
Esta obra es propiedad intelectual de su autor y los derechos de publicación en lengua
española han sido legalmente transferidos al editor. Prohibida su reproducción par-
cial o total por cualquier medio sin permiso por escrito del propietario de los derechos del copyright.

NOTA IMPORTANTE
La información contenida en esta obra tiene un fin exclusivamente didáctico y, por lo
tanto, no está previsto su aprovechamiento a nivel profesional o industrial. Las indicaciones técnicas y programas incluidos, han sido elaborados con gran cuidado por
el autor y reproducidos bajo estrictas normas de control. ALFAOMEGA GRUPO
EDITOR, S.A. de C.V. no será jurídicamente responsable por: errores u omisiones;
daños y perjuicios que se pudieran atribuir al uso de la información comprendida en
este libro y en el CD-ROM adjunto, ni por la utilización indebida que pudiera dársele.

Edición autorizada para venta en México y todo el continente americano

Impreso en México - Printed in Mexico

A mi pequeña familia:
Mi mujer, Mari Carmen
y mis hijas, Diana y Esther

ÍNDICE

INTRODUCCIÓN

Dreamweaver es un sistema para crear sitios Web diseñados para la red Internet. En estos días nos estamos viendo invadidos por ese fenómeno llamado Internet: la red de redes. En realidad, no existe una compañía o empresa con ese nombre. Internet es simplemente un conjunto de normas y protocolos de conexión entre ordenadores que se ha hecho tan famosa y se ha potenciado tanto que ha englobado prácticamente la totalidad de las redes telefónicas, que ahora utilizan esas reglas para comunicarse con sus usuarios y con otras redes.

Ya es ciertamente popular que en Internet existen unas páginas que contienen imágenes, texto y sonidos que denominamos sitios y páginas Web. Aunque Internet permite realizar varias tareas más como, por ejemplo, el correo electrónico, la transmisión y recepción de archivos o el teleproceso, lo que ahora proporciona fama a Internet son las páginas Web, ya que permiten realizar publicidad a escala mundial para cualquiera que quiera conectarse a la red.

La expresión *Página Web* se ha tomado de *World Wide Web* (WWW = Tela de araña de ámbito mundial), cuyas siglas suelen utilizarse como comienzo de una dirección de página Web.

La popularidad de Internet se refuerza porque una llamada telefónica que nos conecte a la red es de tipo local, por lo que no es necesario pagar precios de conferencia telefónica. La contrapartida es que muchos usuarios rehúsan conectarse a Internet porque la mayor parte de su contenido sólo puede leerse en inglés. De hecho, puede decirse que ése es su lenguaje internacional, ya que también es el idioma más hablado internacionalmente. Pero si nos concentramos en que las páginas Web constituyen una forma de publicidad muy productiva y relativamente barata, esto las convierte en una parte de Internet más que interesante para cualquier empresa. Por ello, las páginas Web se han multiplicado en los últimos días. Y por ello también es muy útil saber cómo crear estas páginas, puesto que una compañía que se dedique a crearlas cobrará un buen pellizco por su trabajo, mientras que si es el mismo empresario quien sabe crearlas por su cuenta se ahorrará ese dinero.

En un principio, las páginas Web se creaban con programas que permitían desarrollarlas utilizando el lenguaje HTML: *HyperText Markup Lenguage* (Lenguaje de marcado de Hipertexto). Al tratarse de un lenguaje, era necesario el aprendizaje de sus comandos y sintaxis para la creación de páginas Web. Ahora este lenguaje relativamente antiguo se está complementando con otros como JavaScript (o Java). Sin embargo, existen programas que permiten generar páginas Web con cierta facilidad y sin necesidad de tener grandes conocimientos informáticos ni de lenguajes de programación. Uno de ellos es Dreamweaver de la compañía Macromedia.

COMIENZO

Cualquier aplicación Windows se pone en marcha seleccionando su icono correspondiente en el menú que aparece al pulsar el botón **Inicio** (en la barra de tareas). Este botón genera un menú cuya primera opción, generalmente, es **Programas**. Al seleccionar este icono, aparece una lista de carpetas e iconos instalados en el disco duro: entre ellos ha de aparecer el icono de la carpeta **Macromedia Dreamweaver 4**:

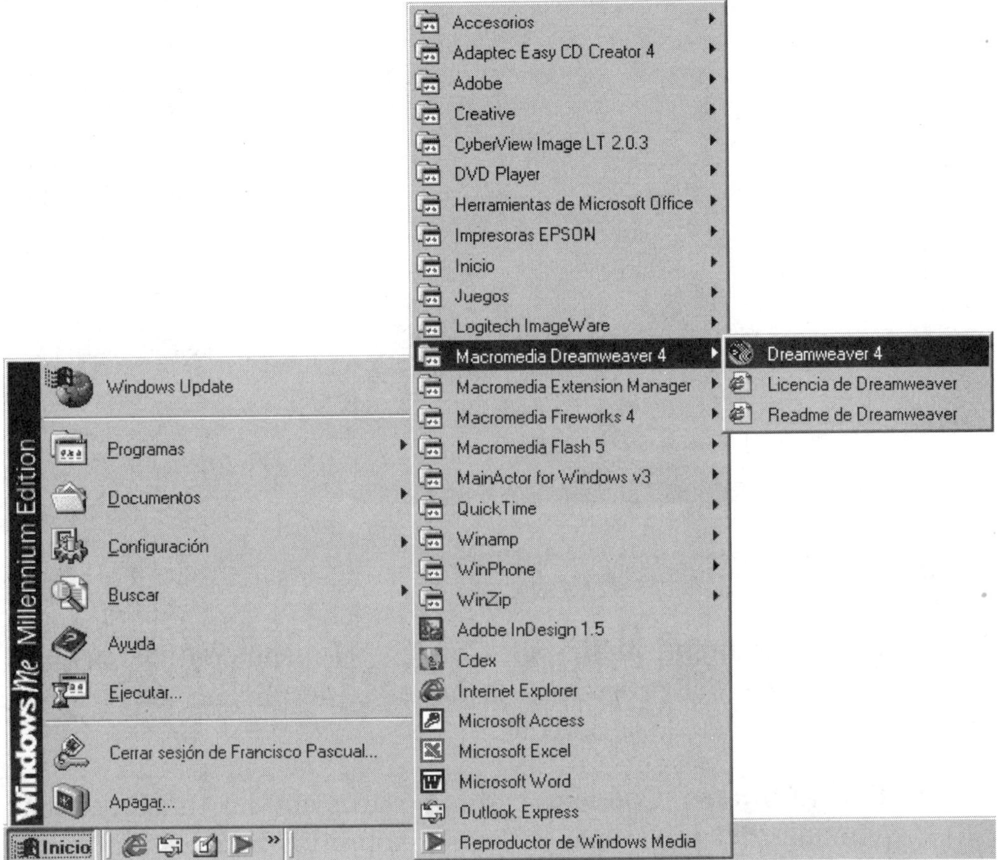

Al seleccionar esta carpeta, deberá obtener un submenú con varios iconos, entre los que se encontrará **Dreamweaver 4**.

Si dicho icono se encuentra en el escritorio de Windows, también podemos hacer un doble clic sobre él para poner en marcha el programa y trabajar con él.

Una vez activado Dreamweaver, aparecerá con una página Web vacía y lista para que diseñemos lo que necesitemos. Esa ventana con la página estará rodeada de varios paneles con funciones prácticas para la construcción del sitio Web y sus páginas:

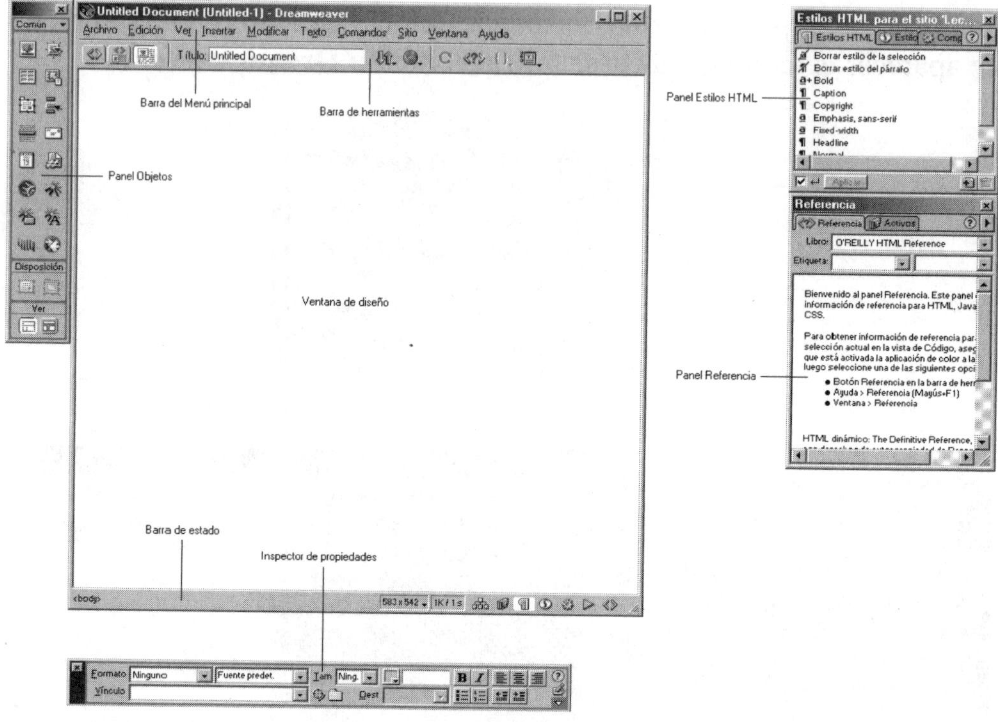

1. **Barra del menú principal**. Contiene el menú con las opciones principales del programa. Todas ellas despliegan una lista de funciones cuando se activan.

2. **Panel Objetos**. Contiene varios botones con las funciones más comunes del programa. Al pulsar sobre los botones, las tareas que tengan asociadas entran en funcionamiento. Podrá ver varios paneles flotantes de este tipo con botones similares: **Barra de Herramientas**, **Inspector de Propiedades**, **Panel Estilos HTML**, **Panel Referencia**, etc.

3. **Ventana de diseño**. Es la ventana más grande de Dreamweaver en la que trabajaremos diseñando la página Web, los vínculos, etc.

4. **Barra de estado**. Muestra en todo momento la situación en que se encuentra el usuario en Dreamweaver.

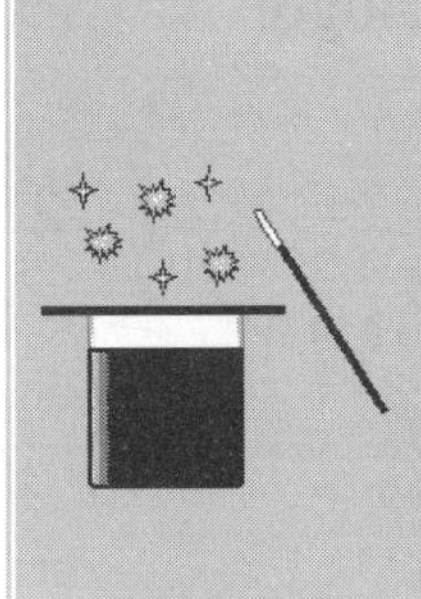

Observe que el inspector de propiedades contiene un pequeño botón en su esquina inferior derecha: ▽. Este botón permite ampliar el tamaño del inspector ofreciendo más propiedades: púlselo y observe los resultados, si bien, los elementos que ofrece este inspector varían en función del objeto de la página que tengamos seleccionado. Así, si seleccionamos una imagen obtendremos unas propiedades especiales para imágenes, mientras que si seleccionamos un párrafo de texto, obtendremos propiedades especiales para texto. En la mayoría de los ejemplos que vamos a ofrecer a lo largo del libro ofreceremos el inspector con este botón pulsado.

SALIDA DE DREAMWEAVER

Antes de pasar a estudiar Dreamweaver, hemos de saber cómo salir de él. En casi todos los programas de Windows existe el menú **Archivo** en la barra del menú principal.

Al activarlo, se despliega una lista de opciones entre las que se encuentra **Salir** —generalmente en último lugar—. Bastará con seleccionar esa opción utilizando el ratón o las teclas de movimiento del cursor del teclado (flechas) y pulsar la tecla INTRO.

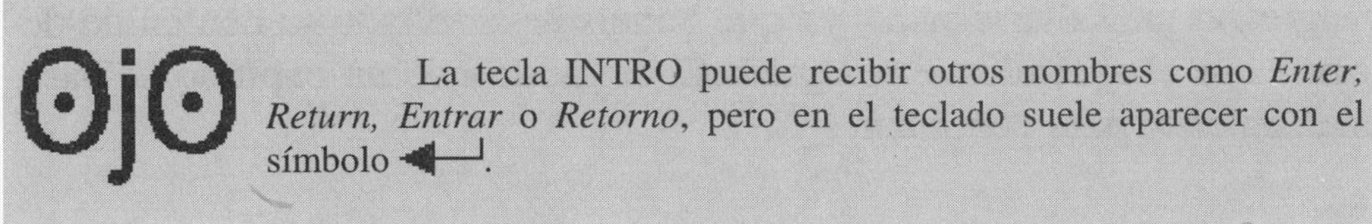

La tecla INTRO puede recibir otros nombres como *Enter*, *Return*, *Entrar* o *Retorno*, pero en el teclado suele aparecer con el símbolo ◄┘.

En Windows la mayor parte de las ventanas tienen un botón para cerrarlas: ☒. Si pulsamos este botón, también podremos salir de la ventana en cuestión.

Si habíamos añadido información al programa (datos a una página Web de Dreamweaver), al intentar salir se nos preguntará si deseamos almacenar en el disco dicha información añadida.

Para ello, se nos ofrecerá el siguiente cuadro de diálogo:

Si el archivo en que se va a almacenar la información tiene un nombre, éste aparecerá en lugar de *Untitled-1*. Bastará con pulsar el botón [Sí] para grabar la información y salir, [No] si desea salir sin grabarlo y [Cancelar] para volver al Dreamweaver, ya que esta última opción anula la petición de salida.

CÓMO USAR ESTE LIBRO

Vamos a comenzar por detallar el funcionamiento básico de Dreamweaver y progresivamente iremos viendo funciones más complejas.

Sería recomendable seguir todos los capítulos también de forma progresiva sin saltarse nada, ya que hemos desarrollado su contenido de forma que el aprendizaje sea gradual, de modo que un capítulo se basa en el anterior para continuar.

Si dispone de un ordenador y del programa, le recomendamos que vaya comprobando paso a paso todo lo que vaya viendo en el libro, de modo que se familiarice con el programa, sus cuadros de diálogo y su manejo. Recuerde que toda práctica que realice siempre es buena.

Por otra parte, hemos utilizado dos iconos para atraer su atención sobre algo:

En lugares en los que se deba tener en cuenta un dato importante.

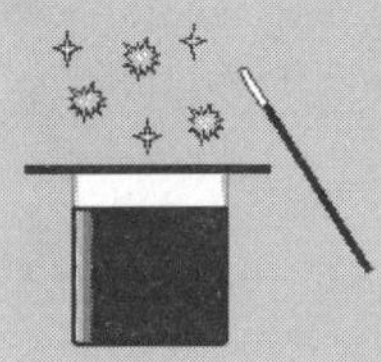

En lugares en los que le ofrecemos un truco que pueda resultarle útil o que facilite su trabajo.

Podrá observar que hemos detallado el método de trabajo de Dreamweaver con Windows Millennium. Sin embargo, debe tener en cuenta que, en lo que se refiere al manejo, el programa funciona de forma idéntica en Windows 95/98 ó 2000, aunque algunos elementos de las figuras que hemos ido colocando a lo largo del libro puedan estar colocados de forma distinta o con colores diferentes.

Por otra parte, deseamos comentarle que los ejercicios que ofrecemos en los distintos capítulos del libro puede verlos ya resueltos en el CD-ROM que acompaña al libro que tiene en sus manos. Por ejemplo, puede encontrar en la carpeta *Archivos* las imágenes que iremos pidiéndole que incorpore a las páginas Web de los ejercicios. Estos ejercicios son muy simples y básicos, ya que tienen la finalidad de que se practique según se aprende con cada lección del libro; no obstante, como capítulo final del libro hemos ofrecido la creación de un sitio Web completo y más avanzado, muy similar a los que pueden verse hoy por hoy en Internet. Este ejercicio ha sido detallado paso a paso para que se pueda repetir o crear uno propio siguiendo las mismas directrices.

Al final del libro, hemos incluido un glosario de términos Español/Inglés para aquellos que necesiten traducción del programa demostrativo que ofrecemos en el CD-ROM.

CAPÍTULO 1

BÁSICO EN DREAMWEAVER

Lo primero siempre es comenzar por la parte más sencilla, por lo que empezaremos viendo los componentes de las páginas Web para que el lector tenga una idea clara de lo que va a generar con su trabajo.

Después veremos lo esencial del trabajo con Dreamweaver para, posteriormente y en otros capítulos, inspeccionar el programa con más profundidad.

QUÉ COMPONE UNA PÁGINA WEB

Como cualquier tipo de página informativa, una página Web puede contener texto e imágenes. No obstante, el trabajo electrónico permite ciertas funciones extra como, por ejemplo, añadir sonido, animaciones o interactividad a las páginas, lo cual puede proporcionar mayor atractivo a una página Web independientemente de cuál sea el contenido de la información que ofrezca.

Cuando se afianzaron los protocolos HTTP que ahora aplicamos a las páginas Web de Internet, éstas debían crearse exclusivamente mediante el lenguaje de programación HTML (*HyperText Markup Lenguage*). Al tratarse de un lenguaje de programación, resultaba pesado su aprendizaje por parte de usuarios poco experimentados, ya que como mínimo exige conocer sus comandos, estructuras y sintaxis. Esto hacía que el crear páginas Web resultase un trabajo poco grato para aquellas personas que usaban la informática con asiduidad pero que rehuían —o desconocían— los lenguajes de programación.

Básicamente, este lenguaje consiste en asociar distintos elementos colocados en la página dándoles enlaces que hacen referencia a otros elementos u otras páginas. Así, cuando se hace un clic sobre un objeto de la página para seleccionarlo, el lenguaje se encarga de llevarnos a ese otro objeto o página. Esto es lo que siempre ha definido al hipertexto, de ahí que este lenguaje contenga esa palabra en su definición.

Pero, como ocurre en todos los aspectos de la informática, el manejo de un programa siempre termina mejorándose en el sentido de que se le facilita el trabajo al usuario. Así aparecieron, por ejemplo, los entornos de programación visual como Visual Basic o Visual dBase, lenguajes que anteriormente existían como conjuntos de instrucciones, estructuras y sintaxis.

Microsoft Dreamweaver es otro de esos sistemas que han evolucionado a partir de un lenguaje de programación, permitiendo diseñar las páginas Web de forma visual en lugar de programada, si bien, también permite generar partes de las páginas con lenguajes como HTML, XML o Java.

Pero tanto si se programan como si se crean mediante un entorno visual, las páginas Web pueden contener siempre los mismos elementos:

1. **Texto**: estático o en movimiento.

2. **Imágenes**: fijas o con animación.

3. **Sonidos**.

4. **Secuencias de vídeo y animación**.

5. **Interactividad**.

Por otra parte, cada elemento de una página Web puede estar enlazado mediante un vínculo de hipertexto (vínculo) con otra página, de modo que cuando el usuario que navega por Internet hace un clic sobre el objeto en cuestión le sitúa en la dirección asociada a él.

Texto

El texto es un componente fundamental en las páginas Web, ya que es precisamente el que nos ofrece la información que podremos recoger.

Al texto de un Web podremos darle distintas apariencias como tipos de letra o colores. Para generarlo, únicamente será necesario escribirlo tecleándolo en la página Web, como veremos más adelante.

Cuando una pequeña parte del texto sea un vínculo, ésta suele aparecer subrayada indicándolo. En los textos de este tipo puede hacerse un clic con el fin de acceder al lugar de la red indicado por el vínculo.

Imágenes

Las imágenes dan grafismo y suelen atraer la atención del usuario. No en vano muchas de las páginas Web dedicadas al entretenimiento contienen partes exclusivamente dedicadas a fotografías que, naturalmente, consisten en imágenes lo más atrayentes posible.

En Internet suele haber dos formatos de imágenes: GIF y JPEG. Las imágenes de estos formatos pertenecen al tipo de mapa de bits. Este formato tiene como "pega" que su contenido es desmesurado en cuanto a lo que ocupan en memoria o en disco.

Por este motivo, en todo tipo de comunicación entre ordenadores (sobre todo si ésta es telefónica) se impone reducir de algún modo su tamaño con el fin de no demorar demasiado la espera del usuario ante la tardanza de la aparición de la imagen. De hecho estos formatos se están tomando como estándar para representar imágenes en muchos sistemas gracias a que ofrecen una calidad muy alta y ocupan relativamente poco espacio en memoria o en disco.

El espacio que ocupan los archivos almacenados mediante los formatos GIF y JPEG se reduce gracias a un sistema de compresión de datos que incorporan todos aquellos programas que permiten leer imágenes del disco (o de la red) o escribirlas en él.

El formato GIF puede contener imágenes animadas, por lo que los programas de creación y retoque de imágenes (como Photoshop o Fireworks) ofrecerán la posibilidad de crear una película que luego grabaremos en formato GIF. Si así lo hacemos, el navegador o explorador mostrará la imagen con la animación.

Sonidos

Los sonidos son menos comunes en Internet aunque pueden hacer más atractiva una página Web.

Por norma general, el formato del sonido en Internet es MP3. Un formato estándar de audio comprimido.

Como ocurre con las imágenes, un sonido digital bien grabado ocupa mucho espacio en el disco, por lo que hay algunos intentos de introducir otros sistemas de sonido como RealAudio (archivos que tienen extensión RAM) que comprimen la información para que ocupe menos espacio. Al no tratarse de programas que incorpora el propio Windows, suelen ser fáciles de conseguir dentro de la misma red Internet por el interés de sus creadores en difundirlos.

También hay que decir que el formato WAV (el estándar de Windows) admite compresión. Cualquier tarjeta de Audio como Creative SoundBlaster suele ofrecer software con el que grabar y reproducir sonidos en formato WAV y, en algunos casos, podremos grabar y reproducir sonidos comprimiendo dicho formato WAV. El más común de los formatos WAV comprimidos que podemos encontrar en Internet es ADPCM (aunque existen programas al alcance de cualquiera para transformar estos archivos WAV en MP3). Cuando se intenta reproducir un sonido de este tipo, el programa debe descomprimirlo primero, pero resulta muy práctico porque al ocupar menos espacio en disco también tarda menos en transmitirse por la línea telefónica.

Vídeo

En algunos casos, existen páginas Web que aportan imágenes de vídeo para complementar la información.

Generalmente, los formatos en que aparecen los vídeos en Internet son AVI (estándar de Windows) y QTM (QuickTime, que también pueden aparecer como MOV), este último comprimido.

Si una imagen ocupa mucho espacio y un sonido también, piense cuánto puede ocupar un archivo de vídeo que contiene una mayor o menor sucesión de imágenes acompañadas de un sonido constante.

Por esta razón, los archivos de vídeo suelen presentarse en un tamaño visual muy reducido y en ellos se hace casi imprescindible la compresión para que el tiempo empleado para su transmisión telefónica resulte aceptable. A pesar de todo es posible encontrar archivos de vídeo en la red que contengan 3, 4 o más MBytes de datos en imagen y sonido de modo que resulta altamente tedioso solicitarlos.

Interactividad

Hoy por hoy un sitio Web que se limite a contener únicamente texto e imágenes resulta insuficiente. La interactividad en las páginas Web consiste en establecer una sencilla comunicación entre la página y el usuario que la visita en ese momento: la página ofrece su información y sus elementos interactivos al usuario y éste entrega su información a la página a través de ellos.

En sitios Web sencillos dedicados al entretenimiento, sus páginas pueden contener únicamente información textual y gráfica y habrán cumplido sus expectativas. Sin embargo, los sitios Web orientados al negocio necesitan de una cierta interrelación con el posible cliente. Por ejemplo, existen miles de páginas en las que una empresa coloca un formulario de datos en alguna página para que un internauta interesado rellene lo necesario para darse de alta en algún servicio o simplemente para comprar productos que, por regla general, le resultan difíciles de adquirir de otro modo o le ofrezcan algún tipo de oferta atrayente.

Dreamweaver, como la mayoría de los sistemas de diseño de sitios Web proporciona ciertas herramientas para generar esa interactividad con los usuarios de las páginas Web que se diseñen con él. Ahora bien, se trata de una interactividad algo limitada, debido a que estas tareas exigen un mínimo de programación con lenguajes específicos para Internet como JavaScript o VBScript. Dreamweaver permite colocar los elementos necesarios (botones, listas desplegables, cuadros de texto, etc.) y ofrece, ya programadas, las funciones más comunes que se realizan con ellos, para que incluso un usuario que desconozca el manejo de dichos lenguajes pueda realizar esas funciones más avanzadas: en el momento en que se necesite que esos elementos se salgan de su función habitual, será necesario reprogramarlos con uno de esos lenguajes.

QUÉ PUEDE ESPERARSE DE DREAMWEAVER

Como decíamos, Dreamweaver es un sistema visual de creación y diseño de páginas Web. Por tanto, lo utilizaremos prácticamente como si de un programa de autoedición se tratara, ya que iremos incorporando elementos a la página, como textos, imágenes, sonidos, etc. A esto hay que añadir que cada elemento puede enlazarse con otras páginas Web, ya sea en el mismo sistema (locales) o en cualquier otro terminal que esté conectado a Internet.

Pero pasemos al manejo en sí del programa. En Dreamweaver se diseña la página Web en la ventana más grande. En ella vamos tecleando y añadiendo los distintos componentes a las páginas que compongan el sitio Web mediante los paneles con los que también podremos modificar dichos elementos según nuestras necesidades.

En principio eso es todo y sólo necesitamos saber la forma en que podemos ir colocando los elementos en la página; sin embargo, con Dreamweaver podemos diseñar, no sólo páginas Web, sino sitios Web: varias páginas Web relacionadas entre sí, normalmente con una de ellas actuando como principal, capaz de llevarnos hasta las demás. Ejemplo:

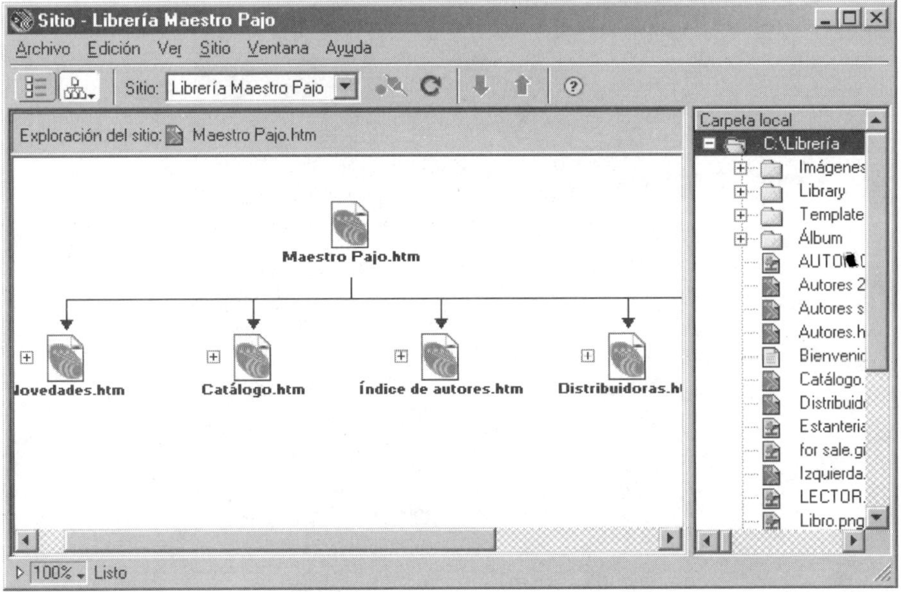

En el ejemplo que hemos puesto, *Maestro Pajo* es la página principal y *Novedades*, *Catálogo*, *Índice de autores* y *Distribuidoras* son las páginas asociadas a la principal.

En realidad, no se trata de que una página sea especial, sino que simplemente tendrá vínculos que enlacen esa página con las demás.

CREAR UN NUEVO WEB

Para crear un sitio Web debemos recurrir a ventana del **Mapa del sitio**. Si no está activa, acceda al menú **Sitio** y seleccione **Archivos del sitio** (o **Mapa del sitio**).

En dicha ventana podrá ver el menú **Sitio**, entre cuyas opciones se encontrará **Nuevo sitio**:

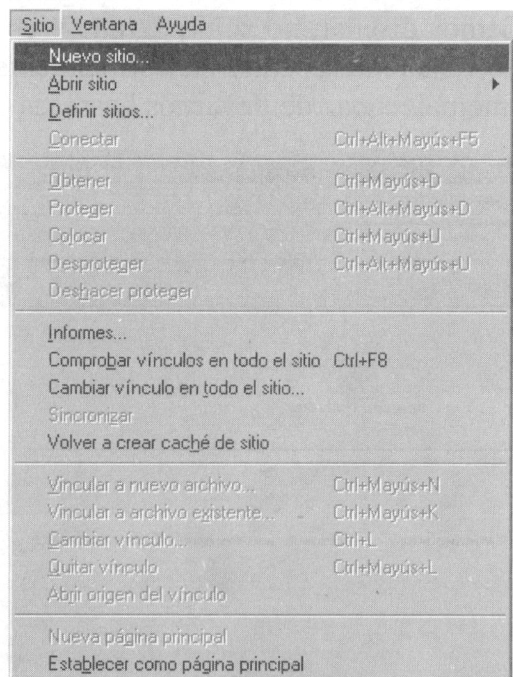

Al seleccionar esta opción obtendremos el siguiente cuadro de diálogo:

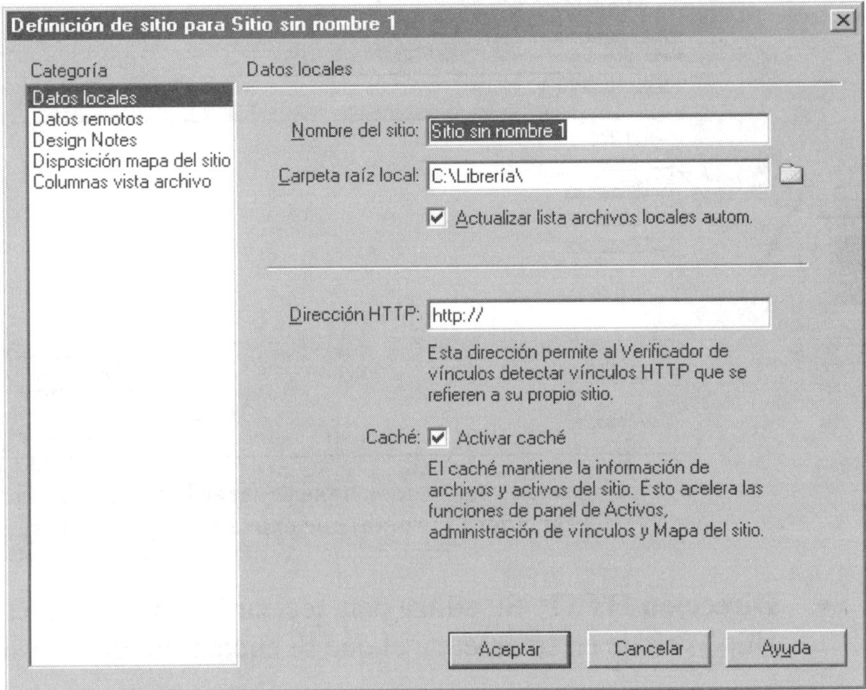

Con los elementos de este cuadro de diálogo podrá definir su nuevo sitio Web:

1. La lista **Categoría** permite seleccionar la clase de datos que vaya a elegir para su Web. Vamos a comenzar por la primera, es decir, **Datos locales**, viendo sus datos más importantes:

    - Utilice el cuadro de texto **Nombre del sitio** para dar nombre a su Web (con el fin de reconocerlo posteriormente en el mismo Dreamweaver).

    - **Carpeta raíz local**. Se emplea para indicar la carpeta de su disco que contendrá todos los archivos que incluyan sus páginas del sitio Web. Si no existe la carpeta que indique en este cuadro deberá crearla para poder elegirla (por ejemplo, utilice el Explorador de Windows para crearla).

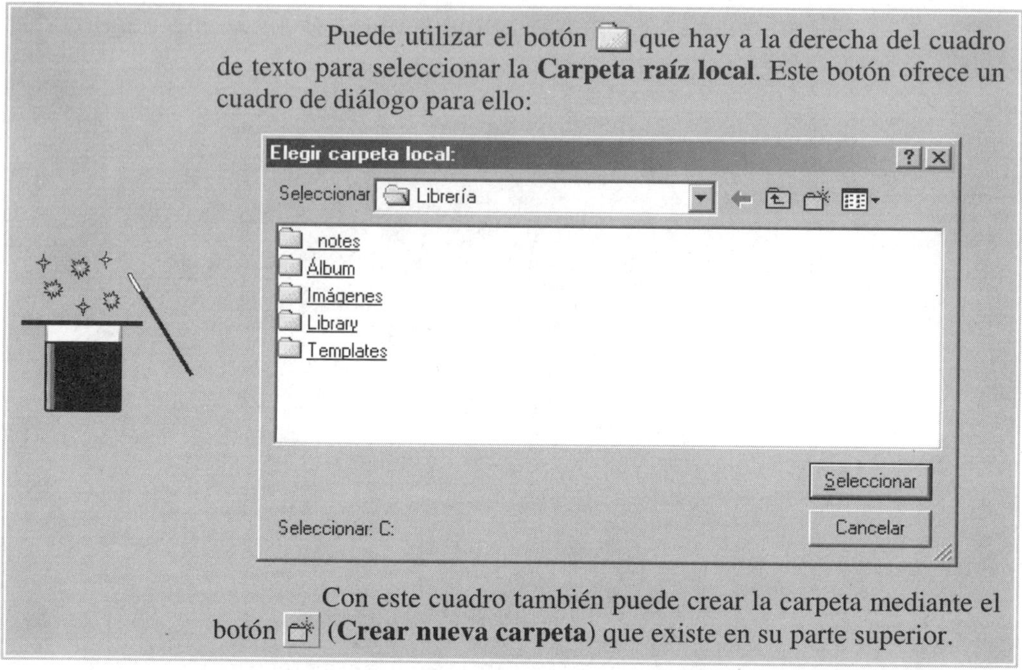

- **Dirección HTTP**. Se utiliza para teclear la dirección URL del sitio Web de en Internet en el que se encontrará nuestro sitio.

2. **Datos remotos**. Se utiliza para establecer información sobre el servidor Web en el que se almacenará el sitio.

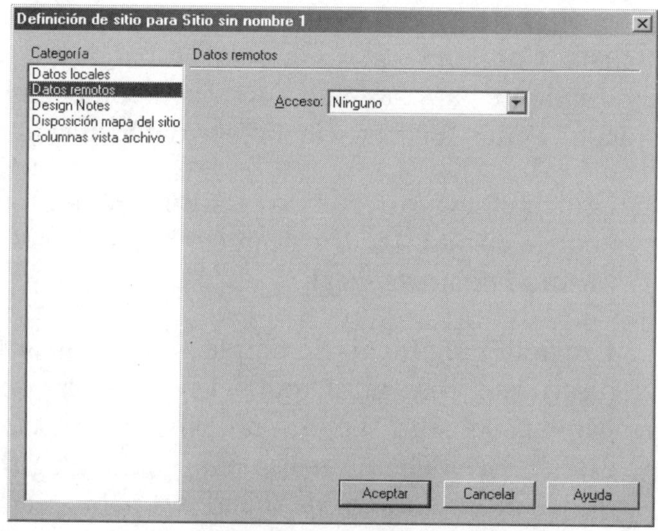

La lista desplegable **Acceso** ofrece tres posibilidades:

- **Ninguno**. Se emplea si no se va a utilizar el sitio Web desde un lugar remoto. Por ejemplo, si va a crear un sitio Web para un CD-ROM que podrá leer localmente cualquier usuario de ordenador, esté o no conectado a una red.

- **FTP**. Se emplea si se conecta a un servidor Web a través de FTP, es decir, si va a publicar la página Web en Internet. En este caso, el cuadro de diálogo mostrará los siguientes datos:

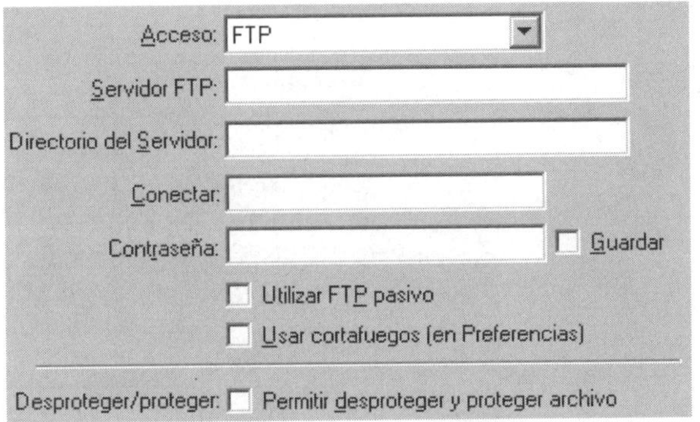

a) Utilice **Servidor FTP** para teclear la dirección del servidor. También debe teclear el **Directorio del Servidor** en su cuadro de texto correspondiente.

b) Teclee el nombre de su conexión con el servidor FTP en **Conectar**, así como su **Contraseña**. Si no desea que Dreamweaver teclee la contraseña automáticamente cuando vaya a crear nuevos sitios (o cuando vaya a conectar con el servidor FTP), desactive la casilla de verificación **Guardar**.

c) Active la casilla **Utilizar FTP pasivo** si su configuración de cortafuegos así lo precisa: esto permite que sea el software local el que configure la conexión FTP en vez de pedírselo al servidor remoto.

d)   Si conecta con el servidor remoto desde el otro lado de un cortafuegos active la casilla **Usar cortafuegos**.

e)   **Desproteger/proteger**. Permite proteger o no los archivos de su sitio Web siempre y cuando esté diseñando el sitio para una red local o para FTP.

- **Local/Red**. Se emplea si el sitio Web se va a colocar en un servidor de una red de área local al que podrán acceder terminales de esa red. Si selecciona esta opción el cuadro mostrará los siguientes datos:

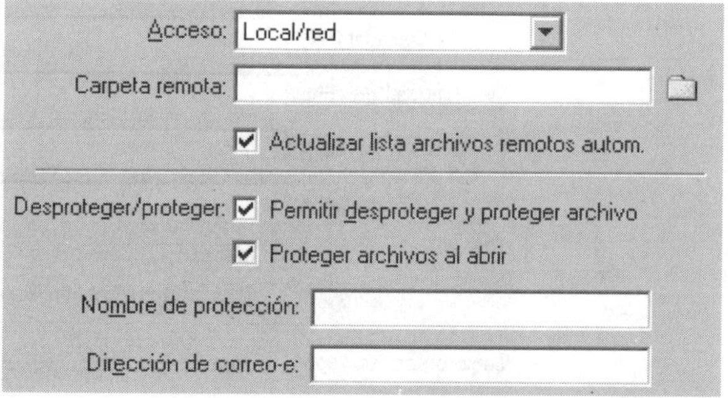

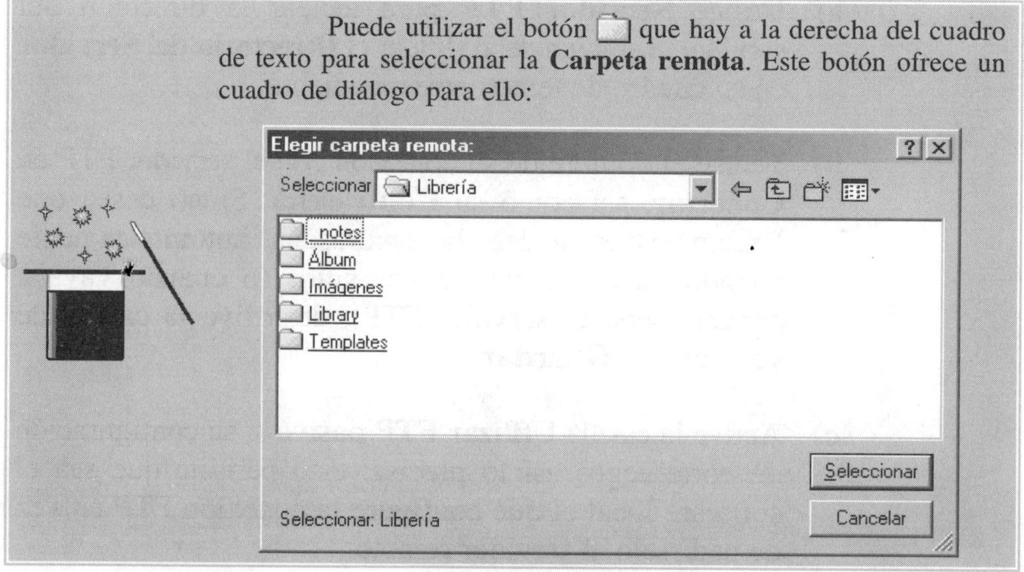

Puede utilizar el botón que hay a la derecha del cuadro de texto para seleccionar la **Carpeta remota**. Este botón ofrece un cuadro de diálogo para ello:

Deberá teclear la carpeta en la que se encontrará el sitio Web (la **Carpeta remota**). Así, Dreamweaver podrá actualizar el sitio Web automáticamente según se modifiquen sus páginas si se activa la casilla **Actualizar lista archivos remotos autom**. Observe que también puede activar la casilla **Desproteger/proteger** como vimos en el caso del acceso mediante **FTP**.

- **Base de datos SourceSafe**. Permite conectar con una base de datos SourceSafe. Los datos de dicha base se establecen al pulsar el botón Configuración....

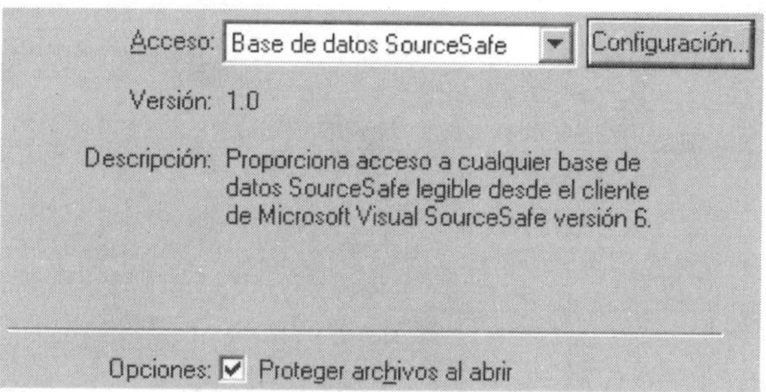

- **WebDAV**. Permite conectar utilizando el protocolo WebDAV (*Web-based Distributed Authoring and Versioning*: creación y control de versiones basado y distribuido en la Web) siempre que se disponga de un sistema que sea compatible con él. Los datos de esa conexión se establecen pulsando el botón Configuración....

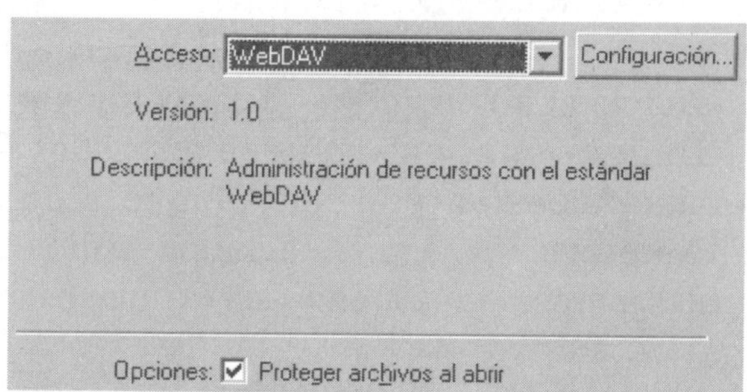

3. **Design Notes**. Permite establecer si hemos previsto realizar un informe de datos relativos a la creación de las páginas Web (como, por ejemplo, todos los nombres de las imágenes que se incorporen a las páginas) mediante el programa *Design Notes* (notas del diseño).

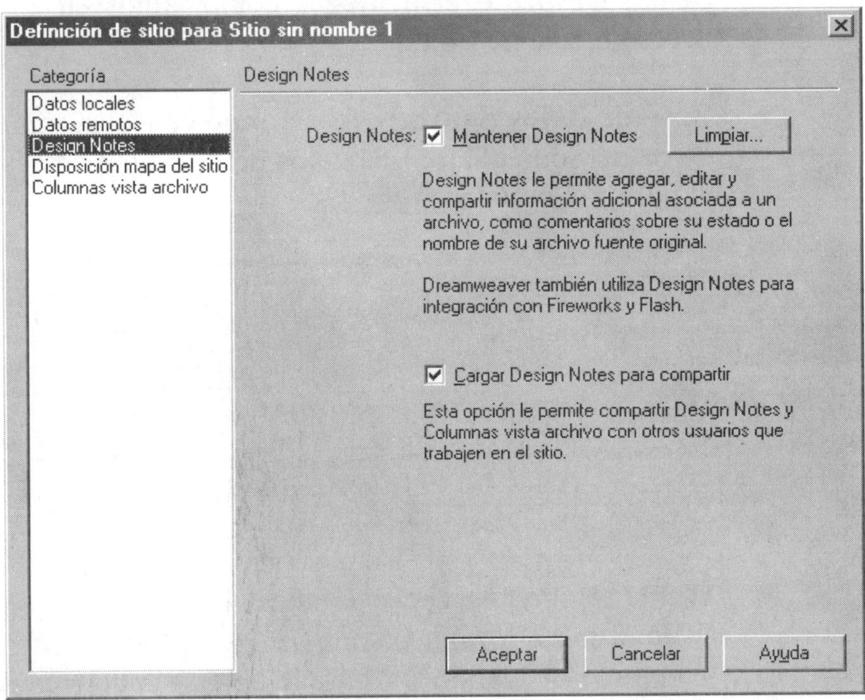

- Active las dos casillas de este cuadro de diálogo (**Mantener Design Notes** y **Cargar Design Notes para compartir**) si desea emplear **Design Notes**.

- Active el botón Limpiar... para eliminar aquellos archivos de **Design Notes** que no estén asociados a ningún archivo del sitio Web (en principio porque esos archivos de **Design Notes** ya no tendrán ninguna utilidad puesto que habrán desaparecido los archivos a los que estaban asociados).

4. **Disposición de mapa del sitio.**

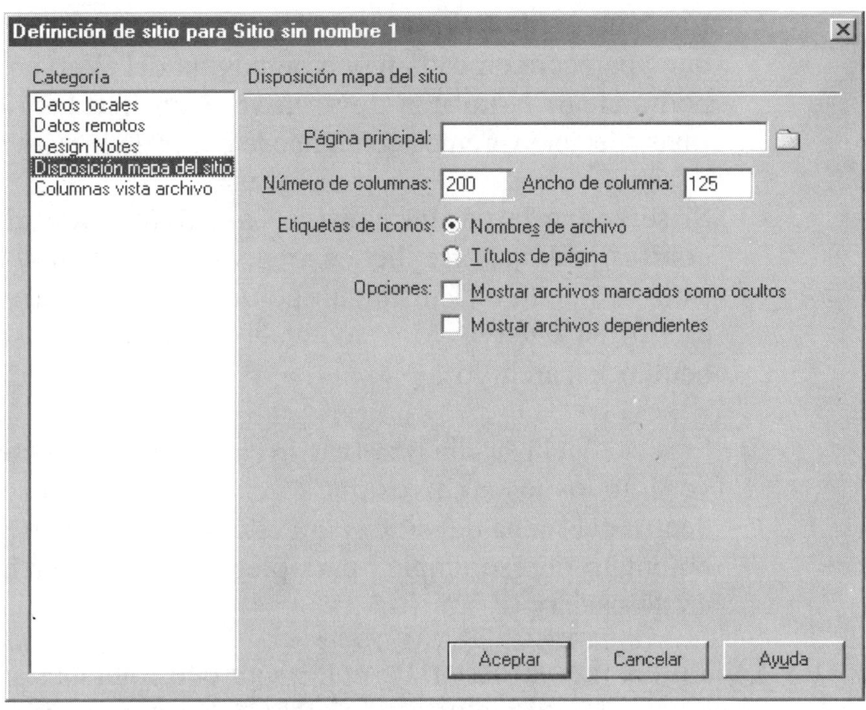

a)   Debe indicar el nombre de la **Página principal** del sitio Web en el cuadro de texto que lleva ese nombre.

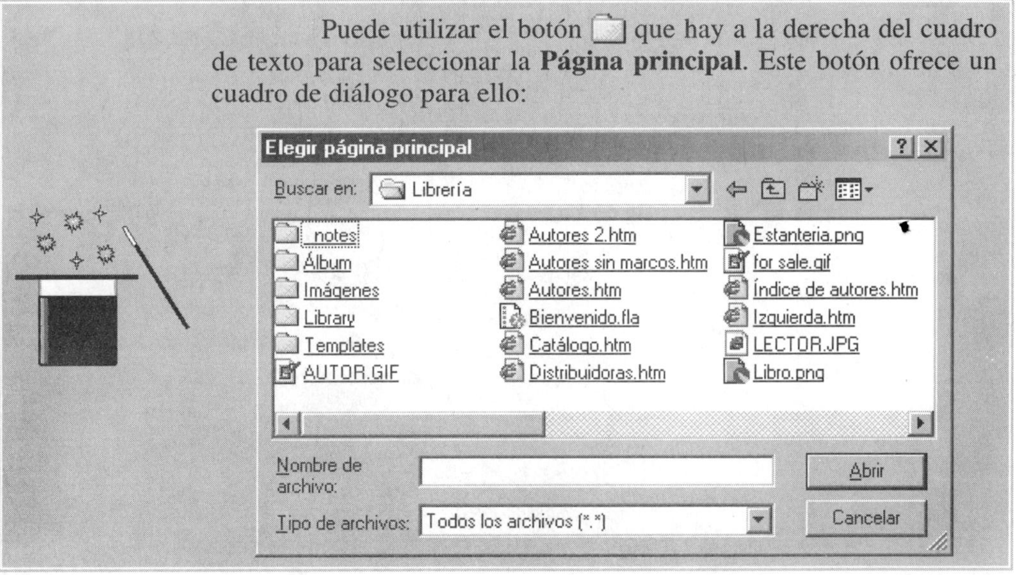

b) Los botones de **Etiquetas de iconos** permiten elegir el rótulo que aparecerá en cada icono de página del Web en el mapa: podrá elegir **Nombres de archivo** o sus **Títulos de página** (más adelante veremos cómo puede poner título a las páginas).

c) Si se activa la casilla **Mostrar archivos marcados como ocultos** podrán verse dichos archivos ocultos en el mapa del sitio. Los podremos distinguir porque aparecen con el nombre escrito en cursiva. Más adelante veremos cómo se pueden ocultar los archivos.

d) Si se activa la casilla **Mostrar archivos dependientes** podrán verse todos los archivos que estén incluidos en cada página dentro del mapa del sitio. Para ello, Dreamweaver ofrece un botoncito que se emplea para plegar o desplegar la lista de archivos: ⊞.

5. **Columnas vista archivo**. Permite elegir qué columnas aparecerán en el mapa del sitio informando sobre cada archivo que componga el sitio Web. Simplemente desactive la casilla **Mostrar** de aquella columna que no desee ver en el mapa del sitio.

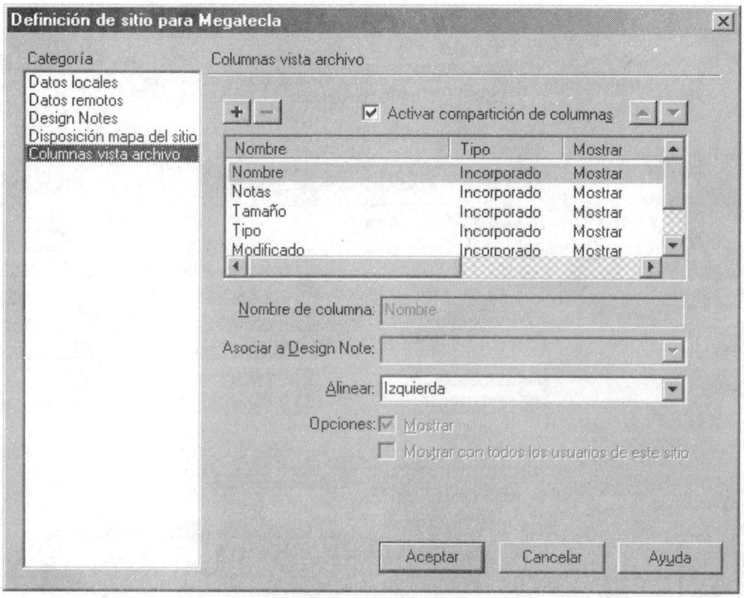

Cuando pulse [Aceptar], Dreamweaver ofrecerá el siguiente cuadro de diálogo antes de crear el sitio:

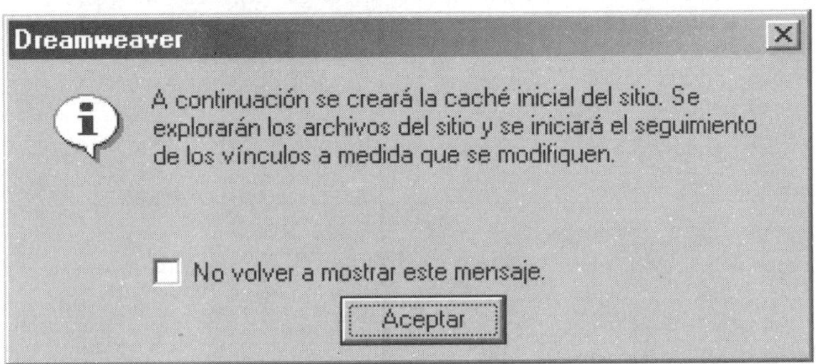

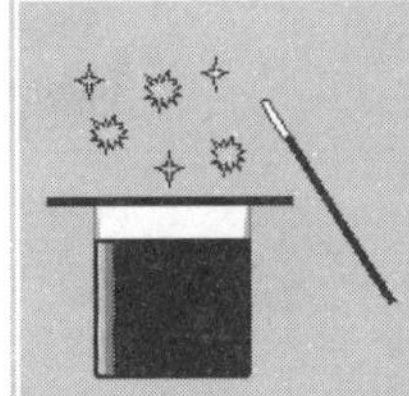

Muchos de los avisos de Dreamweaver como el que ve en la figura anterior ofrecen una casilla con el mensaje **No volver a mostrar este mensaje**. Active esa casilla para que Dreamweaver no vuelva a mostrarle ese mensaje concreto.

Es aconsejable que permita la creación de un archivo de caché para su sitio Web porque acelera el tratamiento de los datos durante el trabajo, sin embargo, este caché ocupa cierto sitio de su disco, por lo que tal vez no le resulte adecuado si se está quedando sin espacio libre en él.

Si no ha creado la carpeta raíz local, obtendrá un error al pulsar el botón [Aceptar].

Por otra parte, si escribe una página principal que no exista Dreamweaver le preguntará si desea que él cree una por usted.

Una vez que defina el sitio Web podrá verlo en la ventana de sitio, aunque hasta ahora tendrá únicamente la página principal:

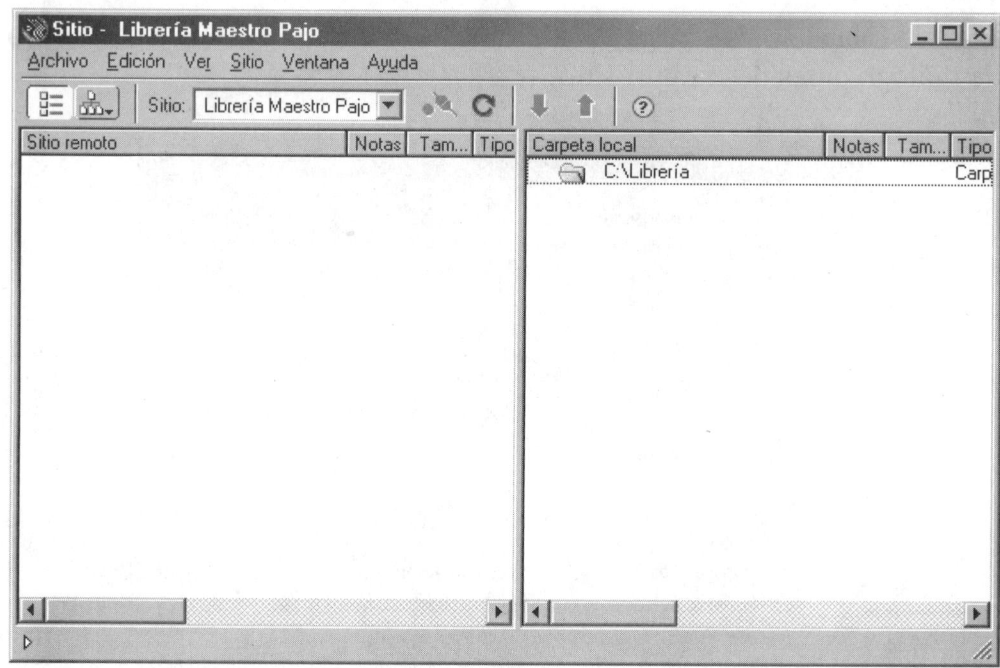

Según añada páginas al sitio y las enlace, el mapa irá creciendo.

Añadir páginas al Web

Todas las páginas Web de Dreamweaver se crean desde el menú **Archivo**, seleccionando la opción **Nuevo**. Cuando elija esta opción, o cuando pulse las teclas **CONTROL + N**, obtendrá una nueva página Web lista para ser rellenada.

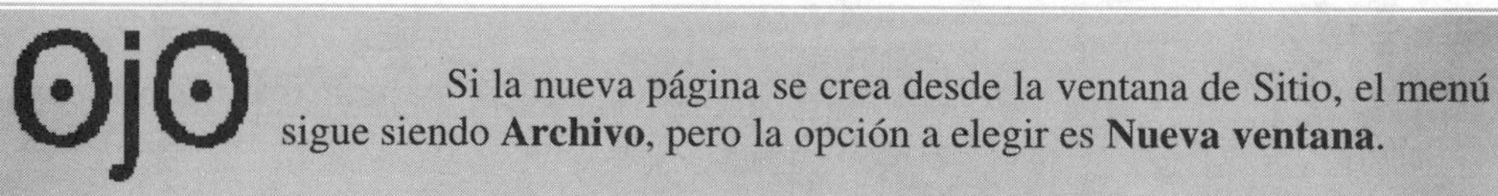

Como veremos más adelante, esta página se rellena de una forma similar a la que emplearíamos para completar un texto con un procesador de textos, es decir, el texto se escribe y se modela mediante formatos como alineación, tipos de letra, números de párrafo, viñetas o tabulaciones, y las imágenes y otros elementos gráficos se incorporan mediante menús o botones.

Si utiliza con frecuencia el mismo estilo para una página Web, puede almacenar los datos básicos de ese estilo para ahorrarse el trabajo de repetirlo para cada nueva página. Esto se hace mediante las opciones **Nuevo de plantilla** y **Guardar como plantilla** del menú **Archivo**.

Ahora no vamos a ver cómo se graba un documento como plantilla (eso lo haremos posteriormente), sin embargo, sí vamos a decirle cómo puede crear una nueva página Web que se base en una de esas plantillas: acceda al menú **Archivo** y seleccione la opción **Nuevo de plantilla**. Esto le ofrecerá un cuadro de diálogo como el siguiente:

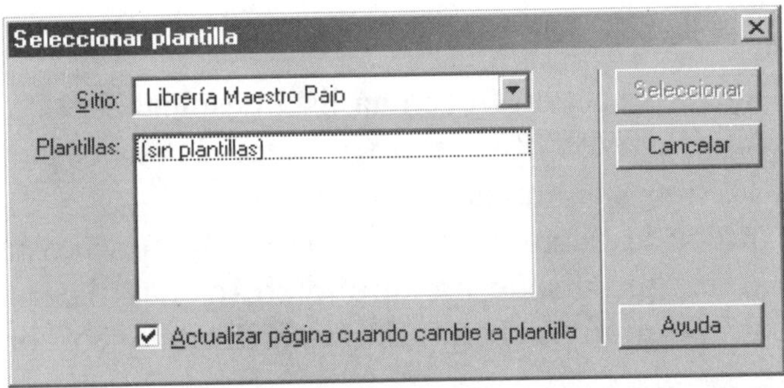

OJO Naturalmente, la lista de **Plantillas** sólo ofrecerá elementos si antes se han grabado algunas páginas como plantilla según veremos más adelante.

Elija una plantilla de la lista y pulse Seleccionar. La nueva página Web ya contendrá datos que fueron grabados en la plantilla.

ARCHIVAR Y ABRIR PÁGINAS WEB

Gracias a la operación de archivar, los datos permanecen en un disco, CD, o en cualquier otro sistema de soporte, esperando a que los utilicemos de nuevo posteriormente, ya sea para modificar su contenido, para consultarlo o para imprimirlo.

Dreamweaver permite almacenar en disco la información que se desarrolla con él. De este modo, podremos grabar datos para, abrirlos y continuar trabajando con ellos posteriormente.

Esta operación resulta muy común puesto que un documento no suele terminarse en una sola sesión y es necesario trabajarlo durante varios días por lo que necesitamos poder almacenar el resultado en el disco para, abrirlo en la siguiente sesión de trabajo.

Abrir sitios

La ventana de Sitio ofrece una lista desplegable que permite abrir directamente un sitio Web ofreciendo el mapa de sus páginas para elegir aquella con la que queramos trabajar: `Definir sitios...` ▼. Éste es el aspecto que ofrece la lista cuando se utiliza Dreamweaver por primera vez, pero una vez que diseñe un sitio Web (o más) la lista ofrecerá el nombre del último sitio Web que haya utilizado y lo abrirá de forma automática.

Para abrir otros sitios Web que haya creado anteriormente, despliegue la lista y seleccione el sitio con el que vaya a trabajar.

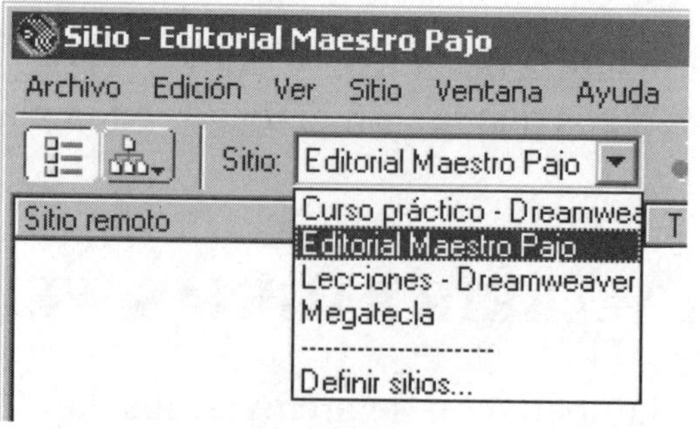

Puede utilizar los botones ▤ (**Archivos del sitio**) y ⬚ (**Mapa del sitio**) para ver de dos formas diferentes el mapa del sitio. El modo más completo es el segundo, ya que permite ver ambas cosas:

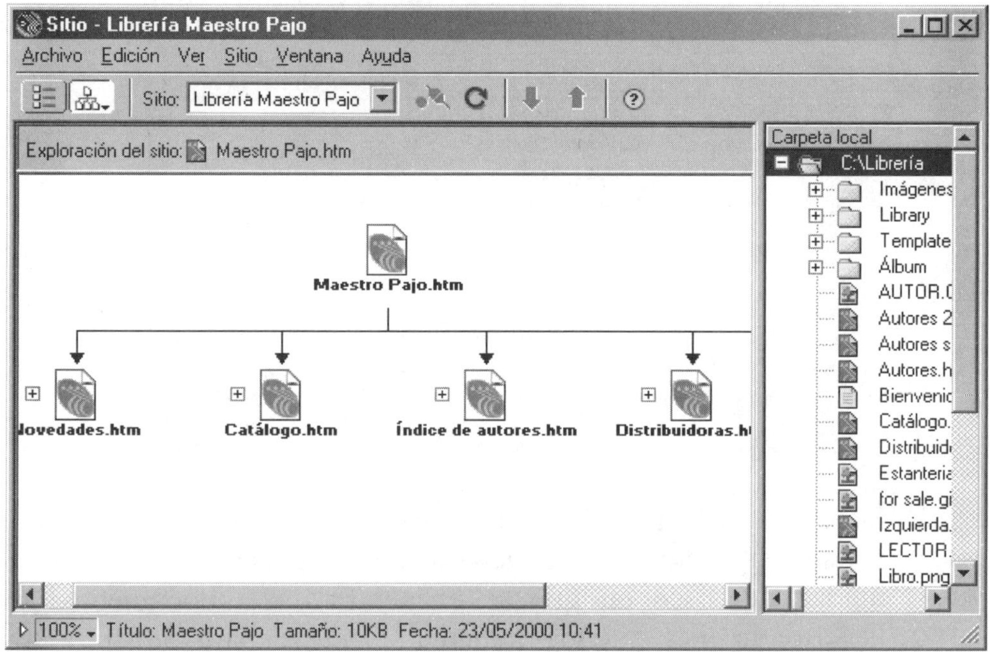

En la figura anterior puede ver la página principal (en nuestro ejemplo, **Maestro Pajo.htm**) y las páginas enlazadas con ésta (**Novedades**, **Catálogo**, **Índice de autores** y **Distribuidoras**). Estos enlaces se crean en el mapa automáticamente cuando se utiliza un **vínculo** desde una página a otra (hablaremos posteriormente de estos vínculos y de cómo se crean).

Abrir páginas

Para abrir una página que ya esté diseñada (o a medio terminar) y grabada en el disco, podemos pulsar las teclas **CONTROL + O**, o bien seleccionar la opción **Abrir** del menú **Archivo**.

Ante cualquiera de estas órdenes, el sistema nos mostrará un cuadro de diálogo en el que estableceremos claramente los datos del documento que deseamos abrir para continuar su trabajo:

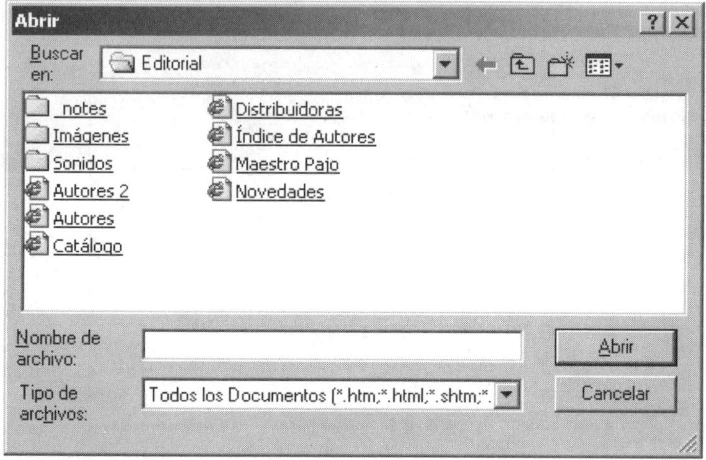

1. Debemos utilizar la lista **Buscar en** para indicar la situación actual del documento. Gracias a esta lista podremos elegir la unidad de disco en que se encuentra dicho documento. Al hacerlo, la lista situada inmediatamente debajo mostrará los archivos y carpetas encontrados en esa unidad. Las carpetas puede distinguirlas porque aparecen junto al icono . En las carpetas puede hacerse un doble clic para acceder a su interior y ver, a su vez, los archivos y carpetas que haya en ella.

2. Puede utilizarse cualquier nombre de la lista para abrir el documento. Para ello, haga clic sobre el archivo deseado. Recuerde que si el elemento que seleccione tiene el icono , no está seleccionando un archivo de documento sino una carpeta.

3. Si no se utiliza ningún nombre de la lista, deberá utilizarse el elemento **Nombre de archivo** para escribir el nombre de la página que deseamos abrir.

4. Podemos indicar el formato en que está grabado el documento si utilizamos la lista **Tipo de archivos**. En la lista aparecen los

nombres de otros programas cuyo formato es soportado por Dreamweaver (páginas que se hayan grabado, por ejemplo, con formato HTML o XML de Internet, en formato de texto simple TXT, etc.).

5. Una vez especificado todo lo anterior pulsaremos **Abrir** para que aparezca la página y poder manipularla (añadir datos, modificarlos, borrarlos, etc.).

Opciones de Abrir

Recordemos el cuadro de diálogo de abrir documentos. En él veremos el resto de las opciones disponibles para esta operación:

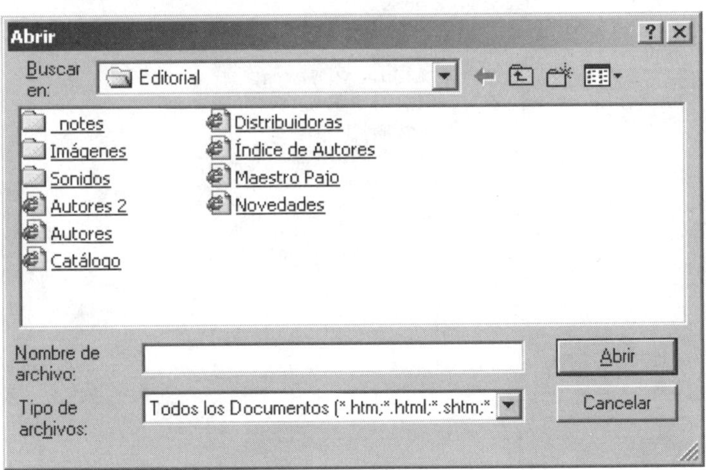

1. ⇐ **Ir a última carpeta visitada**: Lleva a la carpeta en la que estuvo antes de la actual.

2. **Subir un nivel**: Pasa a la carpeta que contiene a la actual.

3. **Crear nueva carpeta**: Crea una nueva carpeta dentro de aquella en la que nos encontremos en ese instante.

4. **Menú Ver** es un botón desplegable que ofrece varias formas de ver los archivos y carpetas con diferentes datos relativos a éstas.

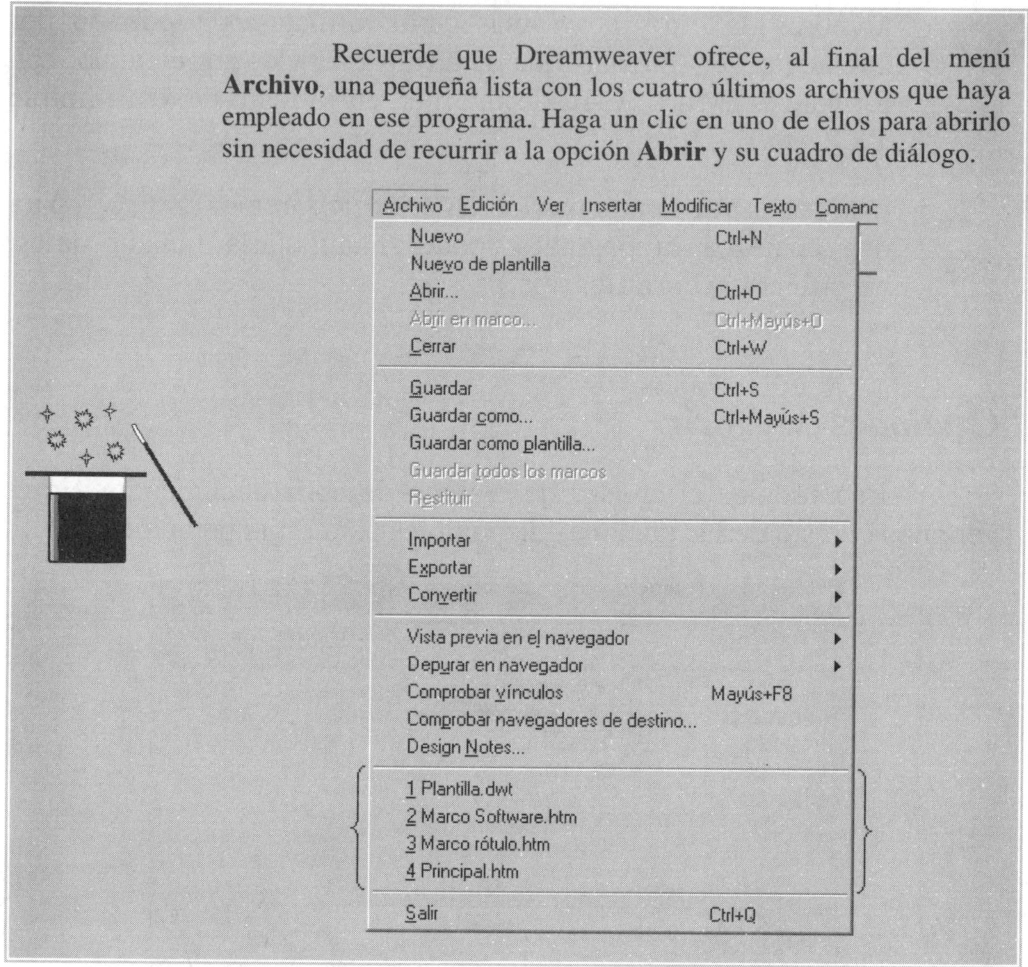

Archivar páginas

Con Dreamweaver, existe la posibilidad de almacenar los datos
de las páginas en un disquete o en el disco duro de nuestro sistema
informático. Esto tiene como objetivo poder abrirlos posteriormente y
modificarlos, sustituyendo parte de su contenido, añadiendo información
nueva o borrándola.

En nuestro caso, para almacenar un documento en un disco, ya sea duro o flexible, hemos de pulsar las teclas **CONTROL + S** o activar la opción **Guardar** del menú **Archivo**.

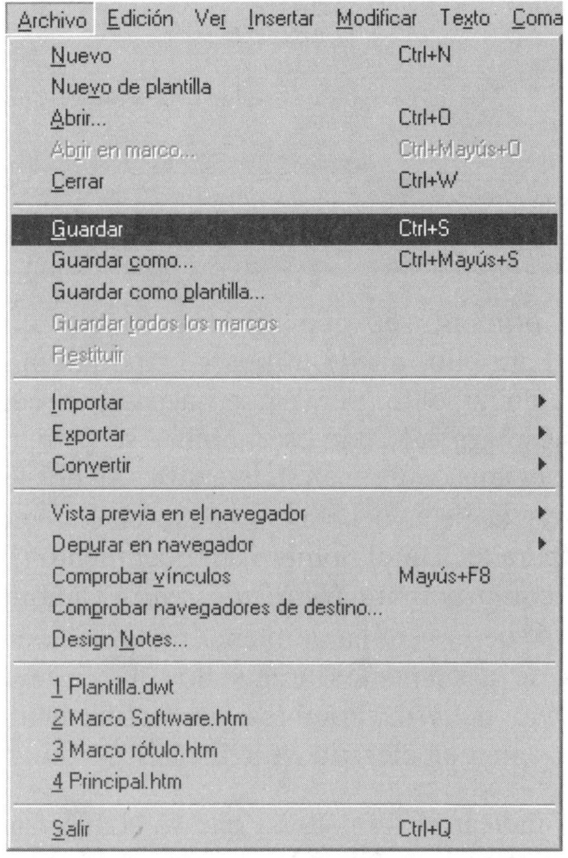

Si no es la primera vez que se archiva el documento, no es necesario hacer nada más: el documento se almacenará en el disco con el nombre que tuviera asignado la primera vez que se grabó (de hecho, ni siquiera aparecerá el cuadro de diálogo del que vamos a hablar a continuación).

Esta opción le ofrecerá el siguiente cuadro de diálogo:

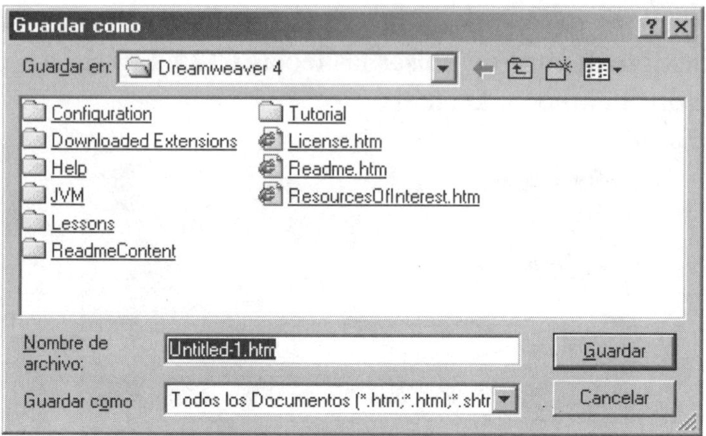

1. Si es la primera vez que se archiva, hay que asignarle un nombre. Para ello, puede utilizarse cualquiera de la lista para grabar el documento, pero si se hace así, el contenido del que ya estuviese grabado con ese nombre se perderá y en su lugar obtendrá el que vaya a grabar ahora. Si no se utiliza ningún nombre de la lista, deberá utilizarse el elemento **Nombre de archivo** para teclear el nombre del documento (Dreamweaver le ofrecerá como nombre *Untitled-1.htm*). También puede usarse el botón ▼ de la lista para obtener una relación con los últimos nombres de documentos archivados. De este modo, si desea utilizar uno de esos nombres para almacenar el documento actual, bastará con elegirlo en la lista.

2. Podemos indicar el formato en que se almacenará el documento si utilizamos la lista **Guardar como archivos de tipo**. En ella aparecen los nombres de otros programas o formatos soportados por Dreamweaver (**Documentos HTML** o **Archivos de XML**, etc.).

3. Un disco de ordenador puede ser muy grande, por lo que podremos establecer exactamente la unidad de disco y carpeta en la que deseamos situar el documento que se va a grabar. Para ello, utilizaremos la lista que se ofrece al pulsar el botón ▼ de **Guardar en**. Al pulsarlo, aparece una lista con las unidades de disco y carpetas disponibles en las que podremos grabar.

4. Observe, por otra parte, que también puede utilizar los botones que llevan las mismas funciones que hemos detallado para el cuadro de diálogo de *Abrir documentos*: **Ir a última carpeta visitada**, **Subir un nivel**, **Crear nueva carpeta**, etc. Si desea obtener más información sobre ello, consulte el apartado *Opciones de abrir* que hemos visto en este mismo capítulo.

5. Una vez señalado todo lo necesario, bastará con pulsar el botón [Guardar] para que se almacene el documento en el disco. Si desea salir del cuadro de diálogo sin grabar el documento, pulse el botón [Cancelar].

Existe otra modalidad de almacenamiento del documento en el disco que ofrece Dreamweaver en el menú **Archivo**. Se trata de la opción **Guardar como**, que puede utilizarse cuando se desea almacenar un documento con alguna variación respecto al modo en que se estaba grabando hasta ahora (por ejemplo, grabarlo con un nombre distinto).

GESTIONAR SITIOS WEB

Una vez que haya creado un sitio Web, podrá modificar sus características. Para ello, en la **Ventana de Sitio**, debe utilizar la lista desplegable que contiene los sitios y seleccione **Definir sitios** (también puede seleccionar la opción que lleva ese mismo nombre en el menú **Sitio**).

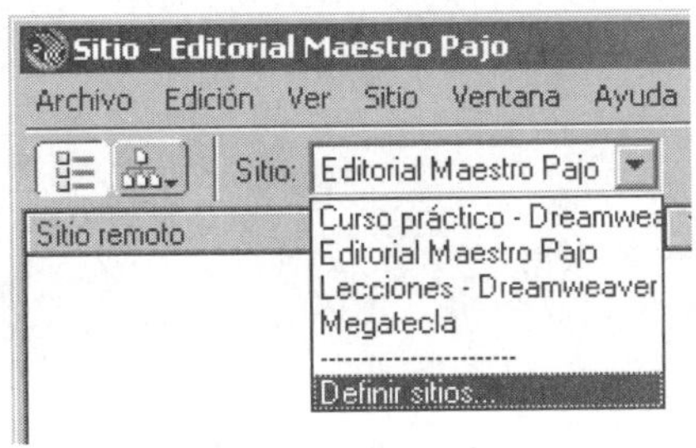

Esta opción ofrecerá el siguiente cuadro de diálogo:

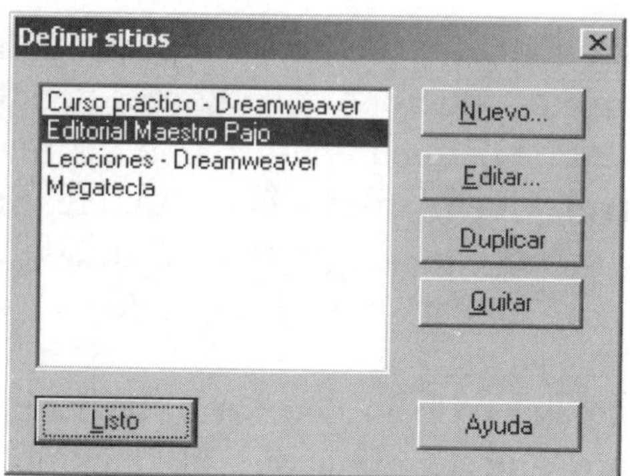

1. Utilice el botón [Nuevo...] para crear un nuevo sitio Web, esto le llevará al cuadro de diálogo que vimos en el apartado ***Crear un nuevo Web*** de este mismo capítulo.

2. Mediante el botón [Editar...] podrá cambiar los datos del sitio Web que elija en la lista. Para ello, Dreamweaver le ofrecerá el mismo cuadro de diálogo que utilizó para crear el sitio Web.

3. Con el botón [Duplicar] puede crear una copia del sitio Web que haya elegido en la lista.

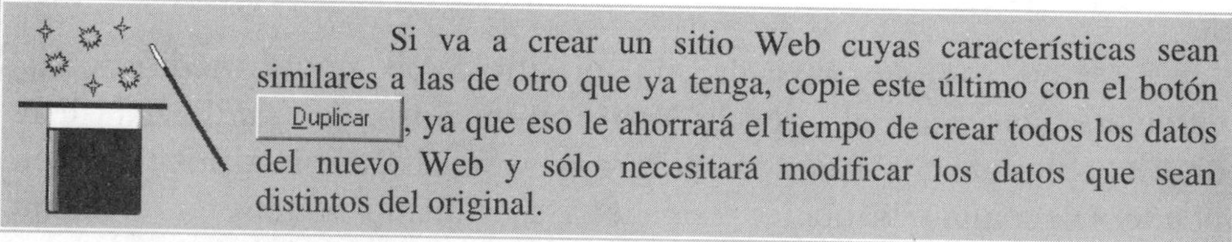

Si va a crear un sitio Web cuyas características sean similares a las de otro que ya tenga, copie este último con el botón [Duplicar], ya que eso le ahorrará el tiempo de crear todos los datos del nuevo Web y sólo necesitará modificar los datos que sean distintos del original.

4. Utilice el botón [Quitar] para borrar un sitio Web que haya seleccionado previamente en la lista.

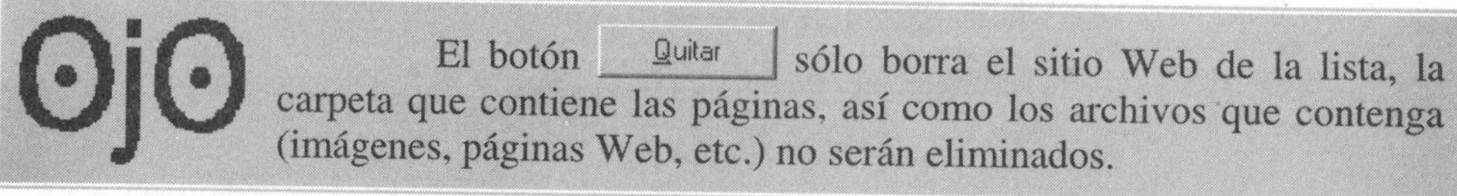

El botón [Quitar] sólo borra el sitio Web de la lista, la carpeta que contiene las páginas, así como los archivos que contenga (imágenes, páginas Web, etc.) no serán eliminados.

5. Cuando termine el trabajo con los sitios Web, pulse el botón [Listo] para salir.

EJERCICIOS

I	Creación del sitio Web y la página principal

Vamos a crear un sitio Web a lo largo de todo el libro y a partir de este capítulo. Aunque los datos que le vamos a ir pidiendo que establezca son muy concretos, le animamos a que, posteriormente, defina su propio sitio Web utilizando el mismo sistema pero con sus propios datos.

1. Al entrar en Dreamweaver acceda al menú **Sitio** de la ventana de Sitio y seleccione la opción **Nuevo sitio**.

2. En el cuadro de diálogo que obtenga escriba *Editorial Maestro Pajo* en el cuadro de texto **Nombre del sitio**.

3. Utilice el icono 📁 que hay a la derecha de la **Carpeta raíz local** para elegir la carpeta en la que colocará el sitio Web. Al pulsar el botón obtendrá un cuadro de diálogo como el siguiente:

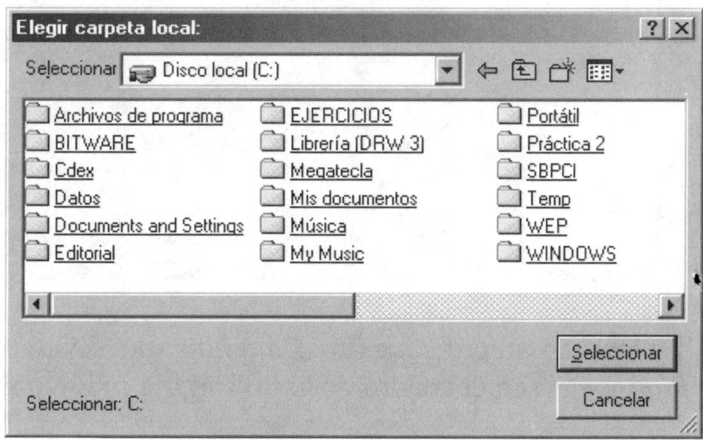

a) Despliegue la lista **Seleccionar** (la que en nuestra figura muestra el dato **Mis documentos**) y elija la unidad de disco **C:** (el disco duro) para almacenar en él el sitio.

b)   Pulse el botón ⌹ (**Crear nueva carpeta**), teclee el nombre **Editorial** y pulse INTRO. Con ello habrá creado la carpeta que va a utilizar para su sitio Web.

c)   Active el botón ⌷Seleccionar⌷ para entrar en la carpeta.

4.   De vuelta al cuadro de diálogo anterior, seleccione **Disposición mapa de sitio** en la lista **Categoría**:

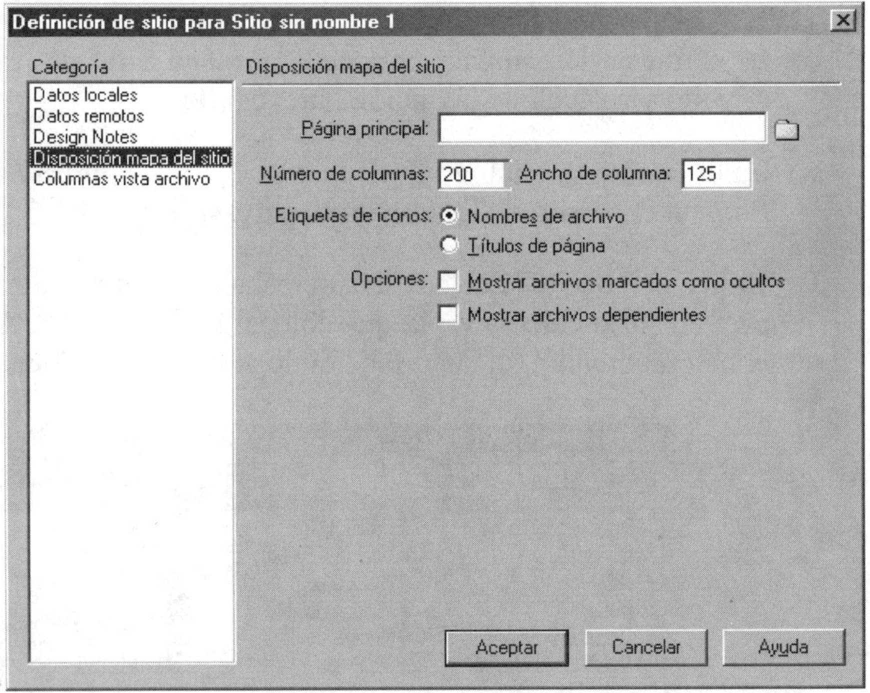

5.   Teclee el nombre *Maestro Pajo.htm* (no olvide el punto entre *Pajo* y *htm*) en el cuadro de texto **Página principal**.

6.   Cuando pulse ⌷Aceptar⌷ para crear el sitio, Dreamweaver le ofrecerá un cuadro de diálogo de advertencia, ya que la página *Maestro Pajo* aún no está creada:

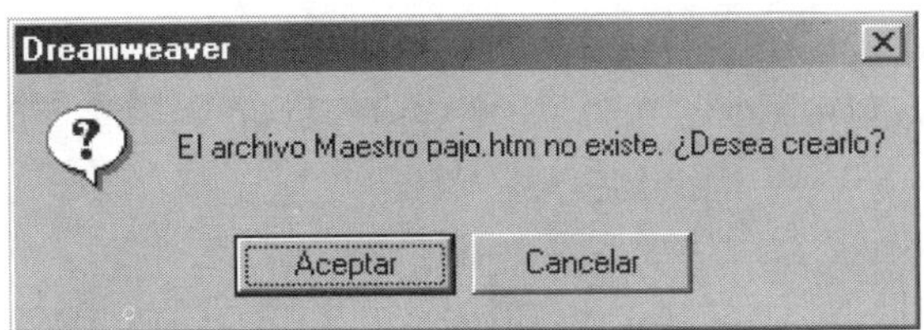

7. Pulse Aceptar . El mapa de sitio tendrá inicialmente una sola página:

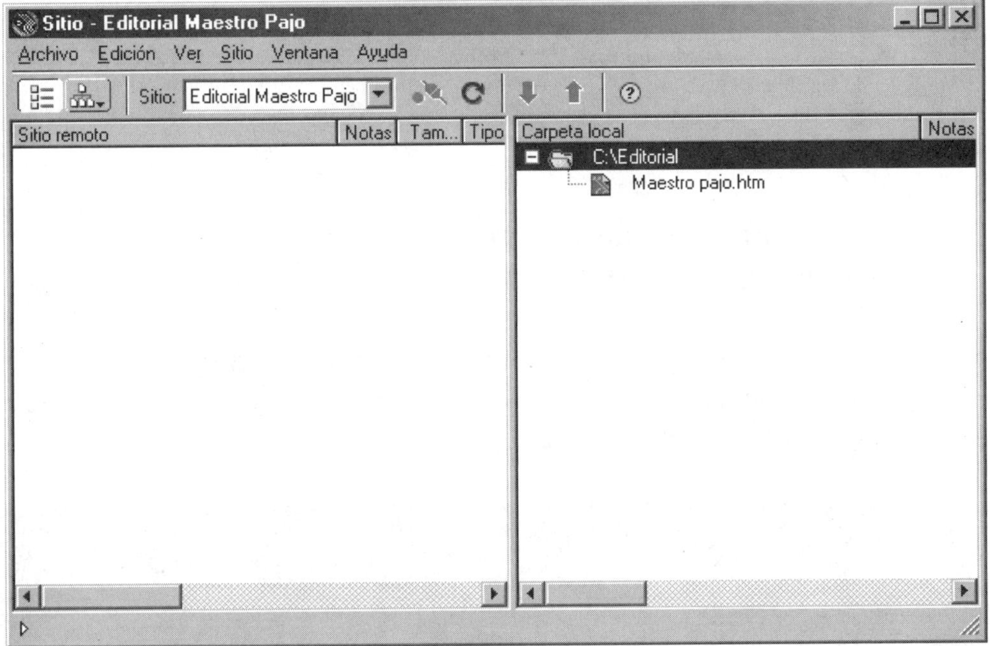

Esta página (y las demás que componen nuestro Web) se irá completando a lo largo de los ejercicios de Dreamweaver.

II   Creación de las páginas complementarias

Ahora crearemos las páginas que completan el sitio Web. La página principal va a estar enlazada mediante vínculos a otras cuatro páginas, que serán: **Novedades**, **Catálogo**, **Autores** y **Distribuidoras**. Estas páginas contendrán ciertos datos (sencillos al principio) que iremos completando en futuros ejercicios.

1. Desde la ventana de sitio, acceda al menú **Archivo** y seleccione su opción **Nueva ventana**. Ésta será la página de **Novedades**, por lo que teclearemos lo siguiente:

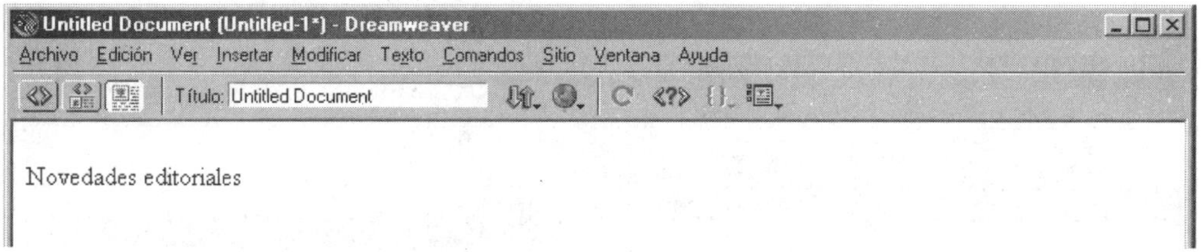

En esta misma ventana acceda al menú **Archivo** y seleccione **Guardar**. Llame *Novedades* al archivo.

2. Desde la ventana de sitio, acceda al menú **Archivo** y seleccione su opción **Nueva ventana**. Ésta será la página del **Catálogo**, por lo que teclearemos lo siguiente:

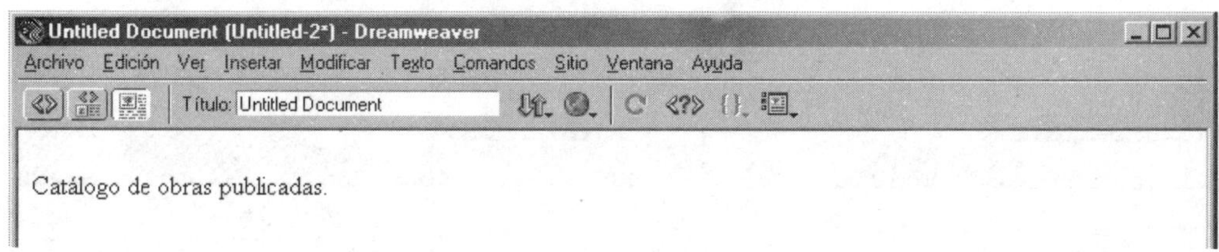

En esta misma ventana acceda al menú **Archivo** y seleccione **Guardar**. Llame *Catálogo* al archivo.

3. Desde la ventana de sitio, acceda al menú **Archivo** y seleccione su opción **Nueva ventana**. Ésta será la página de los **Autores**, por lo que teclearemos lo siguiente:

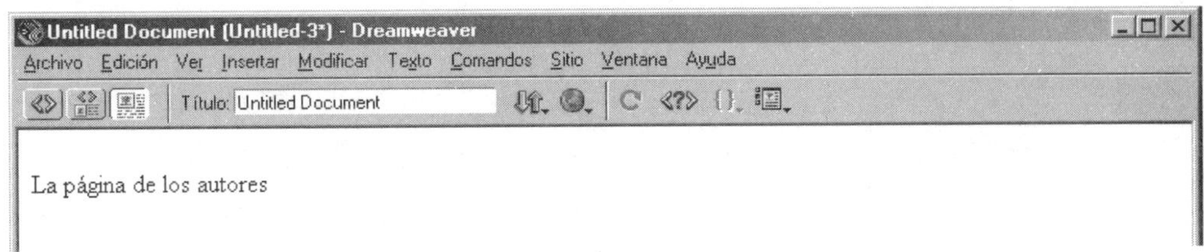

En esta misma ventana acceda al menú **Archivo** y seleccione **Guardar**. Llame *Autores* al archivo.

4. Desde la ventana de sitio, acceda al menú **Archivo** y seleccione su opción **Nueva ventana**. Ésta será la página de las **Distribuidoras**, por lo que teclearemos lo siguiente:

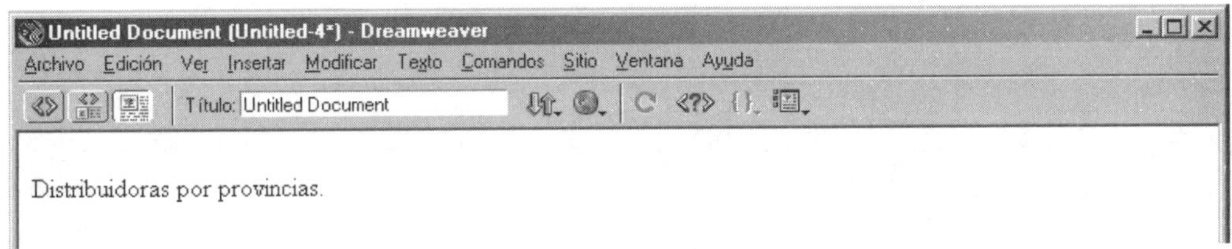

En esta misma ventana acceda al menú **Archivo** y seleccione **Guardar**. Llame *Distribuidoras* al archivo.

5. Cierre todas las ventanas (excepto la primera de **Novedades**) con su botón ❌.

No olvide que todos los ejercicios que hagamos en los próximos capítulos deberán guardarse siempre.

TRABAJO ELEMENTAL

En el editor de páginas desarrollaremos la parte más importante de un sitio Web: las páginas. Dedicaremos este capítulo al manejo del editor, lo que le enseñará a incorporar textos, imágenes, etc., y a colocarlos.

Muchas de las funciones que vamos a ver en los próximos apartados del capítulo se pueden aplicar desde el inspector de propiedades, por lo que, a la hora de activar una de ellas a su texto es recomendable hacerlo desde ahí por comodidad.

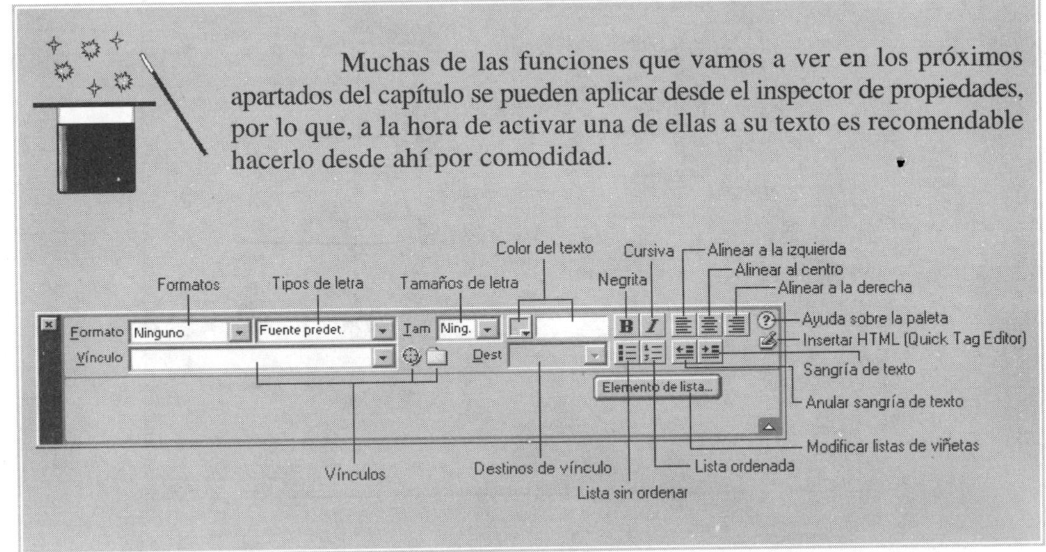

PROPIEDADES DE LA PÁGINA

Antes de pasar a rellenar la página es recomendable configurarla aunque este trabajo podemos realizarlo en cualquier momento. Para configurar la página, debemos recurrir al menú **Modificar** de la ventana de diseño y seleccionar en él la opción **Propiedades de la página**.

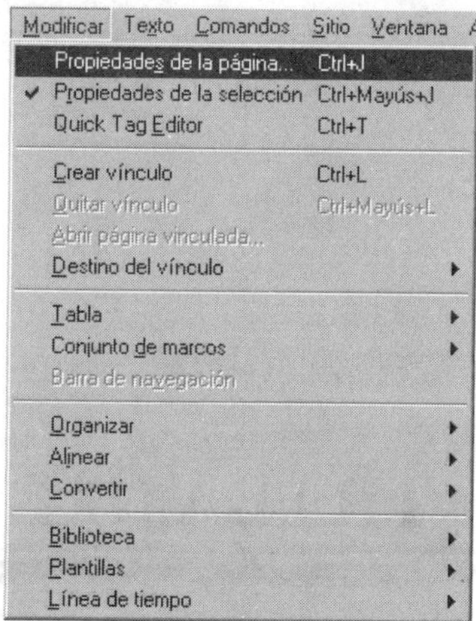

Cuando se selecciona esta opción, se obtiene lo siguiente:

1. En el cuadro de texto **Título** escriba el nombre que la página deba mostrar cuando se la abra con un navegador.

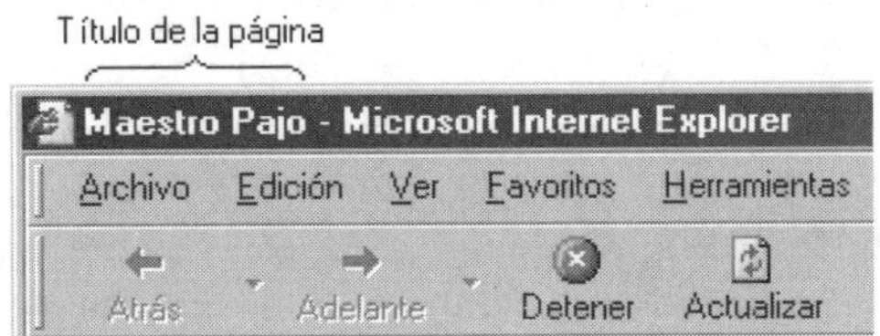

El nombre de la página se puede teclear directamente en el cuadro de texto **Título** de la barra de herramientas de la ventana de diseño.

2. En el cuadro de texto **Imagen de fondo** puede teclear (o elegir mediante el botón Examinar...) el nombre de una imagen que vaya a utilizarse para rellenar el fondo de la página Web.

Es recomendable utilizar una imagen de tamaño reducido y que tenga colores suaves (y mucha claridad si la letra va a ser oscura, si va a ser clara el fondo deberá ser oscuro para que el contraste de colores permita leer el texto sin problemas).

3. Con **Fondo** puede elegir un color que rellene el fondo de la página (no sirve de gran cosa si ha elegido una **Imagen de fondo**). Para elegir el color debe teclear su código numérico hexadecimal en el cuadro de texto, o bien, activar el botón que ofrece una lista de colores entre los que podremos seleccionar uno.

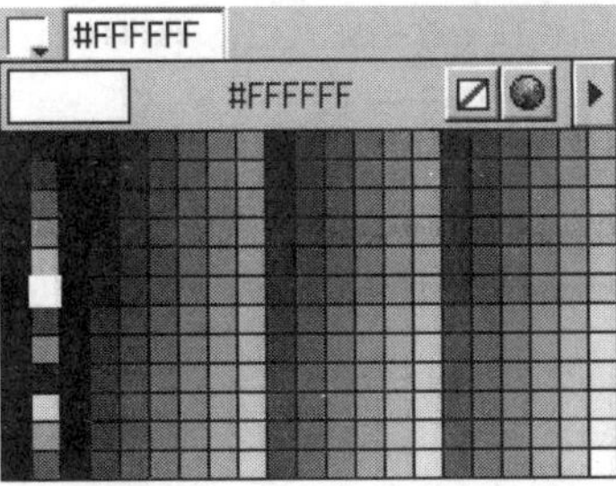

Si desea que el fondo no tenga color pulse el botón ⊠ de esta lista. Ello puede resultarle útil si anteriormente seleccionó un color y ahora desea eliminarlo dejando el fondo sin color alguno.

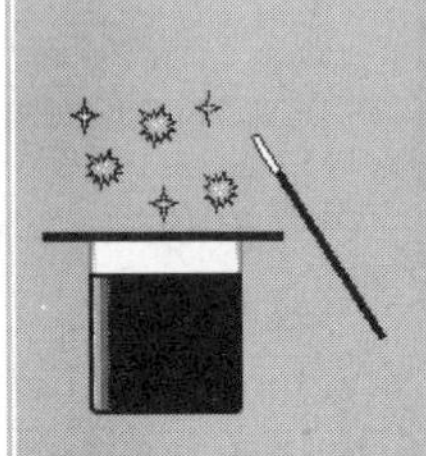

Mientras vea la lista de colores (tanto para elegir el color de fondo como para elegir el color de cualquier otro elemento de la página) no necesita limitarse a los que aparecen en dicha lista, ya que puede llevar el ratón por otros lugares de la pantalla para hacer clic en una zona de esta en la que haya un color que le interese.

El botón ⊠ aparece siempre en esa lista, con lo que podrá eliminar el color que tuviese hasta ese momento pulsándolo.

4. Con **Texto** puede elegir el color que tendrán las letras "normales" del texto (aquellas para las que no elija un color especial). Como antes, puede utilizar el botón ▣ para elegir un color.

5. Con **Vínculos** puede elegir el color que mostrarán los vínculos de enlace en la página (los de texto, puesto que las imágenes también pueden contener vínculos y no cambiarán su color). Como antes, puede utilizar el botón ▣ para elegir un color. También puede cambiar el color de los vínculos que ya se hayan visitado anteriormente (**Vínc. visitados**) y de los que esté visitando en ese momento (**Vínc. activos**).

6. Con los cuatro cuadros de márgenes (**Margen izquierdo**, **Margen superior**, **Ancho de margen** y **Alto de margen**) podemos establecer la distancia del texto con respecto a los bordes de la página.

7. **Codificación del doc**. permite elegir la codificación internacional que empleará el documento. La opción **Occidental** es la que debe emplearse en los países de Europa Occidental y América en general.

8. La **Imagen de rastreo** es una imagen que puede emplearse como guía en Dreamweaver aunque no se ve en un explorador o navegador. Esta imagen queda situada como fondo en la página de Dreamweaver y cuando está activa no podremos ver el color de

fondo (o la imagen de fondo) que hayamos elegido (no obstante, recuerde que la imagen de rastreo no se ve en un navegador, mientras que el color de fondo, o la imagen de fondo sí se verán). Puede teclear el nombre de la imagen de rastreo en el cuadro de texto, o bien, emplear el botón **Examinar...** para buscarla en los discos del ordenador. También puede emplear el deslizador **Transparencia de imagen** para hacer la imagen más o menos transparente (100% es una imagen completamente opaca, mientras que 0% es totalmente transparente).

ESCRITURA DEL TEXTO

El texto es la base informativa de cualquier documento y, por tanto, de una página Web. Como es de suponer, el texto sólo hay que escribirlo una vez que nos encontremos en él la ventana de edición de Dreamweaver.

A la hora de escribir un texto tenga en cuenta lo siguiente:

1. Si alcanza el margen derecho escribiendo, no pulse INTRO para pasar a la línea siguiente: simplemente siga escribiendo, ya que Dreamweaver se encargará de pasar a la línea siguiente por usted. Sólo debe utilizar esta tecla cuando termine de escribir un párrafo y vaya a continuar escribiendo otro.

2. En textos largos es aconsejable que la primera línea de cada párrafo comience con unos espacios en blanco. En un texto normal, podría pulsar la tecla del tabulador antes de teclear el texto del párrafo, pero un documento HTML para páginas Web no es posible realizar esa operación.

3. Procure utilizar tipos de letra (fuentes) que resulten claramente legibles, ya que un texto con un tipo de letra difícil de leer resulta pesado para el lector de su Web. Deje los tipos de letra recargados únicamente para los rótulos.

4. Si va a añadir color al texto no olvide que éste debe contrastar visiblemente con el del fondo o, de lo contrario la letra no se distinguirá.

Sin embargo, al texto escrito podemos darle forma y hacerlo más atractivo y presentable, ya que una página Web debe llamar la atención al mismo tiempo que informar.

Lo primero que debemos hacer normalmente es seleccionar la parte del texto escrito sobre la que deseamos actuar. Esto no es necesario para todas las funciones, ni tampoco cuando el bloque que se vaya a seleccionar ya se encuentre seleccionado al haber realizado anteriormente alguna otra función sobre él.

Selección de un bloque de texto

Como ocurre con cualquier procesador de textos podremos seleccionar parte del texto para aplicarle alguna función, como asignar un tipo de letra, sangrarlo, justificarlo, etc. Para seleccionar parte de un texto (o todo), podremos utilizar el ratón o el teclado:

1. Si vamos a seleccionar una parte del texto mediante el ratón, únicamente deberemos hacer un clic sobre el texto y, sin soltar el botón del ratón, arrastrarlo hacia otra posición del mismo. Como podremos ver claramente por el intercambio de colores, el texto se va seleccionando según arrastramos el ratón.

   - Es muy importante hacer el clic en el punto adecuado, ya que una vez hecho el clic podremos seleccionar hacia arriba o hacia abajo, pero no en ambas direcciones. Por tanto, para seleccionar el texto asegúrese de hacer el clic al principio o al final del bloque que vaya a seleccionar.

   - Si selecciona un bloque de texto que no es el adecuado, puede volver a intentarlo pero, para ello, será necesario anular la anterior selección. Si desea hacer esto, simplemente haga un clic en cualquier parte del texto con lo que volverá a aparecer el cursor parpadeando en ese punto y la selección se anulará.

- El clic puede hacerse fuera del margen (a su izquierda) con lo que se selecciona una línea entera de texto. Si se arrastra el ratón sin soltar el botón, se seleccionarán varias líneas.

- Si va a seleccionar una sola palabra, haga doble clic sobre ella.

2. Para seleccionar texto mediante el teclado deberemos recurrir a la tecla de **MAYÚSCULAS** y a las del cursor (flechas):

- Lleve el cursor a la posición donde comienza (o termina) el bloque de texto que desea seleccionar.

- Con la tecla de **Mayúsculas** pulsada utilice las teclas de movimiento (flechas, **Inicio**, **Fin**, **RePág**, **AvPág**, etc.) para desplazarse por el texto. Allá por donde pase el cursor se irá seleccionando el texto. Cuando termine la selección suelte la tecla de mayúsculas.

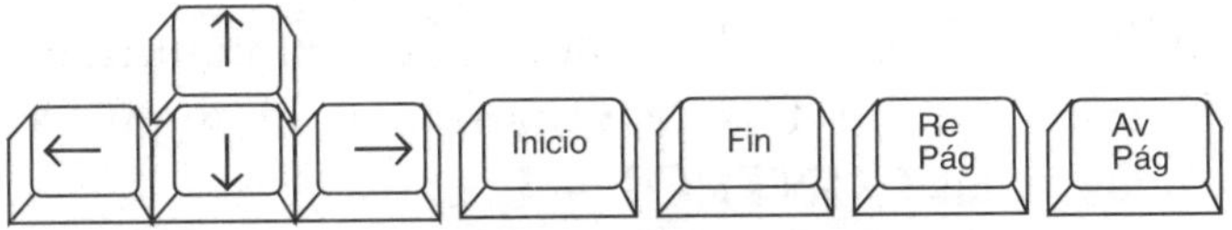

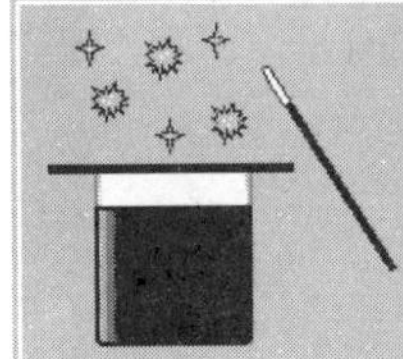

Si necesita seleccionar absolutamente todo el texto, pulse las teclas **CONTROL + A**, o bien, active la opción **Seleccionar todo** del menú **Edición**. Para realizar esta operación, no será necesario situarse previamente en ningún lugar concreto del texto.

VÍNCULOS

Como iremos viendo, casi cualquier elemento que aparezca en una página Web de Dreamweaver puede contener un *vínculo*, es decir, un enlace con otra página (o parte de otra página), de modo que el usuario, cuando navegue por nuestro Web, pueda acceder a esos otros lugares únicamente haciendo clic sobre el elemento que contiene el vínculo.

La forma de crear un vínculo es la misma para cualquier elemento de la página. No obstante, la forma de seleccionar el elemento al que le asociaremos el vínculo puede variar:

1. En el caso de un texto, debemos seleccionar aquellas palabras del texto que se resaltarán para llamar la atención del usuario. En realidad dichas palabras serán el vínculo y el usuario podrá hacer clic en cualquiera de las que ahora se resalten para acceder al lugar al que lleve el enlace. El texto se selecciona como acabamos de ver en el apartado ***Selección de un bloque de texto***.

2. Si se trata de una imagen, bastará con hacer clic sobre ella.

3. Si se trata de una parte de la imagen, deberá utilizar las ***Zonas interactivas*** de las que hemos hablado en el apartado que lleva ese mismo nombre en este mismo capítulo.

Una vez elegido el elemento que contendrá el vínculo, debemos seleccionar la opción **Crear vínculo** en el menú **Modificar**, o bien, pulsando las teclas **CONTROL + L**.

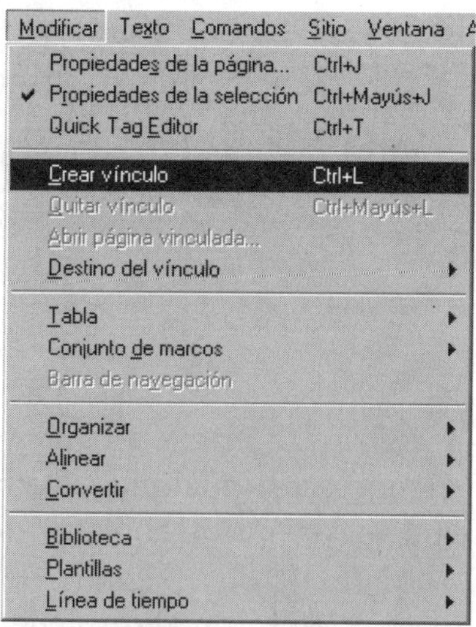

Cualquiera de estas acciones generará un cuadro de diálogo para definir el vínculo.

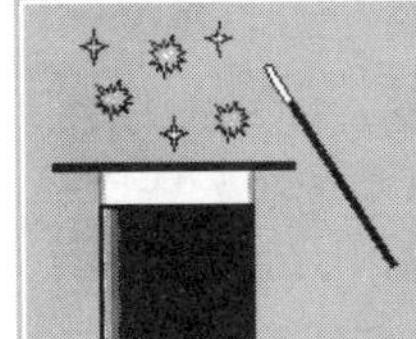

Una forma rápida de crear o modificar un vínculo consiste en emplear el inspector de propiedades. En el accederemos al cuadro de texto **Vínculo**, en el que teclearemos la dirección de Internet a la que tiene que llevar el navegador cuando el internauta haga clic sobre el elemento en cuestión.

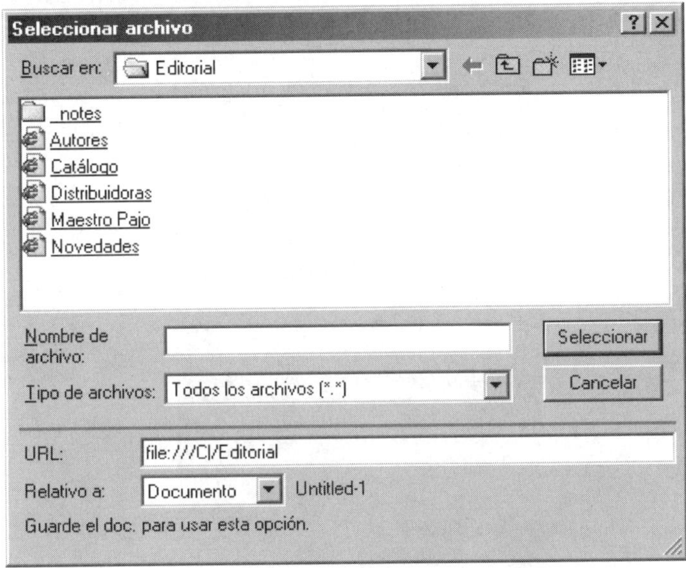

1. Si el enlace va a realizarse con un archivo de su disco (por ejemplo, si debe llevar a una página del mismo Web que está diseñando y no a otro sitio Web de Internet), puede utilizar la lista **Buscar en** para elegir un destino para el vínculo entre los que aparecen listados al pulsar el botón ▼, después teclee el **Nombre de archivo** o selecciónelo en la lista cuando lo vea.

2. **URL**. Se utiliza para establecer una dirección de otro sitio Web de Internet con la que deseamos que enlace el vínculo. Es muy importante teclear la dirección correctamente —letra por letra— ya que, de lo contrario, cuando el internauta haga clic sobre esa parte del dibujo, obtendrá el correspondiente error que le indicará que no encuentra la dirección en la red (o aparecerá en un Web distinto al que deseaba ir).

3. Cuando termine, pulse el botón Seleccionar.

Vínculos para correo electrónico

Si lo desea, el vínculo no tiene por qué apuntar a una página Web. Se puede crear un vínculo de correo electrónico con el que el internauta encontrará un método sencillo para enviar un mensaje de correo. Para crear un enlace de este tipo debemos acceder al menú **Insertar**, en el que activaremos **Vínculo de correo electrónico**.

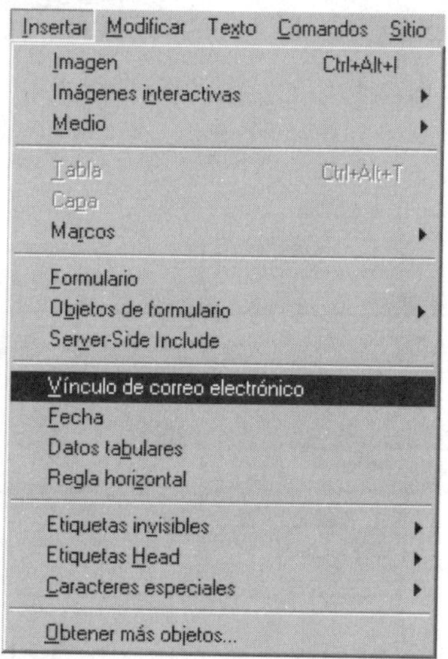

Al activar esta opción obtendremos el siguiente cuadro de diálogo:

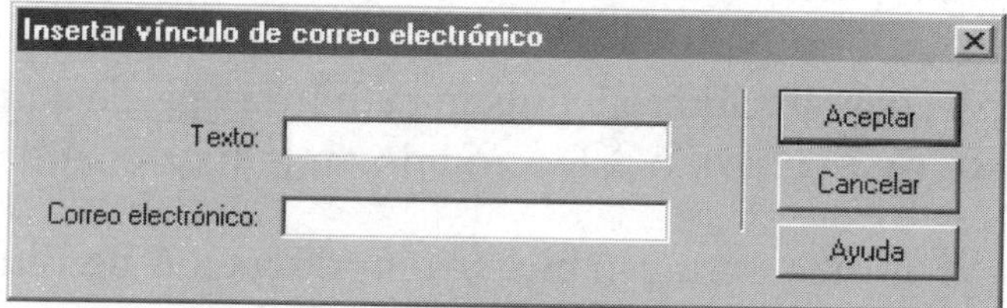

1. En el cuadro **Texto** teclee el mensaje de texto que aparecerá en la página Web como enlace. Si antes de activar este cuadro de diálogo seleccionó un bloque de texto, éste aparecerá ya escrito en el cuadro **Texto** y no será necesario escribir nada en él.

2. Luego teclee la dirección de **Correo electrónico** del usuario que deberá recibir el mensaje de correo y pulse Aceptar.

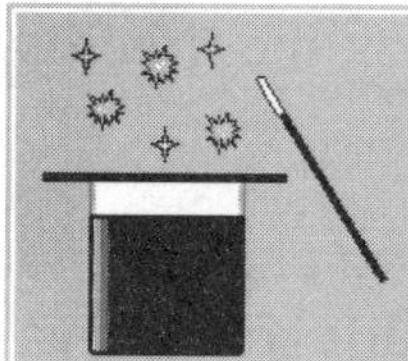

Una forma igualmente sencilla de crear un vínculo de correo electrónico consiste en seleccionar el bloque de texto que enlazará con el correo y, en el inspector de propiedades, acceder a la lista desplegable **Vínculo** y teclear la dirección de correo electrónico precedida de mailto:. Ejemplo: **mailto: editorial@ra-ma.com**

Borrar y editar vínculos

Ya hemos visto cómo crear un vínculo, pero si éste debe ser modificado o incluso eliminado, debemos recurrir a otras funciones.

Para modificar un vínculo debemos seleccionar de nuevo el texto, imagen, etc. que lo contenga. Luego volveremos a acceder al menú **Modificar** y activaremos **Cambiar vínculo**, opción que sustituye a **Crear vínculo** (puesto que el vínculo, en este caso, ya está creado). También podremos pulsar las teclas **CONTROL + L**. Obtendremos el mismo cuadro de diálogo que hemos mostrado para la creación de los vínculos, con la diferencia de que aparecerá relleno con los datos que le dimos para crearlo. Una vez en el cuadro, modificaremos el dato o datos en cuestión. Recordemos dicho cuadro de diálogo:

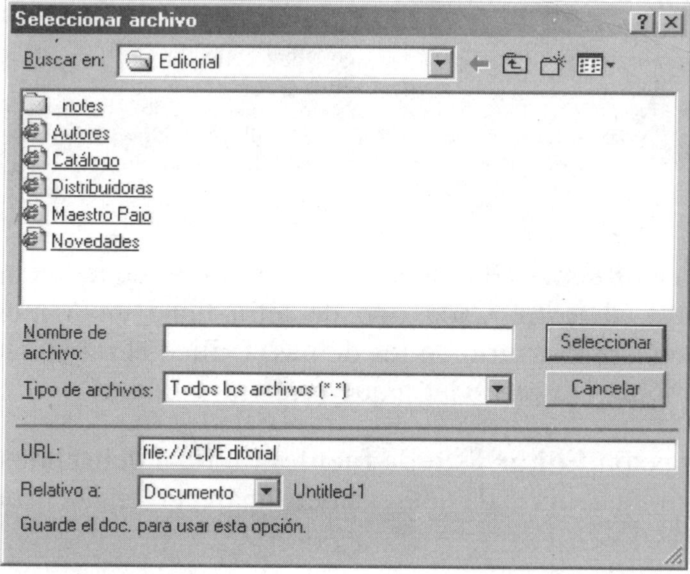

En este cuadro sólo tendrá que rectificar los datos incorrectos por los adecuados y pulsar el botón Seleccionar.

Cuando desee eliminar un vínculo seleccione de nuevo el elemento que lo contenga (texto, imagen, etc.), acceda al menú **Modificar** y active **Quitar vínculo**.

TIPOS DE LETRA

Continuando con las funciones para el texto de Macromedia Dreamweaver, los tipos de letra, también llamados fuentes, pueden generarse desde varios lugares distintos del programa. Para empezar podremos utilizar la opción **Fuente** del menú **Texto**. También podremos utilizar varios botones del **Inspector de Propiedades**. Si hacemos lo primero, obtendremos un menú:

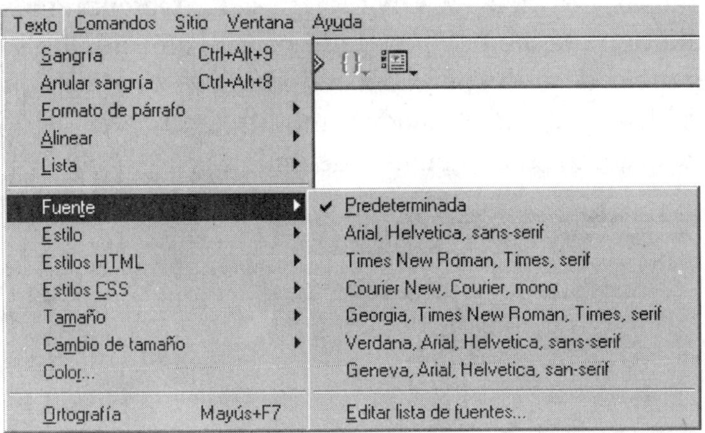

1. La lista **Fuente** permite seleccionar el tipo de letra que deseamos aplicar al texto. Cada tipo de letra tiene un nombre que nos ayuda a distinguirlo de los demás. Utilice el ratón para hacer un clic sobre el tipo de letra que prefiera.

2. La opción **Editar lista de fuentes** (al final del submenú) permite elegir qué tipos de letra deben aparecer en la lista del menú **Texto/Fuente**.

- Elija el tipo de letra que desee añadir al menú en la lista **Fuentes disponibles**, haciendo un clic sobre la fuente.

- Utilice el botón `<<` para llevar esa fuente a la lista **Fuentes elegidas**, ya que las que lleve a esa lista serán las que sean agregadas al menú. Si lleva a esa lista un tipo de letra por error, puede devolverlo a la lista de **Fuentes disponibles** mediante el botón `>>`.

- Por último, antes de pulsar el botón `Aceptar` para terminar, puede reordenar la posición de cada fuente en el menú mediante la **Lista de fuentes**, seleccionando una con el ratón y pulsando los botones `▲` y `▼` para mover la fuente arriba o abajo en la lista respectivamente.

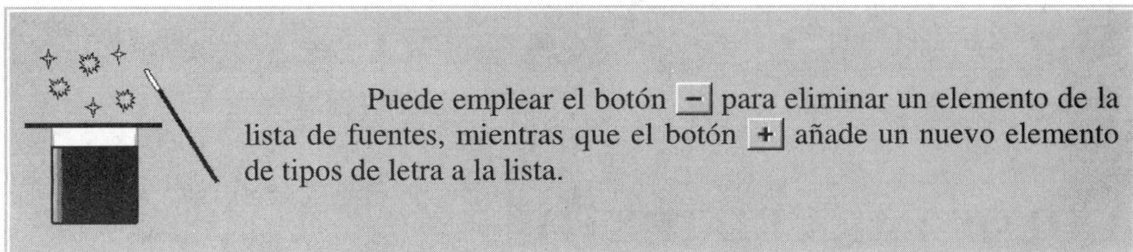

Puede emplear el botón `−` para eliminar un elemento de la lista de fuentes, mientras que el botón `+` añade un nuevo elemento de tipos de letra a la lista.

Las dimensiones de la letra se pueden asignar mediante las opciones **Tamaño**, y **Cambio de tamaño** del menú **Texto**.

En el mismo menú, la opción **Estilo** permite aplicar más variaciones a la letra, como **Negrita**, **Cursiva**, **Subrayado**, etc.

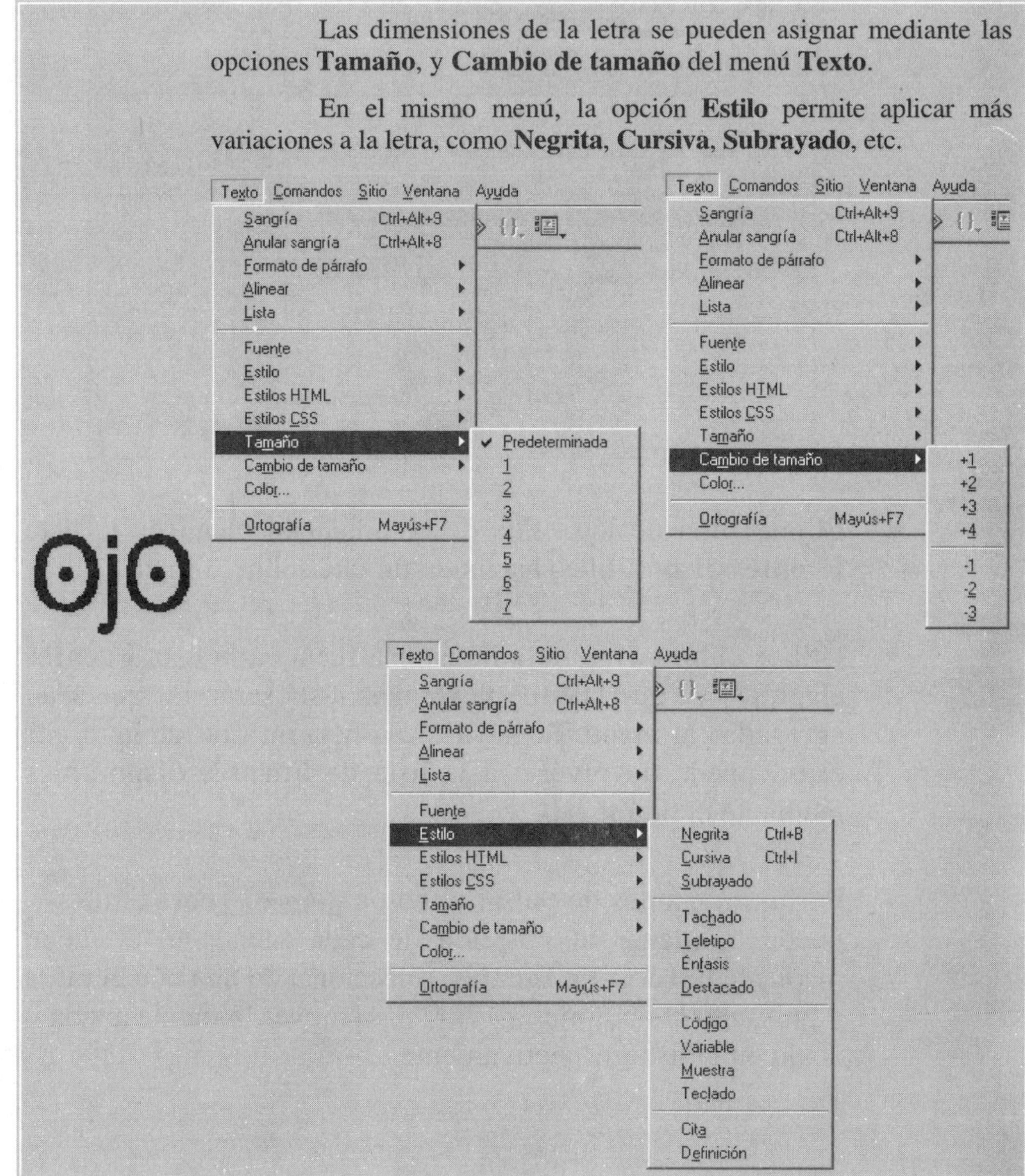

COLOR PARA EL TEXTO

El texto puede aparecer escrito en la página con distintos colores.

Esto tiene normalmente la finalidad de llamar la atención (del usuario que visite nuestra página) sobre algo.

Lo primero que debemos hacer es seleccionar la porción de texto a la que deseamos cambiar el color. Luego accederemos al menú **Texto** y seleccionaremos la opción **Color**.

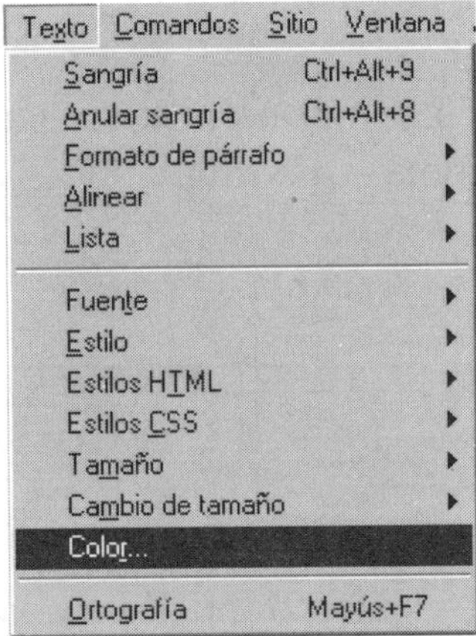

Esta opción nos ofrecerá el siguiente cuadro de diálogo:

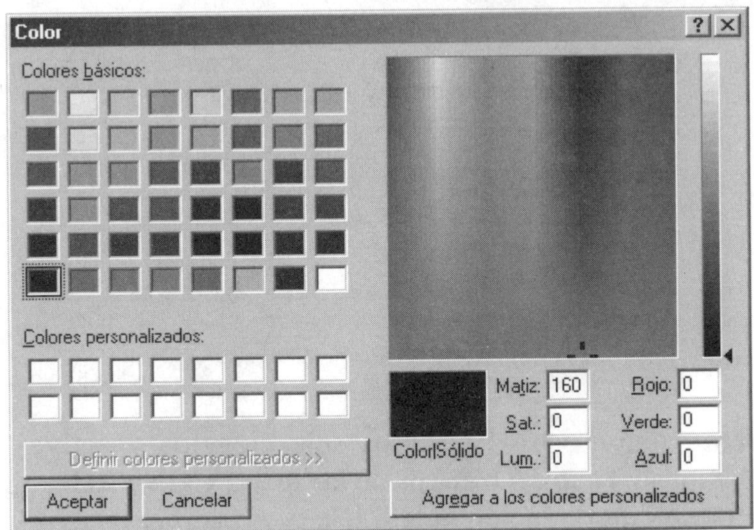

Seleccione el color que necesite. Resulta más fácil elegirlo en la lista de **Colores básicos**, pero puede utilizar la paleta completa de la derecha o teclear los niveles de **Matiz**, **Sat**uración y **Lum**inosidad (o los de **Rojo**, **Verde** y **Azul**).

SANGRÍA

Sangrar un párrafo consiste en llevar su margen hacia el interior de la página en mayor o menor medida.

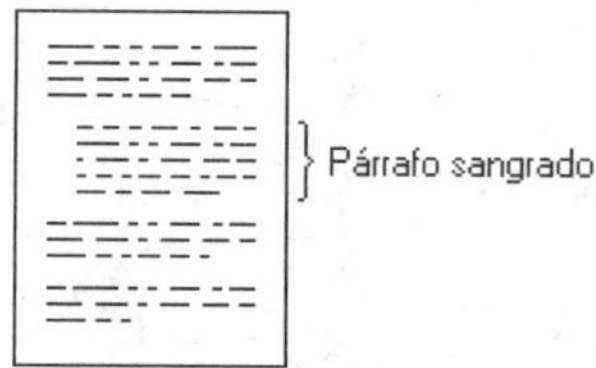

Los sangrados de párrafo pueden controlarse desde el menú **Texto**, mediante sus dos primeras opciones **Sangría** y **Anular sangría**.

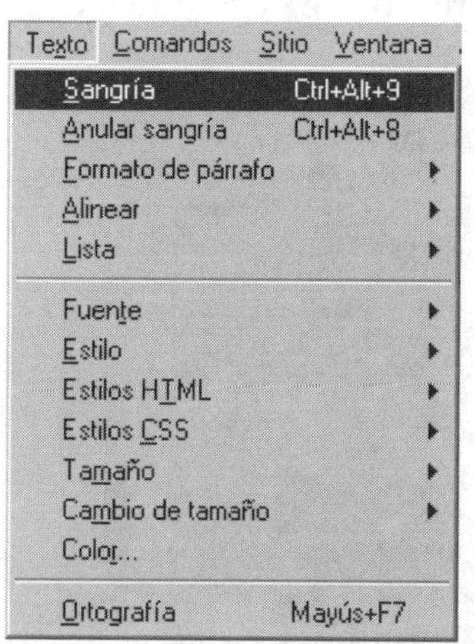

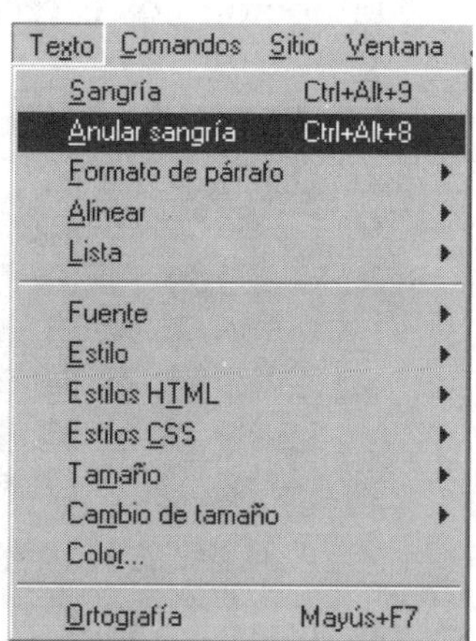

Para sangrar varios párrafos selecciónelos y active la opción **Sangría** del menú **Texto**, o bien, pulse las teclas **CONTROL + ALT + 9**. Los párrafos se sangrarán aún más si hace esto varias veces.

Para eliminar la sangría seleccione **Anular sangría** en el menú **Texto** (o pulse las teclas **CONTROL + ALT + 8**). También puede activar esta opción varias veces si activó la sangría otras tantas.

Algunos navegadores no soportan el sangrado de párrafos, por lo que podría ocurrir que, en ellos, no se apreciara su efecto.

LISTAS Y VIÑETAS

Una de las herramientas de uso sencillo que aporta Dreamweaver es la creación de esquemas en un texto. Un esquema puede encargarse de numerar cada uno de los elementos de una lista (normalmente párrafos) de forma automática, o bien de generar viñetas (en inglés *bullets*; también llamadas bolos: puntos gruesos y otros símbolos situados a la izquierda de los párrafos).

El modo más fácil de aplicar esta función consiste en seleccionar los párrafos que conforman la lista y, a continuación, seleccionar **Lista** en el menú **Texto**.

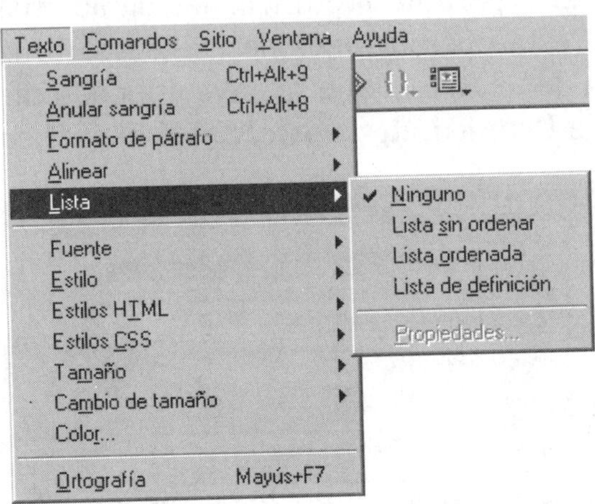

1. **Lista sin ordenar** crea una relación de párrafos con viñetas. Ejemplo:

   - Párrafo uno
   - Párrafo dos
   - Párrafo tres

2. **Lista ordenada** crea una relación de párrafos numerados. Ejemplo:

   1. Párrafo uno
   2. Párrafo dos
   3. Párrafo tres

3. **Lista de definición** crea una relación de varios niveles. Ejemplo:

   Párrafo uno
   > Párrafo dos

   Párrafo tres
   > Párrafo cuatro

   Párrafo cinco

4. **Ninguno** elimina la lista de los párrafos que haya seleccionado.

5. **Propiedades** permite modificar las características de una lista. Para que esta opción funcione es necesario situar el cursor en una línea de texto a la que se haya aplicado una lista. Cuando se selecciona **Propiedades**, aparece el siguiente cuadro de diálogo:

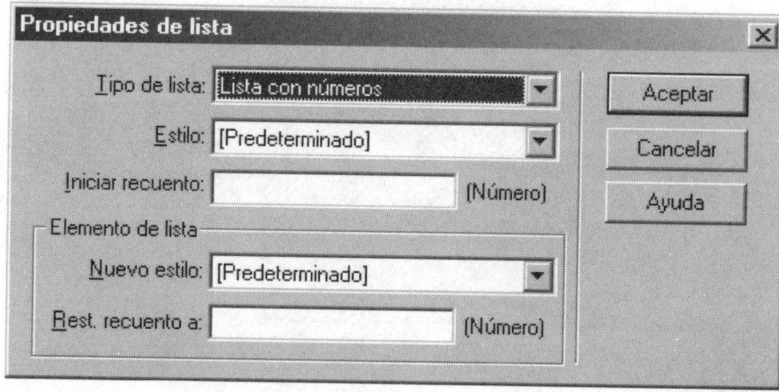

- Utilice **Tipo de lista** para elegir qué clase de listado va a diseñar: **Lista con viñetas**, **Lista con números**, **Lista de directorio** o **Lista de menú**.

- Dependiendo del **Tipo de lista** podrá elegir un **Estilo** para ella:

  a) Para **Lista con viñetas**:

    - Viñeta
    - Círculo
    - Cuadro

  b) Para **Lista con números**:

    1. Número (1,2,3...)
    i. Romanos en minúsculas (i, ii, iii...)
    I. Romanos en mayúsculas (I, II, III...)
    a. Alfabeto en minúsculas (a, b, c...)
    A. Alfabeto en mayúsculas (A, B, C...)

- **Iniciar recuento** permite elegir el número en el que comenzará una **Lista con números**.

- **Nuevo estilo** permite cambiar el tipo de lista a partir de uno de sus párrafos (en el que previamente debemos haber situado el cursor). Por ejemplo, si estábamos empleando una lista numerada con números romanos y vamos a hacer una subdivisión a partir del tercer párrafo con letras del alfabeto, podremos emplear **Nuevo estilo** situándonos en ese párrafo y eligiendo **Alfabeto en minúsculas** como **Nuevo estilo**.

- **Rest. recuento a** permite elegir el número desde el que comenzará el recuento del **Nuevo estilo**.

Viñetas con pequeñas imágenes

Si lo desea puede colocar un pequeño dibujo (en formato de mapa de bits de Windows) para utilizar como símbolo en los párrafos del texto.

Para ello deberá crear un estilo CSS y, una vez creado, podrá aplicarlo a cualquier listado de párrafos de las páginas de su sitio Web.

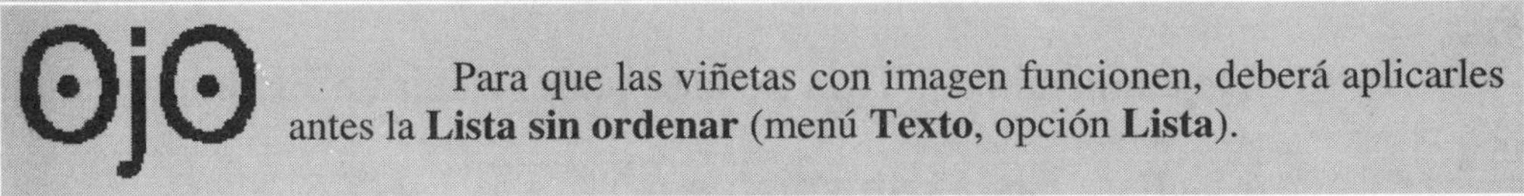

Para que las viñetas con imagen funcionen, deberá aplicarles antes la **Lista sin ordenar** (menú **Texto**, opción **Lista**).

Para crear un estilo CSS acceda al menú **Texto** y seleccione **Estilos CSS**, lo que le ofrecerá un pequeño submenú:

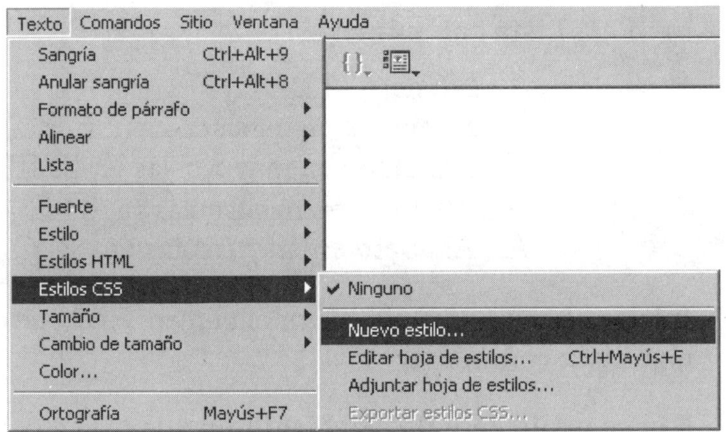

Elija **Nuevo estilo**. Esta opción le ofrecerá el siguiente cuadro de diálogo:

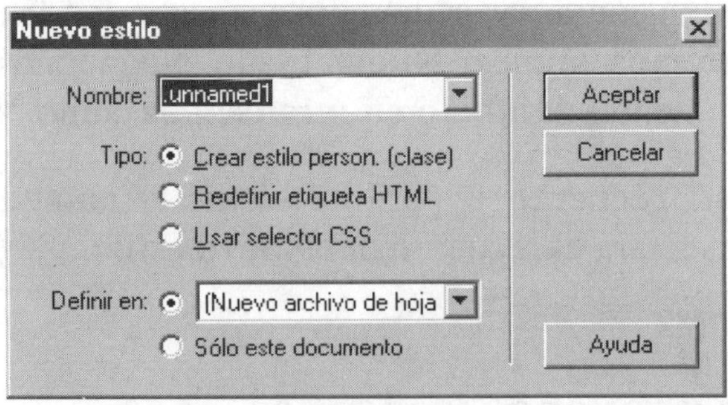

Asigne un **Nombre** a su estilo de viñetas en el cuadro de texto que lleva ese nombre, active el botón **Sólo este documento** y pulse Aceptar .

El nombre no puede contener espacios en blanco, por lo que, si necesita teclear un nombre con varias palabras deberá escribirlas seguidas. Si éste es su caso, le sugerimos que escriba la primera letra de cada palabra en mayúsculas, lo que hará el nombre más fácilmente legible.

Si desea que la lista se pueda aplicar a otros sitios Web diseñados con Dreamweaver seleccione el botón ⦿ [Nuevo archivo de hoja ▼]. Para que funcione necesitará grabarlo en el disco dándole un nombre y eligiendo una carpeta tal y como haría con cualquier documento en Windows.

Al hacerlo obtendrá un tercer cuadro de diálogo en cuya lista **Categoría** deberá elegir **Lista**:

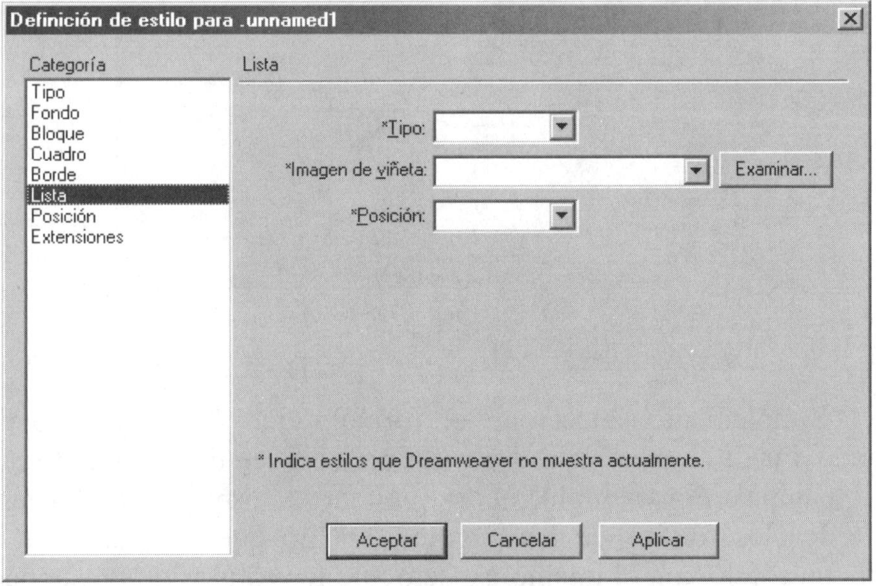

Utilice el botón Examinar... para elegir un dibujo que esté grabado en el disco (o si lo prefiere, teclee su nombre en la lista **Imagen de viñeta**).

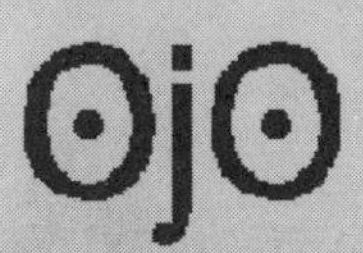

Los cambios que haya en este cuadro de diálogo no se ven en el editor de Dreamweaver, pero puede comprobar el resultado pulsando la tecla **F12** (o mediante la opción **Vista previa en el explorador** del menú **Archivo**), que pondrá en marcha su explorador o navegador con el resultado en pantalla.

Una vez que haya creado el estilo, sólo habrá que aplicarlo: seleccione los párrafos; después, aplíqueles la **Lista sin ordenar** (menú **Texto**, opción **Lista**) y, para terminar, acceda al menú **Texto**, seleccione **Estilos CSS** y elija el nombre que tecleó para la imagen de la viñeta.

FORMATOS

Existen ciertas características automáticas que podremos aplicar al texto. Estas características se encuentran en el submenú que ofrece la opción **Formato de párrafo** del menú **Texto**:

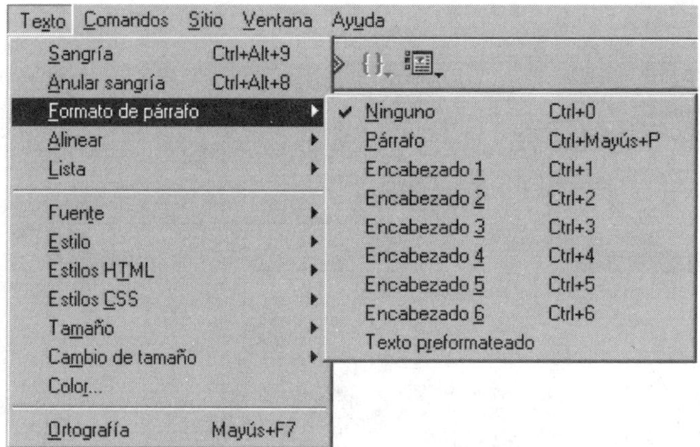

Simplemente seleccione el formato que desee y observe el resultado. Puede emplear estos formatos para conseguir cierta uniformidad en sus páginas. Por ejemplo, podría aplicar el formato **Encabezado 1** para todos los rótulos de las páginas, con lo que cada una de ellas tendría un rótulo con el mismo aspecto que los rótulos de las demás. Si tiene un bloque de texto con formato y necesita eliminarlo, seleccione el texto y elija **Ninguno** en el menú anterior.

ALINEACIÓN

Otra función útil es la de **Alinear** el texto a los márgenes. En la barra de herramientas disponemos de tres opciones:

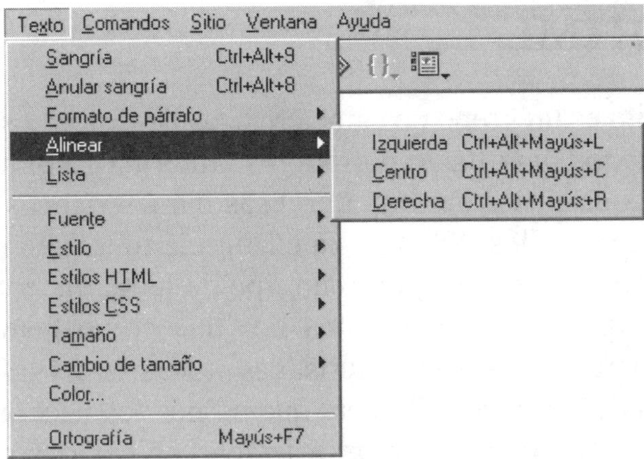

1. **Izquierda**. Alinea el texto junto al margen izquierdo de la página. El margen derecho queda desigual.

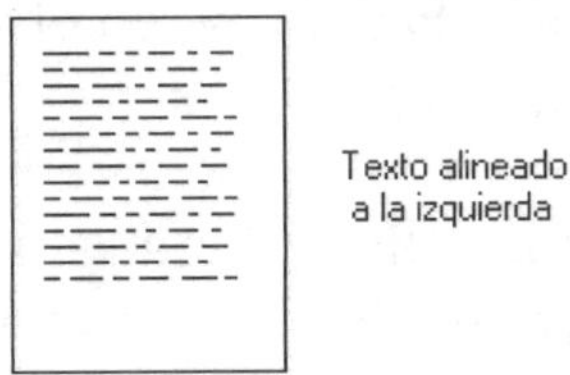

2. **Centro**. Centra horizontalmente entre los márgenes todas las líneas del bloque seleccionado.

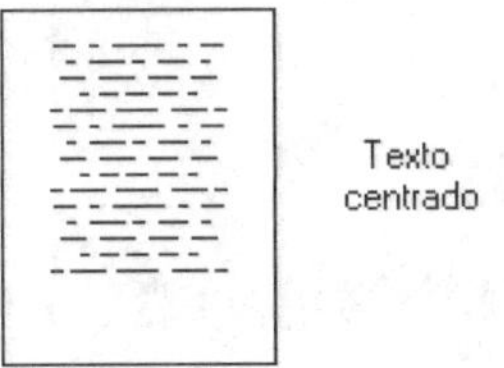

3. **Derecha**. Alinea el texto junto al margen derecho de la página. El margen izquierdo queda desigual.

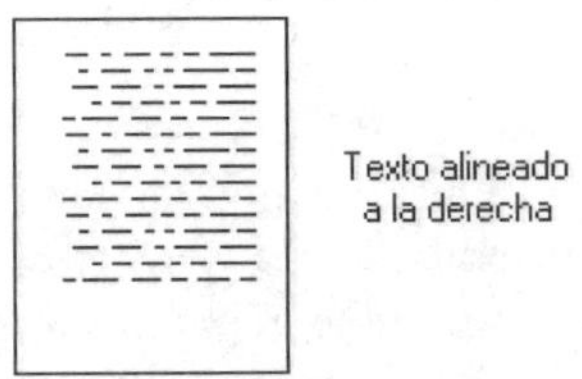

ESTILOS HTML

Un estilo es un grupo de características de texto. Los estilos HTML están normalizados para los exploradores (Internet Explorer o Netscape Navigator), lo que nos garantiza que esas características aparezcan sin problema en uno de ellos. Si vamos a añadir cierto texto a una página con unas características concretas (como un tipo de letra, un tamaño, un color, etc.) podemos aplicar todas ésas una por una como hemos visto hasta ahora. Sin embargo, si esas características (todas ellas) las empleamos a menudo, podemos crear un estilo para que no nos sea necesario seleccionar una a una cada vez que vayamos a teclear un texto con ese aspecto: bastaría con seleccionar el texto y elegir el estilo en cuestión.

Podemos elegir un estilo para el texto seleccionado en el menú **Texto**, activando **Estilos HTML** y, en el submenú que aparezca, haciendo clic en uno de los de la lista.

Para crear un estilo deberá activar la última opción del menú **Estilos HTML**: **Nuevo estilo**.

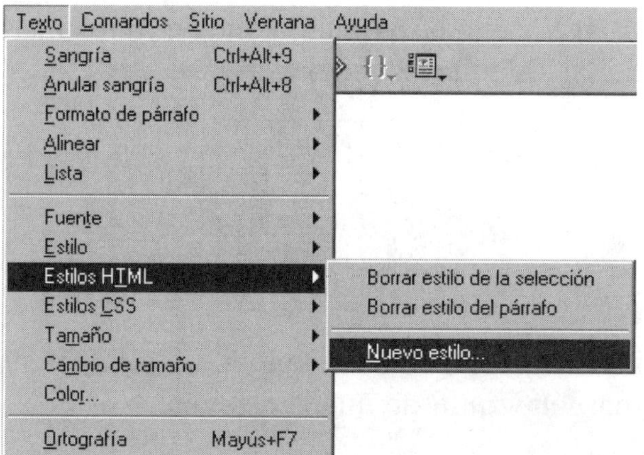

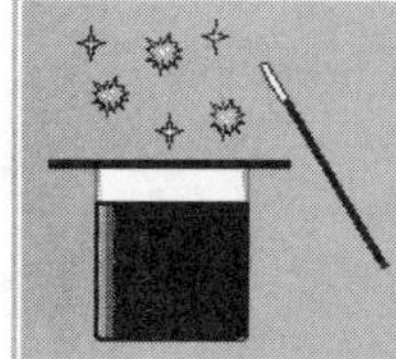
Observe que la lista ofrece como dos primeras opciones **Borrar estilo de la selección** y **Borrar estilo del párrafo**. Estas opciones se emplean para eliminar los estilos de un bloque de texto al que se los hayamos aplicado antes.

Esta opción le llevará al siguiente cuadro de diálogo:

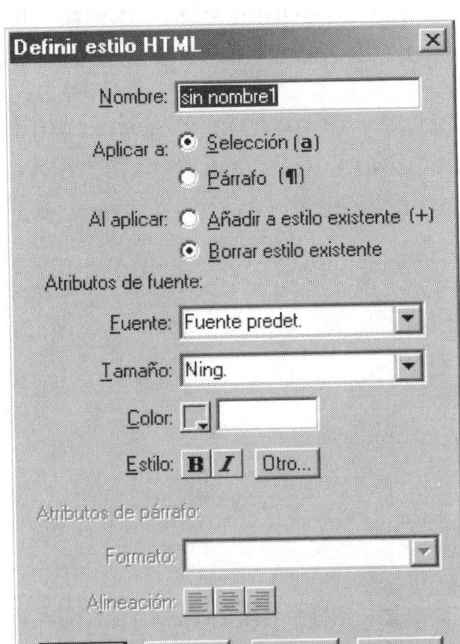

Definir estilos HTML

El cuadro de diálogo anterior deberá establecer lo siguiente:

1. Un **Nombre** para reconocer el estilo en el futuro.

2. **Aplicar a** para indicar si el estilo tendrá efecto sobre el texto seleccionado (**Selección**) o sobre el **Párrafo** completo (si se han seleccionado varios párrafos, el estilo se aplicaría a todos ellos).

3. **Al aplicar** permite elegir si el estilo se añadirá a otro que ya haya en el texto seleccionado (**Añadir a estilo existente**), o bien, si deberá eliminar el estilo que tenga el texto seleccionado antes de dar su propio aspecto (**Borrar estilo existente**).

4. Los datos agrupados en **Atributos de fuente** permite elegir las características del estilo si se activó el botón **Selección** más

arriba. Si por el contrario activó el botón **Párrafo**, dispondrá de más elementos. En cualquier caso, podrá elegir las características disponibles según las necesite (tipo de letra, tamaño, color, etc.).

5. Si necesita volver a comenzar a definir un estilo, utilice el botón Borrar , que eliminará los cambios que haya hecho en el estilo y los dejará como aparecen originalmente.

Una vez que haya definido el estilo, aparecerá en la lista del menú **Estilos HTML** y podrá seleccionarlo para aplicarlo al texto de la página.

ESTILOS CSS

Otro tipo de estilos que podemos definir para nuestras páginas son los **Estilos CSS**: los estilos en cascada (*Cascading Style Sheets* = hojas de estilo en cascada). Estos estilos no están normalizados, por lo que algún navegador podría no mostrar alguno de los aspectos que ofrecen, sin embargo, la mayor parte de ellos funcionan sin problemas.

Como en el caso de los estilos HTML debemos seleccionar la parte del texto a la que le vamos a cambiar de aspecto y luego recurrir al menú **Texto**. En él podremos crear nuevos estilos, o bien, elegir uno ya diseñado. La opción de dicho menú es **Estilo CSS**, que ofrece este submenú:

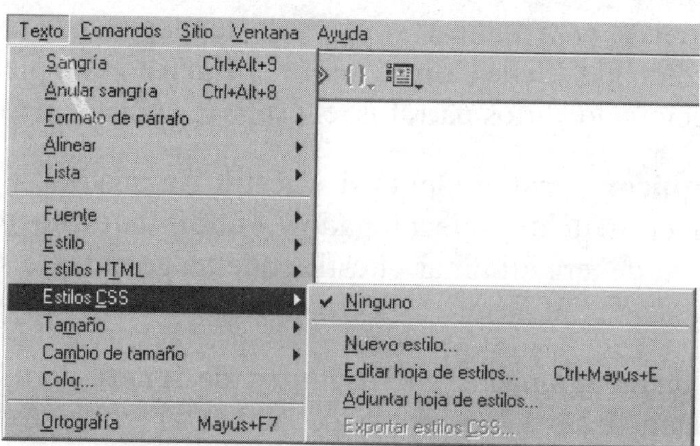

Debemos emplear la opción **Editar hoja de estilos** para crear, borrar o modificar un estilo CSS (aunque para crearlos podemos emplear directamente la opción **Nuevo estilo**). Cuando creemos una hoja de estilos, ésta aparecerá en el mismo menú. Por ejemplo, si creamos un estilo que se denomine **ColorAzul** (los nombres no pueden tener espacios entre palabras) aparecería de la siguiente forma:

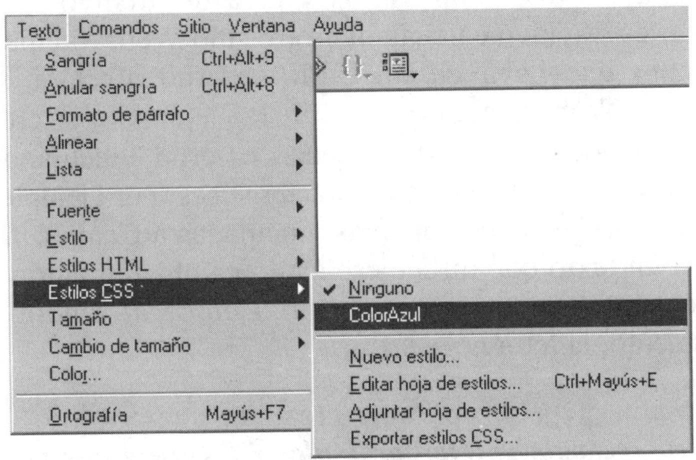

Bastaría con elegir esa opción para que el texto seleccionado adquiriese sus características. Pero si seleccionamos **Editar hoja de estilos** para crear, borrar o modificar un estilo CSS obtendremos el siguiente cuadro de diálogo:

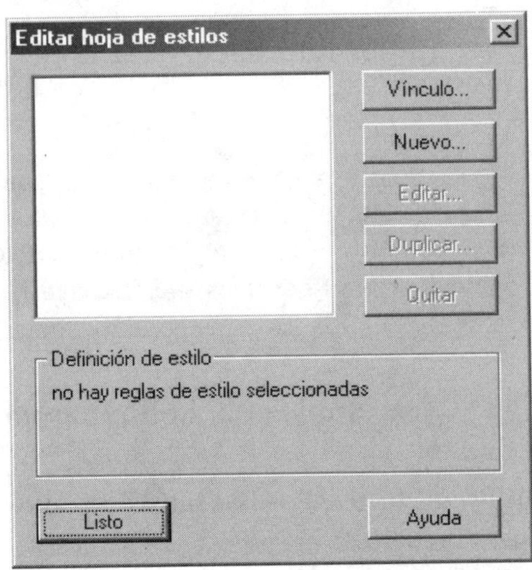

Este cuadro de diálogo permite administrar los estilos CSS, para ello ofrece los botones que pueden verse a su derecha:

1. El botón [Vínculo...] permite elegir o crear una página de estilos CSS externa. Las páginas externas son útiles si utiliza los mismos estilos CSS en páginas de sitios Web distintos. Si crea una página Web con estilos y crea un archivo externo podrá elegir ese archivo en cualquier otro sitio Web. Además, cualquier cambio que haya en un estilo externo afectará a todas las páginas Web vinculadas con él. Por ejemplo, si crea un estilo denominado *ColorAzul*, lo hace externo vinculándolo y días después cambia una de sus características (por ejemplo, activando la negrita) las demás páginas vinculadas a *ColorAzul* en las que haya un texto que utilice ese estilo cambiarán automáticamente (ese texto que tuviese el estilo *ColorAzul* tendrá, desde ese momento, la letra negrita).

2. El botón [Nuevo...] permite crear un nuevo estilo CSS. En el próximo apartado (***Definir estilos CSS***) detallaremos el trabajo con este botón en profundidad.

3. El botón [Editar...] permite cambiar las características de un estilo CSS. El método de trabajo que ofrece este botón es idéntico al que veremos en el apartado ***Definir estilos CSS*** para el botón [Nuevo...].

4. El botón [Duplicar...] permite hacer una copia (con otro nombre) de un estilo CSS.

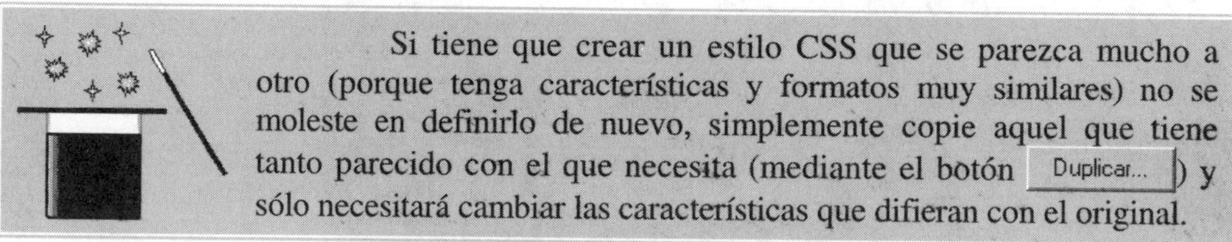
Si tiene que crear un estilo CSS que se parezca mucho a otro (porque tenga características y formatos muy similares) no se moleste en definirlo de nuevo, simplemente copie aquel que tiene tanto parecido con el que necesita (mediante el botón [Duplicar...]) y sólo necesitará cambiar las características que difieran con el original.

5. El botón [Quitar] se emplea para eliminar un estilo CSS.

6. Cuando termine de utilizar este cuadro de diálogo, pulse el botón [Listo] para cerrarlo.

Definir estilos CSS

Recordemos el cuadro de diálogo anterior.

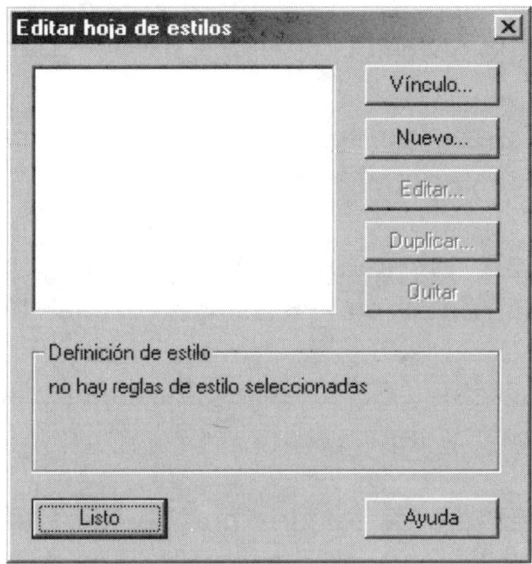

Como hemos visto, podemos acceder a él mediante el menú **Texto**, activando **Estilos CSS** y seleccionando **Editar hoja de estilos**. Además vimos que el botón [Nuevo...] permite crear una hoja de estilos CSS (y que el botón [Editar...] permite modificarla). Veamos de qué modo.

Cuando se pulsa el botón [Nuevo...] se obtiene el siguiente cuadro de diálogo:

1. Comience por dar un **Nombre** al estilo. Recuerde que no puede teclear espacios, por lo que deberá teclear todo seguido aunque vayan a ser varias palabras.

2. Puede elegir uno de los tres botones de **Tipo** para elegir qué clase de estilo necesita.

    - **Crear estilo person. (clase)** permite crear un estilo CSS completo partiendo de cero.

    - **Redefinir etiqueta HTML** permite crear un estilo CSS partiendo de las características de una etiqueta HTML.

    - **Usar selector CSS** permite crear una pseudoclase: una mezcla entre los dos tipos anteriores.

3. Puede elegir uno de los dos botones de **Definir en** para elegir en qué sitios Web estará disponible el estilo:

    - Si activa el botón que hasta ahora muestra [Nuevo archivo de hoja ▼] podrá emplear este estilo en otras páginas y sitios Web. Si opta por activar este botón, al pulsar el botón [Aceptar] obtendrá un cuadro de diálogo en el que deberá dar nombre al archivo que contendrá los datos del estilo, teniendo que grabarlo en el disco como cualquier otro archivo de Windows.

    - **Sólo este documento** crea el estilo de forma que únicamente esté disponible en la página Web que esté diseñando en ese momento. Ni siquiera podrá utilizar ese estilo en otras páginas del mismo sitio Web.

Vamos a describir el más completo: **Crear estilo personalizado**. No olvide, sin embargo, que antes de pulsar el botón [Aceptar] para crear el estilo, deberá darle un **Nombre** ya que, de lo contrario, Dreamweaver le asignará como nombre *unnamed* seguido de un número y le resultará difícil saber para qué diseñó este estilo.

Los nombres de los estilos no pueden contener espacios, ni signos de puntuación, por lo demás, puede teclear letras o números sin problema.

En cuanto pulse el botón Aceptar obtendrá el siguiente cuadro de diálogo:

El cuadro contendrá elementos diferentes dependiendo de la **Categoría** que seleccione en la lista de la izquierda. Si alguno de los datos que vamos a detallar no son necesarios para su estilo, déjelos tal y como estén.

La figura anterior muestra los datos pertenecientes a la categoría **Tipo**, que hace referencia a toda clase de tipos de letra: fuentes, tamaños, colores y otros efectos similares que ya vimos anteriormente. Los tipos de esta categoría disponen el aspecto que tendrá la letra a la que le aplique el estilo.

Recuerde que los elementos del cuadro de diálogo cuyo nombre aparece precedido por un asterisco no muestran su función en la ventana de diseño de Dreamweaver y que, para comprobar su resultado deberá mostrar la vista previa mediante, por ejemplo, la tecla **F12**. En las categorías en las que encuentre dos asteriscos ese elemento puede verse o no en Dreamweaver dependiendo de lo que elijamos.

La categoría **Fondo** ofrece los siguientes datos:

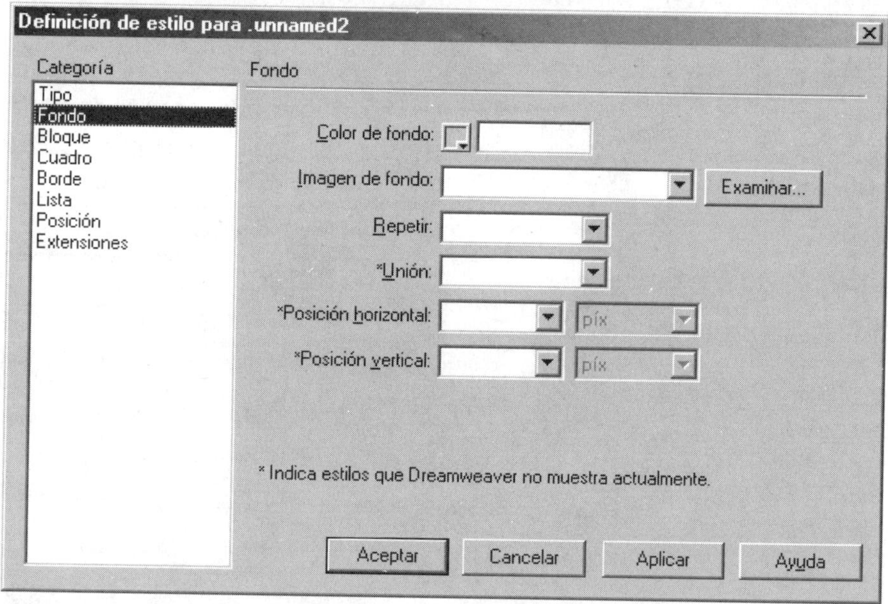

Como puede apreciarse, esta categoría ofrece elementos relativos al relleno de fondo del texto.

1. **Color de fondo** permite elegir un color que aparecerá rellenando el fondo del texto seleccionado.

2. **Imagen de fondo** permite elegir una imagen del disco que rellenará el fondo del elemento seleccionado (el texto no puede contener una imagen de fondo pero se puede aplicar a otros elementos). Si se selecciona una imagen de fondo con el botón Examinar... o, simplemente, tecleando su nombre y carpeta, se podrá concretar aún más el modo en que aparecerá la imagen rellenando dicho fondo:

- **Repetir** se emplea para indicar si aparecerán varias copias de la imagen en el fondo o no. Dispondrá de las siguientes opciones:

    a) **No repetir** muestra una sola copia de la imagen.

    b) **Repetir** forma un mosaico con varias copias de la imagen.

    c) **Repetir x** y **Repetir y** muestran, una tira horizontal y vertical de imágenes respectivamente. Las imágenes se recortan dentro de los límites del elemento.

- **Unión** se utiliza para indicar si la imagen se desplazará junto con el objeto o quedará fija.

- **Posición horizontal** y **Posición vertical** se emplean para colocar la imagen. Esta posición depende de lo elegido en la lista unión: así, si eligió **Fijo**, la posición de la imagen será relativa a la ventana, mientras que si seleccionó **Desplazar** la posición será relativa al elemento.

La categoría **Bloque** ofrece los siguientes datos:

Con esta categoría podemos modificar el texto en general:

1. **Espac. palabras** permite añadir una cierta cantidad de espacio entre las palabras del texto. Para ello teclee la cantidad que desee y seleccione la unidad de medida en la lista que hay a su derecha.

2. **Espac. letras** permite añadir una cierta cantidad de espacio entre las letras del texto. Teclee cantidad y medida como en la anterior.

3. **Alineación vertical** permite colocar el texto más arriba o más abajo con respecto a la línea en la que se encuentre mediante una gran variedad de opciones.

4. **Alineación de texto** permite alinear el texto como vimos en el apartado *Alineación* en este mismo capítulo.

5. **Sangría de texto** permite sangrar el texto como vimos en el apartado *Sangría* en este mismo capítulo.

6. **Espacio en blanco** permite elegir el modo en el que se muestran los espacios y las tabulaciones del texto.

La categoría **Cuadro** ofrece los siguientes datos:

Los elementos de esta categoría permiten indicar la posición y el tamaño del cuadro que forma el texto seleccionado:

1. **Ancho** y **Alto** permiten establecer las dimensiones del cuadro que contendrá el elemento al que hayamos aplicado el estilo CSS.

2. **Flotante** con esta opción el cuadro abandona su posición normal en el texto y se coloca a la izquierda o la derecha (según elijamos) de la página.

3. **Borrar** permite elegir un lado del cuado que no admitirá capas.

4. **Relleno** permite elegir el espacio que habrá entre el contenido del cuadro y su borde.

5. **Margen** permite elegir el espacio que habrá entre el cuadro y los elementos que lo rodeen (texto, imágenes, etc.).

La categoría **Borde** ofrece los siguientes datos:

Los elementos de esta categoría permiten crear una línea que bordee el elemento. Para ello, elegiremos:

1. La anchura de esa línea mediante las listas desplegables **Superior**, **Derecho**, **Inferior** e **Izquierdo**.

2. El color de cada lado con su correspondiente icono de **Color**.

3. El **Estilo** (tipo) de la línea; por ejemplo, si deberá dibujarse a base de puntos, líneas, etc.

La categoría **Lista** ofrece los siguientes datos:

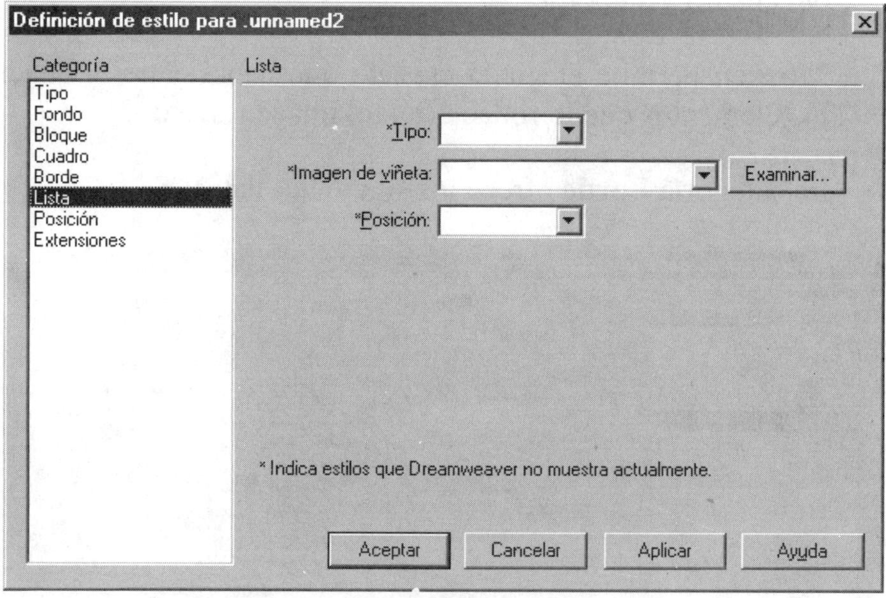

Con esta categoría podrá elegir numeración (o viñetas) para los párrafos del texto. Consulte el apartado *Listas y viñetas* de este mismo capítulo para recordar cómo se maneja esta categoría.

La categoría **Posición** ofrece los siguientes datos:

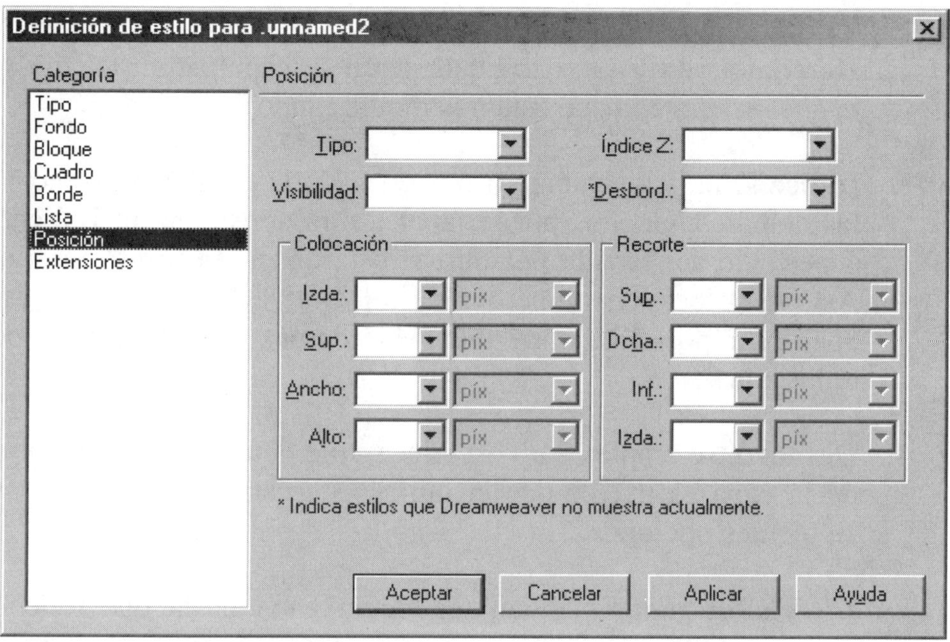

Con esta categoría puede colocar el cuadro en la página. Para ello, Dreamweaver transforma el texto seleccionado en una capa (de las capas hablaremos posteriormente) que podremos situar mediante los siguientes datos:

1. **Tipo** permite elegir el modo en que Dreamweaver colocará la nueva capa en la página:

    - **Absoluta** coloca la capa con relación a la esquina superior izquierda de la página. Las distancias se especifican en los cuadros de texto del grupo **Colocación** (**Izda.** y **Sup.**).

    - **Relativa** coloca la capa con relación a las líneas del texto de la página. Las distancias se especifican en los cuadros de texto del grupo **Colocación** (**Izda.** y **Sup.**).

    - **Estática** coloca la capa en la misma línea de texto.

2. **Visibilidad** permite indicar si la capa debe o no verse. La opción **Heredada** activa la visibilidad según su capa padre (la capa de la que proviene la que estamos modificando).

3. **Índice Z** indica el número de orden de la capa con respecto a las demás. Una capa puede tapar a otra si está en un **Índice Z** superior o ser tapada por otra si está en un **Índice Z** inferior. Así, si coloca un número **1** en el **Índice Z** de la capa ésta aparecerá por debajo de todas las demás (siendo tapada por todas ellas).

4. **Desbord.** se emplea para establecer qué ocurrirá si el contenido de la capa es mayor que el tamaño de ésta. Dispondrá de las siguientes opciones:

    • **Visible** amplía el tamaño de la capa hasta que todo su contenido encaja correctamente en su interior. La capa se amplía hacia abajo o hacia la derecha de su posición actual.

    • **Oculto** conserva el tamaño de la capa y la zona sobrante que no entra en ella no se ve.

    • **Desplazar** añade barras de desplazamiento a la capa para que el internauta pueda ver su contenido completo utilizándolas.

    • **Auto** como la anterior añade barras de desplazamiento pero únicamente cuando el contenido es mayor que la capa.

5. **Colocación** contiene cuatro elementos con los que podremos establecer la posición y el tamaño de la capa.

6. **Recorte** contiene cuatro elementos con los que podrá eliminar zonas de los bordes de la imagen que no deban mostrarse por ejemplo, si teclea 100 píxeles en **Dcha.** la imagen quedará recortada 100 píxeles por su derecha.

La categoría **Extensiones** ofrece los siguientes datos:

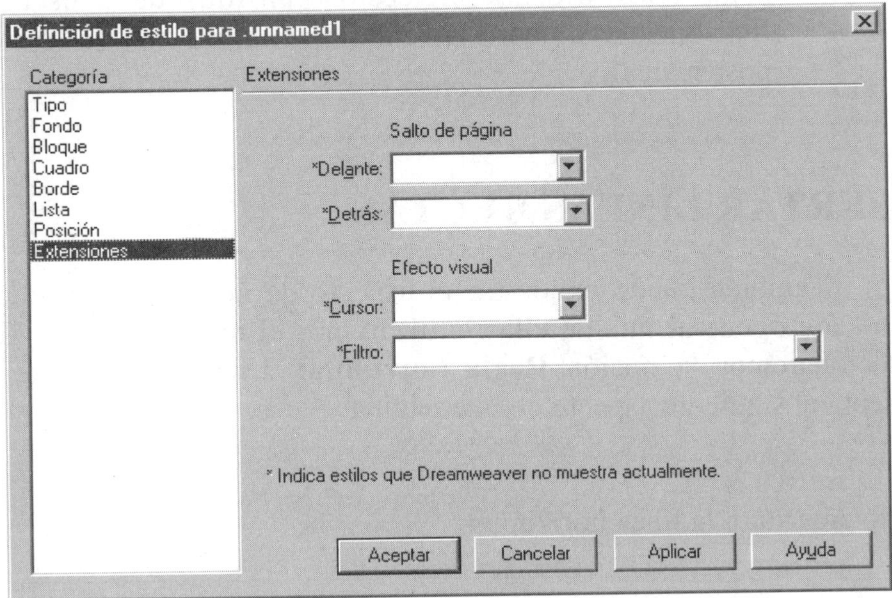

Esta categoría ofrece datos que no suelen aparecer en los navegadores, pero que, aún así, ofrecen una función útil:

1. Las listas **Delante** y **Detrás** de **Salto de página** permiten crear un fin de página manual para la impresora. Si se crea un salto de página delante del texto seleccionado, al imprimir la página en papel, la impresora expulsará la hoja en la que esté imprimiendo para continuar en la siguiente.

2. **Efecto visual** ofrece dos funciones:

   - **Cursor** permite elegir un puntero del ratón. Este puntero será el que aparezca en pantalla cuando el internauta deslice el ratón sobre él. Deberá elegir uno de los cursores que aparecen al desplegar la lista. Esta función sólo la podrá ver en Internet Explorer 4 (o versiones posteriores).

- **Filtro** permite elegir un aspecto visual distinto al original, como borroso o gris. Seleccione un filtro de la lista. Esta función sólo la podrá ver en Internet Explorer 4 (o versiones posteriores).

INSERTAR LÍNEAS RECTAS

También puede mejorarse el aspecto de una página añadiendo líneas. Para generar una de ellas, utilizaremos el menú **Insertar**. En él seleccionaremos la opción **Regla horizontal**. Una línea de este tipo presenta el siguiente aspecto en una página:

Texto anterior a la línea horizontal

Texto posterior

Propiedades

Una vez que la línea se encuentra en la página, podemos cambiar su aspecto. Para ello, utilice el inspector de propiedades, que ofrecerá el siguiente aspecto (cuando la línea recta esté seleccionada, por ejemplo, haciendo clic sobre ella):

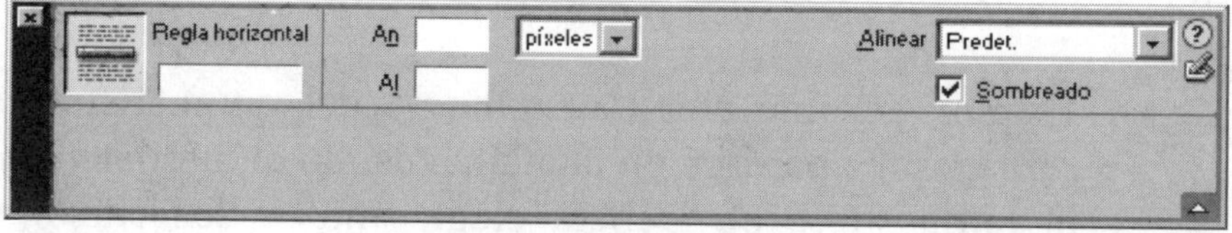

1. En el cuadro de texto **An** (ancho) podremos indicar la longitud de la línea. Dicha longitud se establece en **Píxeles**, aunque también

puede hacerse mediante un porcentaje del ancho total de la ventana que contenga la página (seleccionando **%** en la lista).

2. En el cuadro de texto **Al** (alto) estableceremos el grosor de la línea.

3. Con los botones del grupo **Alinear** podremos situar la línea en el renglón: a la **Izquierda** (pegada al margen izquierdo), en el **Centro** (en medio de ambos márgenes) o a la **Derecha** (pegada al margen derecho). Si elige **Predet.** la línea se situará a la izquierda, derecha o centro según esté por defecto en el navegador.

4. Desactive la casilla **Sombreado** si desea que la línea no tenga sombra (sin el sencillo efecto tridimensional que ofrece la línea por defecto al crearla). Si se mantiene activada, la línea tendrá sombra.

IMÁGENES

Lo que siempre da más colorido a un Web son las imágenes. Generalmente, una imagen ocupa mucha memoria, ya sea de disco o RAM, por lo que la transmisión telefónica vía Internet de una imagen puede resultar pesada por su lentitud.

Como ya sabemos, las imágenes de Internet suelen aparecer en formatos GIF y JPEG, que son mapas de bits con algún algoritmo de compresión que reduce su tamaño en disco.

Para incorporar una imagen al editor de Dreamweaver podemos utilizar la opción **Imagen** del menú **Insertar**. Para ello, será necesario tener imágenes almacenadas en el disco (Dreamweaver puede leer imágenes del disco archivadas con varios formatos como GIF, JPEG, TIFF, BMP, etc.).

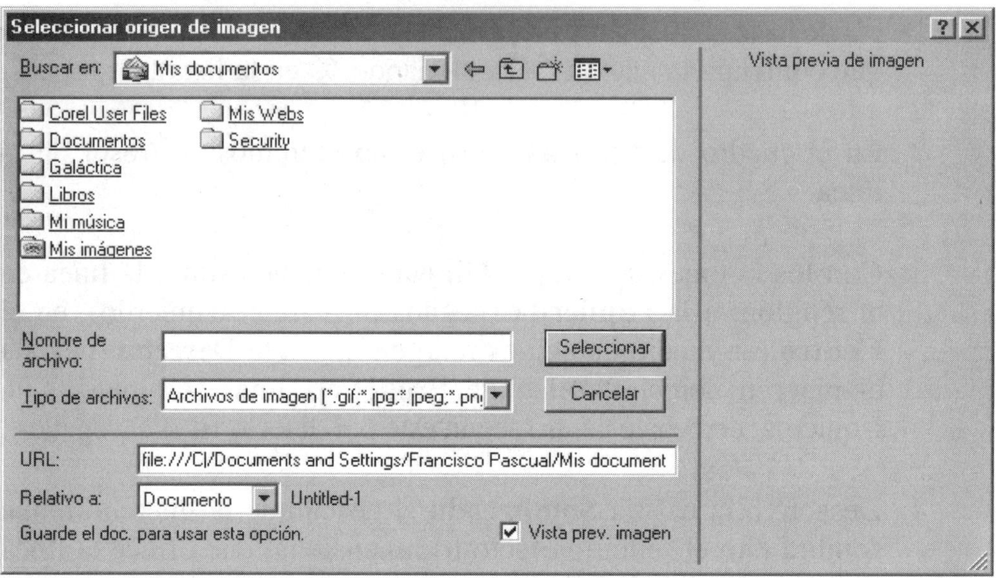

1. La lista **Buscar en** permite seleccionar una unidad de disco (u otro lugar) en el que podremos elegir una imagen.

2. Si en la lista que hay debajo de **Buscar en** aparece alguna imagen, también podremos añadirla a la página haciendo clic sobre ella (si seleccionamos una podremos verla, en miniatura, en el cuadro que hay a su derecha).

3. Si lo prefiere, en lugar de elegir la imagen con el ratón en la lista, puede teclear su nombre en el cuadro de texto **Nombre de archivo**.

4. Puede activar la casilla **Vista prev. imagen** para ver la imagen elegida en miniatura; de este modo sabrá si la imagen que ha seleccionado es la correcta antes de incorporarla a la página Web.

5. Active el botón **Seleccionar** para incorporar la imagen elegida a la página.

6. Antes de incorporar la imagen a la página, Dreamweaver le pedirá que la grabe en la carpeta del sitio Web que esté diseñando. Esto resulta recomendable sobre todo si piensa publicar el sitio en Internet cuando lo termine. Esto sucede siempre que incorpore algún archivo nuevo a su sitio Web (como un sonido o un vídeo).

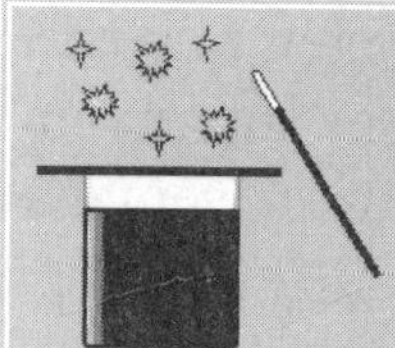

La primera vez que incorpore una imagen a una página de un sitio Web debe crear una carpeta dentro de la que contenga el Web general para poder localizar ahí todas las imágenes fácilmente en el futuro. De esta forma su Web estará mejor organizado.

Propiedades de imágenes

Cuando se selecciona una imagen, pueden realizarse pequeños retoques en ella.

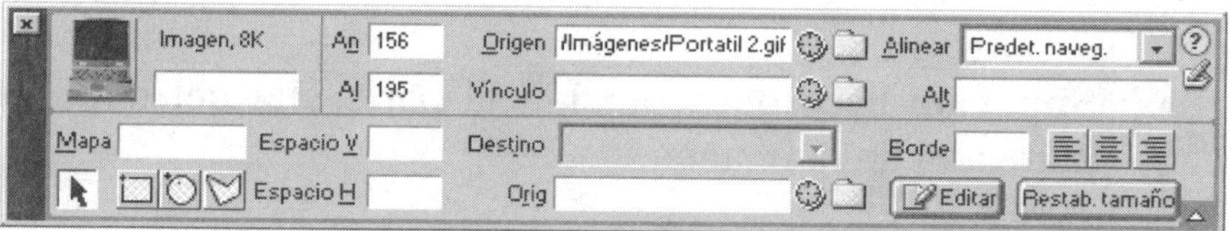

1. **An** y **Al** permiten establecer el tamaño de la imagen (**An**chura y **Al**tura). Si no se teclea nada en ellos, la imagen ofrecerá su tamaño original.

2. **Origen** ofrece el nombre del archivo que contiene la imagen. Si lo desea puede cambiar la imagen en cuestión por otra tecleando ahí su nombre, o bien, haciendo clic en su icono 🗀, que le permitirá buscar la nueva imagen en el disco.

3. **Vínculo** permite asignar un vínculo a la imagen. Como ya sabemos, a cualquier elemento de una página Web se le puede asignar un vínculo de modo que, cuando el internauta haga clic sobre el elemento, el vínculo se encarga de llevarle a la página

de Internet que tenga esa dirección. En lugar de teclear el vínculo, puede elegirlo mediante su icono ▢ o emplear el icono ⊕ para arrastrar y vincular la imagen con otra página de Dreamweaver. En este último caso haga clic sobre dicho icono y sin soltar el botón del ratón, arrastre hasta la ventana de Sitio en la que deberá alcanzar una de las páginas que allí haya. Al soltar el botón del ratón sobre una de ellas, la imagen quedará enlazada con esa página, de modo que cuando el internauta haga clic sobre la imagen, aparecerá esa página en su ventana del navegador.

4. **Alinear** permite colocar la imagen de distintas formas con respecto a la línea de texto en la que la hayamos insertado:

- **Predet. naveg.** coloca la imagen en la línea según tenga determinado el explorador en el que se muestre la página.

- **Línea de base** hace que coincida la parte baja del texto con la parte baja de la imagen. También funciona así la opción **Inferior**.

- **Superior** hace que coincida la parte alta del texto con la parte alta de la imagen.

- **Medio** hace que coincida el centro (vertical) de la línea de texto con el centro (vertical) de la imagen.

- **Texto superior** hace que coincida el carácter más alto de la línea con la parte alta de la imagen.

- **Medio absoluta** hace coincidir el punto medio de la línea de texto con el de la imagen.

- **Inferior absoluta** hace coincidir el punto más bajo de la línea de texto con el de la imagen (tiene en cuenta letras más bajas que las demás como la j, la y o la g).

- **Izquierda** lleva la imagen junto al margen izquierdo de la ventana.

- **Derecha** lleva la imagen junto al margen derecho de la ventana.

5. **Alt** permite escribir un texto que se mostrará en un cuadrito amarillo cuando el internauta pase el ratón sobre la zona.

6. Los botones ▮, ▯, ▯ y ▯ (y el cuadro de texto **Mapa**) se emplean para crear y seleccionar zonas interactivas. De esto vamos a hablar en el próximo apartado del capítulo (***Zonas interactivas***).

7. **Espacio V** y **Espacio H** permiten separar la imagen del texto. Escriba una cantidad en **Espacio V** para separar la imagen por encima y por debajo de ella. Escriba una cantidad en **Espacio H** para separar del texto la imagen por su izquierda y su derecha.

8. **Destino** se emplea si la imagen contiene un vínculo con otra página Web. Si es así, en la lista podremos elegir en qué ventana aparecerá dicha página:

- **_blank** abre una nueva ventana del explorador en la que aparecerá la página.

- **_parent** abre la página en el marco del que procede la página actual. Si la página no contiene marcos, la nueva página se abre en la misma en la que nos encontremos. De los marcos hablaremos en el apartado ***Marcos*** del capítulo 5: ***Trabajo avanzado***.

- **_self** abre la página en la misma ventana en la que nos encontremos.

- **_top** abre la página en la misma ventana en la que nos encontremos pero elimina los marcos que haya (si los hay).

9. **Orig** permite elegir otra imagen que aparecerá antes que la que estamos trabajando. Suele elegirse una imagen igual que la que estamos trabajando pero de peor calidad, de modo que aparece antes y muestra al internauta una muestra más rápida de la imagen antes de cargar la definitiva.

10. **Borde** se emplea para colocar un marco alrededor de la imagen. Simplemente teclee el número de píxeles de grosor que tendrá el marco.

11. Los botones de alineación (⬛⬛⬛) permiten colocar la imagen horizontalmente a la izquierda, a la derecha o en el centro de la línea de texto.

12. [Editar] permite modificar la imagen con un programa de diseño gráfico como Macromedia Fireworks. Una vez que dicho programa esté en marcha se deberán emplear sus funciones para cambiar el aspecto de la imagen a nuestro gusto.

13. [Restab. tamaño] se puede emplear si se han cambiado los valores de anchura y altura de la imagen (**An** y **Al**). Si es así, podremos pulsar el botón [Restab. tamaño] para restablecer los valores originales de altura y anchura de la imagen.

ZONAS INTERACTIVAS

Como vimos en el apartado *Vínculos* de este capítulo (*Trabajo elemental*), a cualquier elemento de una página Web se le puede asignar un vínculo de modo que, cuando se hace un clic en el elemento (en el momento en que el usuario está visitando la página conectado a la red), el vínculo se encarga de llevarle a la dirección que el creador de la página haya establecido.

Ahora bien, una imagen de una página Web de Dreamweaver puede contener varios vínculos en lugar de uno solo. Gracias a ello, puede establecerse que una parte de la imagen lleve a una dirección mientras que puede haber otras partes de la misma imagen que lleven a direcciones diferentes.

Si ha navegado por Internet sabrá que en algunas páginas Web hay imágenes en las que se puede hacer clic en una parte concreta de ella para acceder a cierto lugar, mientras que si se hace clic sobre otro elemento de la imagen nos situará en otro.

Veamos un ejemplo: hace algún tiempo, la página Web de la editorial Ra-Ma ofrecía una imagen principal con el siguiente aspecto:

Ésta podría ser una única imagen, pero cada uno de los iconos que la componen (catálogo, títulos, autores, etc.) pueden contener un vínculo que llevará a los distintos apartados del Web de la editorial.

Dreamweaver, por su parte, también ofrece la técnica que permite diseñar esos "apartados" dentro de una imagen para usarlos como vínculos. Lo primero, naturalmente, es incorporar la imagen a la página.

Para generar varios vínculos en una imagen es necesario crear las denominadas **zonas interactivas**, para lo que emplearemos los botones , , y del inspector de propiedades (que sólo aparecen cuando hemos hecho clic sobre una imagen que hayamos incorporado a la página previamente).

Herramienta Puntero de zona interactiva. Permite seleccionar una zona interactiva de la imagen que ya esté dibujada. Cuando se selecciona una zona interactiva, aparecen a su alrededor los puntos de control con los que podemos ampliar o reducir el tamaño de la zona simplemente haciendo un clic sobre el punto y, sin soltar el botón del ratón, arrastrar en la dirección deseada.

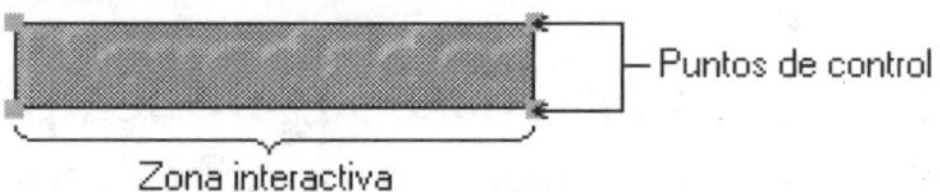

Herramienta Zona interactiva rectangular. Permite trazar un área rectangular a la que asociaremos un vínculo. Haga un clic sobre el lugar de la imagen que desee y, sin soltar el botón del ratón, arrástrelo marcando el rectángulo. Cuando haya precisado el tamaño del rectángulo, suelte el botón del ratón y la zona interactiva quedará fijada.

Herramienta Zona interactiva oval. Permite trazar una zona activa circular a la que asociaremos un vínculo. Haga un clic sobre el lugar de la imagen que desee y, sin soltar el botón del ratón, arrástrelo marcando el círculo. Cuando haya precisado el tamaño de la circunferencia, suelte el botón del ratón y el círculo quedará fijado.

Herramienta Zona interactiva poligonal. Permite trazar una zona activa poligonal a la que asociaremos un vínculo. Haga varios clic en los vértices del polígono que desee dibujar terminando con un clic en el mismo punto en el que empezó. Aparecerá automáticamente un cuadro de diálogo para que establezca el vínculo. De él hablaremos en cuanto terminemos con los botones.

Asignar vínculos a las zonas interactivas

Cuando se dibuja una zona interactiva (rectángulo, círculo o polígono) con los botones que acabamos de describir, debemos establecer la dirección de la red a la que nos llevará el vínculo cuando se haga clic sobre esa parte de la imagen. Para todo el trabajo relacionado con las zonas interactivas, el inspector de propiedades ofrecerá ciertos elementos útiles siempre que seleccionemos una de estas zonas haciendo clic sobre ella (naturalmente, si ya hemos dibujado alguna con los botones ▢, ◯ o ▽).

1. **Vínculo**. Se utiliza para establecer la dirección de Internet con la que deseamos que enlace el vínculo. Es muy importante teclear la dirección correctamente —letra por letra— ya que, de lo contrario, cuando el internauta haga clic sobre esa parte del dibujo, obtendrá el correspondiente error que le indicará que no encuentra la dirección en la red (o aparecerá en un Web distinto al que deseaba ir). También podrá teclear el nombre de una página del mismo sitio Web con lo que el vínculo enlazará con dicha página. Recuerde que en lugar de teclear el vínculo, puede elegirlo mediante su icono 📁 o emplear el icono 🌐 para arrastrar y vincular la imagen con otra página de Dreamweaver. En este último caso haga clic sobre dicho icono y sin soltar el botón del ratón, arrastre hasta la ventana de Sitio en la que deberá alcanzar una de las páginas que allí haya. Al soltar el botón del ratón sobre una de ellas, la imagen quedará enlazada con esa página, de modo que cuando el internauta haga clic sobre la imagen, aparecerá esa página en su ventana del navegador.

2. **Destino** se emplea si queremos elegir en qué ventana aparecerá dicha página. Dispondremos de las mismas opciones que ofrece siempre esta lista desplegable: **_blank**, **_parent**, **_self** y **_top**.

3. **Alt** permite escribir un texto que se mostrará en un cuadrito amarillo cuando el internauta pase el ratón sobre la zona.

Eliminar zonas interactivas

Si necesita deshacerse de una zona activa que ya no va a utilizarse, selecciónela con el ratón haciendo un clic sobre ella (habiendo pulsado el botón ▦ en el inspector de propiedades) y pulse la tecla **Supr** (suprimir) en el teclado.

ELIMINAR ELEMENTOS Y ESTILOS

Una vez que se han aplicado ciertas propiedades a un objeto (por ejemplo, estilos HTML), éstas pueden eliminarse de una sola vez sin necesidad de deshacer una por una todas las que se hayan empleado. Para ello, lo primero es seleccionar el elemento al que se va a despojar de sus propiedades. Después, deberá decidir cuáles de esas propiedades va a eliminar. En cualquier caso deberá recurrir al menú **Texto** y seleccionar el submenú adecuado y seleccionar la opción necesaria:

- **Formato de párrafo**: opción **Ninguno**.

- **Fuente**: opción **Predeterminada**.

- **Estilos HTML**: opción **Borrar estilo de la selección**.

- **Estilos CSS**: opción **Ninguno**.

- **Tamaño**: opción **Predeterminada**.

Eliminar elementos

Si deseamos eliminar uno o varios elementos de la página, de nuevo, lo primero es seleccionarlos. Una vez elegidos, pulsaremos la tecla **SUPR** en el teclado y todo lo seleccionado desaparecerá de la página.

Utilice esta función con precaución, ya que Dreamweaver no pedirá confirmación antes de borrar el elemento; no obstante, podrá utilizar la opción **Deshacer** del menú **Edición** para anular el borrado.

EJERCICIOS

I   Escritura del texto básico y viñetas

En este ejercicio vamos a teclear el texto que compondrá las páginas del Web excepto la principal en la que colocaremos una imagen y ciertos elementos extra en ejercicios futuros.

Abra la página de *Autores* de nuestro Web de la editorial y añada el siguiente texto, respetando el tamaño de la letra, la negrita, etc.:

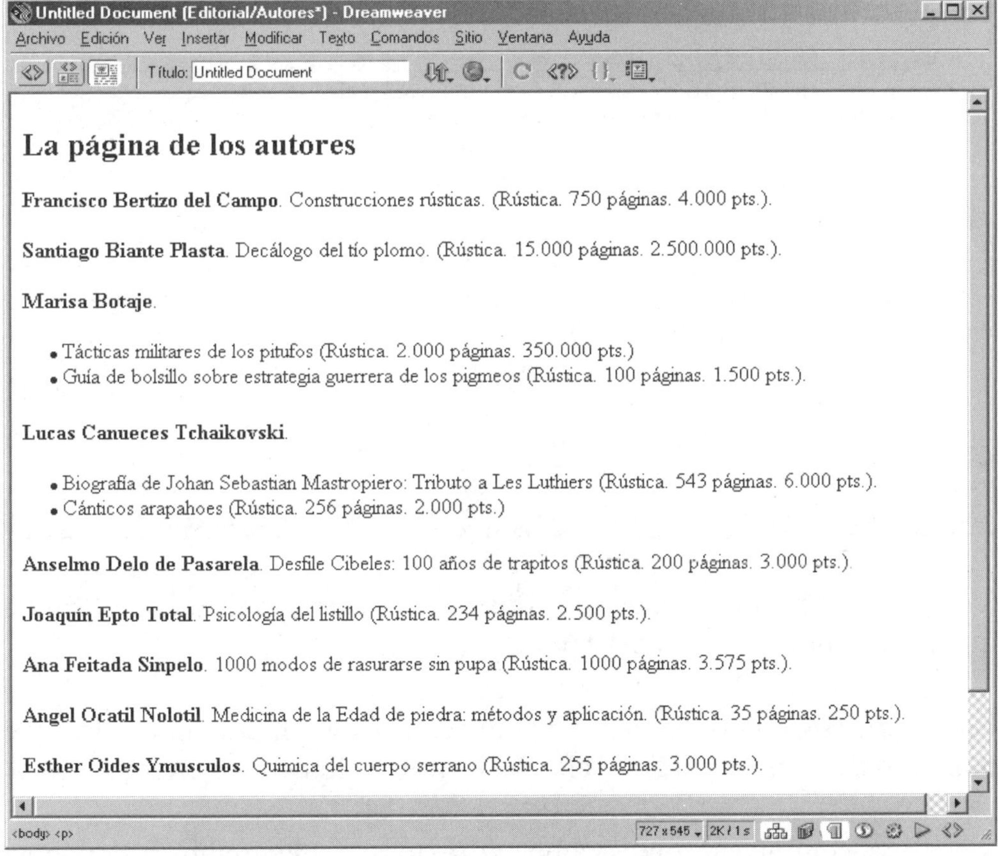

La página de los autores

Francisco Bertizo del Campo. Construcciones rústicas. (Rústica. 750 páginas. 4.000 pts.).

Santiago Biante Plasta. Decálogo del tío plomo. (Rústica. 15.000 páginas. 2.500.000 pts.).

Marisa Botaje.

- Tácticas militares de los pitufos (Rústica. 2.000 páginas. 350.000 pts.)
- Guía de bolsillo sobre estrategia guerrera de los pigmeos (Rústica. 100 páginas. 1.500 pts.).

Lucas Canueces Tchaikovski.

- Biografía de Johan Sebastian Mastropiero: Tributo a Les Luthiers (Rústica. 543 páginas. 6.000 pts.).
- Cánticos arapahoes (Rústica. 256 páginas. 2.000 pts.)

Anselmo Delo de Pasarela. Desfile Cibeles: 100 años de trapitos (Rústica. 200 páginas. 3.000 pts.).

Joaquín Epto Total. Psicología del listillo (Rústica. 234 páginas. 2.500 pts.).

Ana Feitada Sinpelo. 1000 modos de rasurarse sin pupa (Rústica. 1000 páginas. 3.575 pts.).

Angel Ocatil Nolotil. Medicina de la Edad de piedra: métodos y aplicación. (Rústica. 35 páginas. 250 pts.).

Esther Oides Ymusculos. Química del cuerpo serrano (Rústica. 255 páginas. 3.000 pts.).

Cuando cierre la ventana, no olvide guardar los cambios (lo mismo que deberá hacer en el resto de las páginas).

La siguiente es la página que contiene las últimas *Novedades* editoriales:

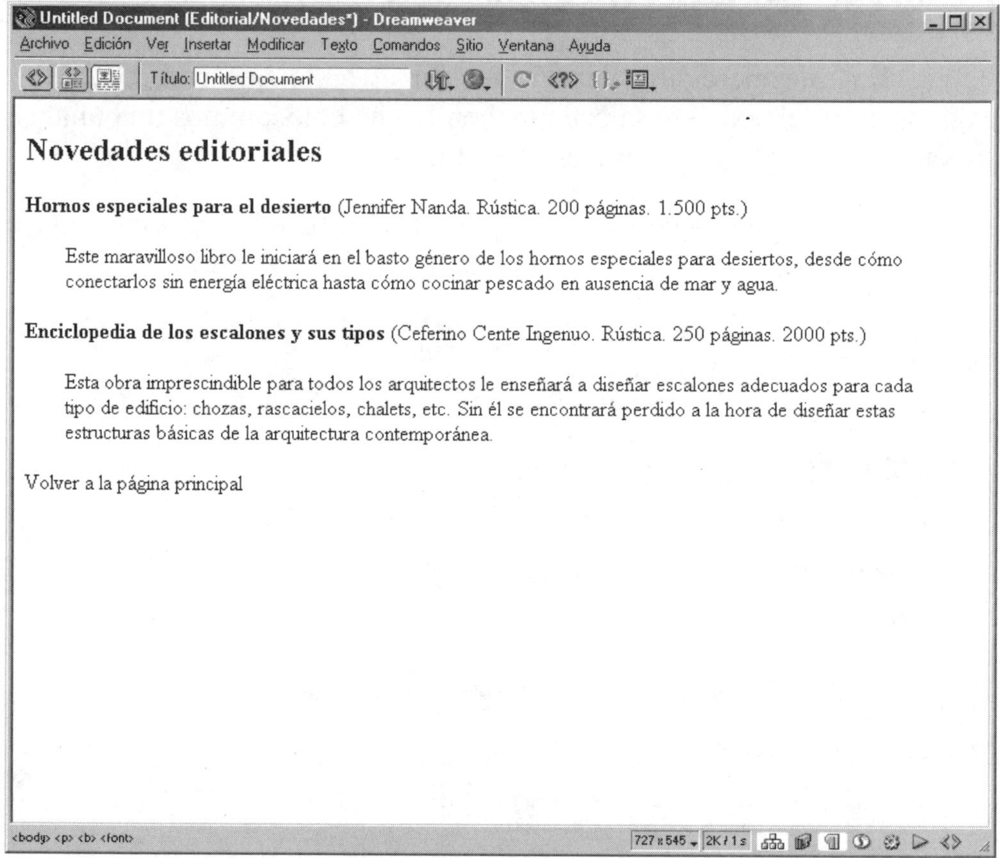

Si es posible, añada más títulos de libros a la lista con el fin de que el Web quede más consistente.

El contenido de cada libro puede ser tan "inútil" como los que ponemos de ejemplo; al fin y al cabo se trata sólo de un ejercicio.

A continuación mostramos el texto que añadiremos a la página del *Catálogo* por temas:

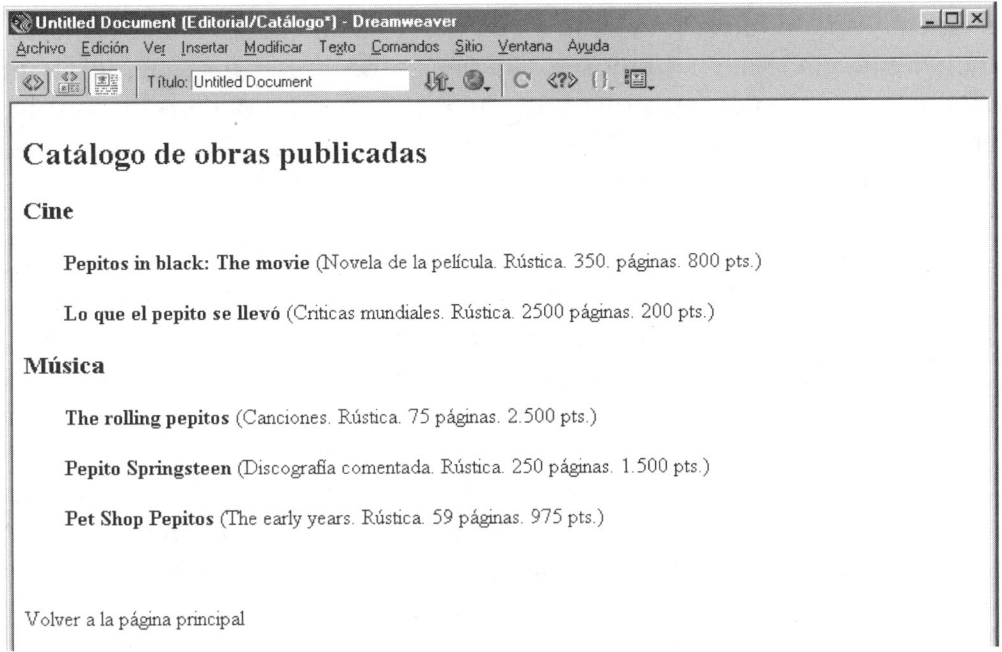

Por último escribiremos el texto de la página *Distribuidoras*.

En el caso de las distribuidoras nos limitamos a ampliar el tamaño del rótulo, ya que el texto irá dentro de una tabla y lo teclearemos cuando veamos el modo de incorporar tablas a las páginas.

No olvide que cuando haya tecleado todo el texto y cierre las páginas, Dreamweaver le pedirá que grabe los datos en el disco.

II   Añadir las imágenes

El siguiente paso consistirá en añadir las imágenes para que el Web llame la atención. Recuerde que un buen Web contiene cualquier elemento que lo haga agradable a cualquier usuario que pueda visitarlo, incluyendo imágenes, dibujos o vídeos (de hecho, si dispone de algún videoclip relativo al tema que trate su Web, no debe dudar en añadirlo, aunque es mejor hacerlo con un enlace para que sólo lo obtenga aquel internauta interesado en ello).

Nosotros le mostramos unos ejemplos de dibujos sencillos, aunque usted podrá añadir aquellos que prefiera para las páginas Web de nuestro ejercicio, tanto extraídas de discos o de la propia Internet, como dibujadas por usted con algún programa de diseño gráfico (como Fireworks que acompaña a Dreamweaver).

Si opta por esto último, no olvide grabarlas en el disco con un formato comprimido como GIF o JPEG, que ofrecen buena calidad y ocupan poco espacio en disco (aunque si crea el dibujo con Fireworks también puede emplear su formato estándar: PNG).

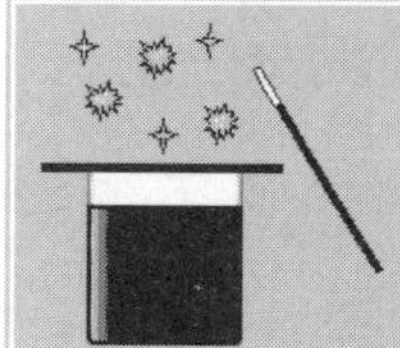

Si desea dar un mejor aspecto a su página, las imágenes deben ser fotografías digitalizadas mediante una cámara digital o un escáner.

Es recomendable crear una carpeta dentro de la principal del sitio Web con el nombre **Imágenes** (o similar) en la que se almacenen únicamente las imágenes, de esa forma resultará más fácil encontrarlas posteriormente, además de tener el sitio Web mejor organizado. En nuestro ejemplo del CD-ROM, hemos creado una carpeta llamada **Archivos** en la que podrá encontrar todas las que vamos a emplear en nuestros ejercicios.

En el caso de la página principal hemos dibujado una imagen algo compleja, sin embargo, le animamos a que intente dibujarla lo más parecida posible o a colocar, en su lugar, alguna imagen que se parezca.

No olvide incluir en el dibujo cuadros de texto en los que aparezcan las palabras **Novedades**, **Catálogo**, **Autores** y **Distribuidoras**, ya que serán los enlaces con el resto de las páginas del Web. La imagen también debe contener unos sobres dibujados (también puede ser un buzón o algo que recuerde al correo) puesto que serán el enlace para que el internauta pueda enviarnos mensajes de correo electrónico.

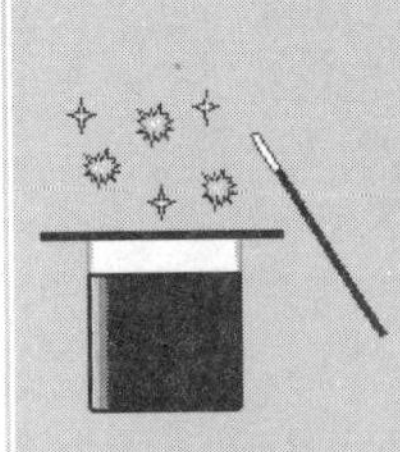

Puede encontrar imágenes de todo tipo (así como consejos y tutoriales con todo lo relacionado con el desarrollo de páginas Web) en la dirección de Internet: **http://www.mistyangel.com/webmasters**. También puede acceder a la página de Microsoft (**www.microsoft.com**) y buscar la palabra **Clipart** para encontrar imágenes.

Por otra parte, los dibujos que le ofrecemos en los ejercicios, puede encontrarlos en el CD-ROM que acompaña al libro.

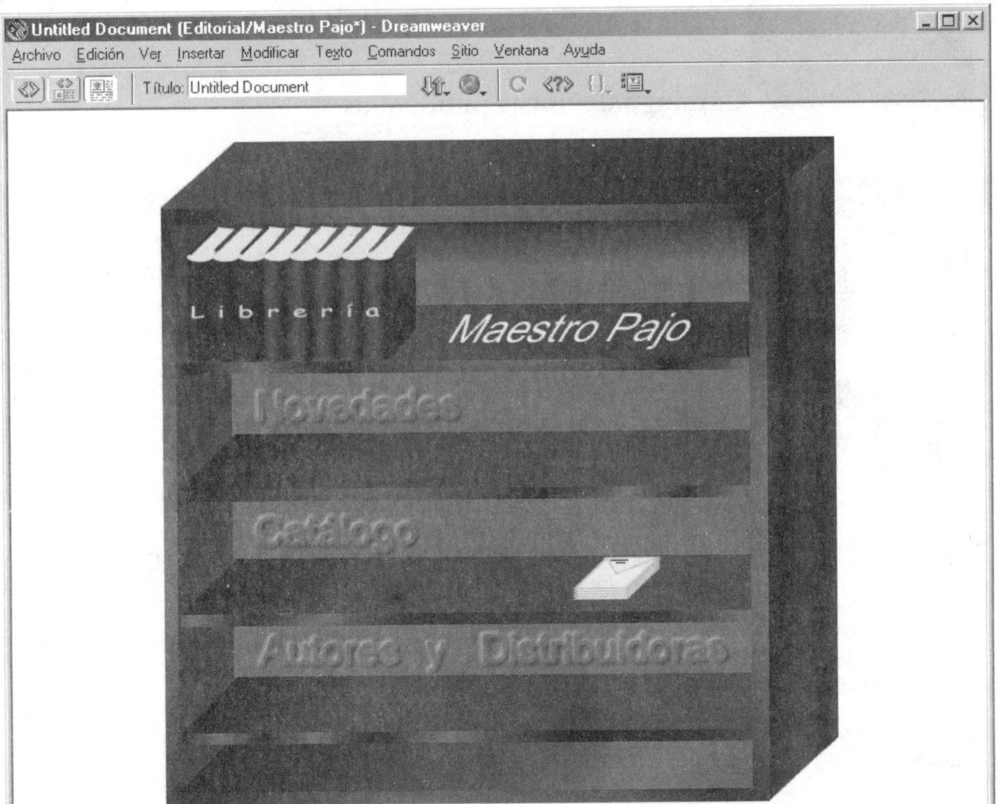

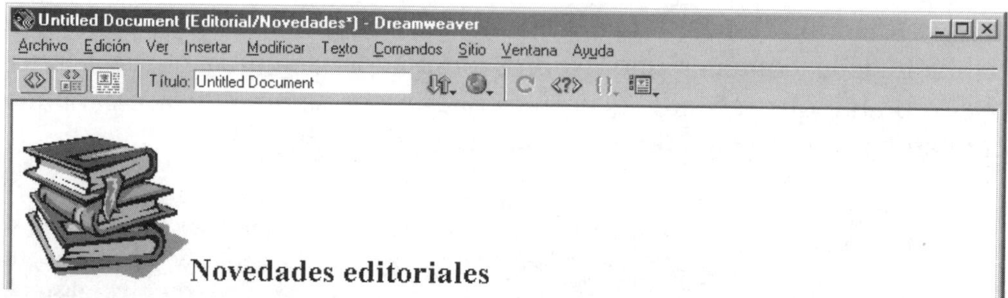

Novedades editoriales

Catálogo de obras publicadas

La página de los autores

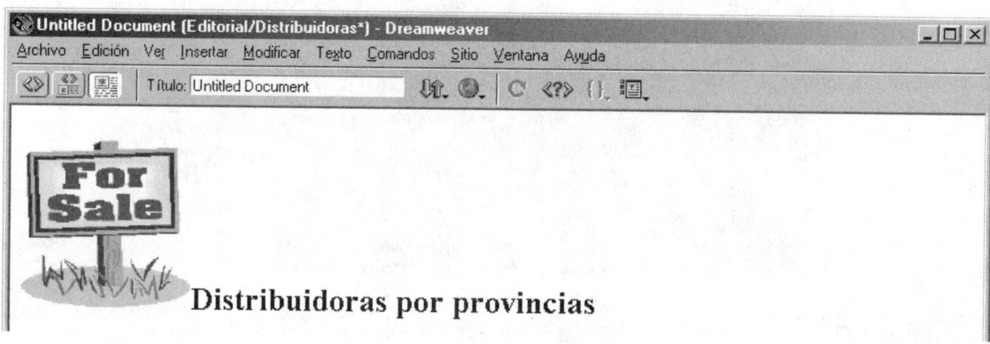

Distribuidoras por provincias

III   Creación de vínculos (I)

En este ejercicio vamos a añadir los vínculos entre las páginas de nuestro Web.

1. Abra la página principal del Web (*Maestro Pajo*) y debajo de la imagen que haya colocado ahí teclee lo siguiente:

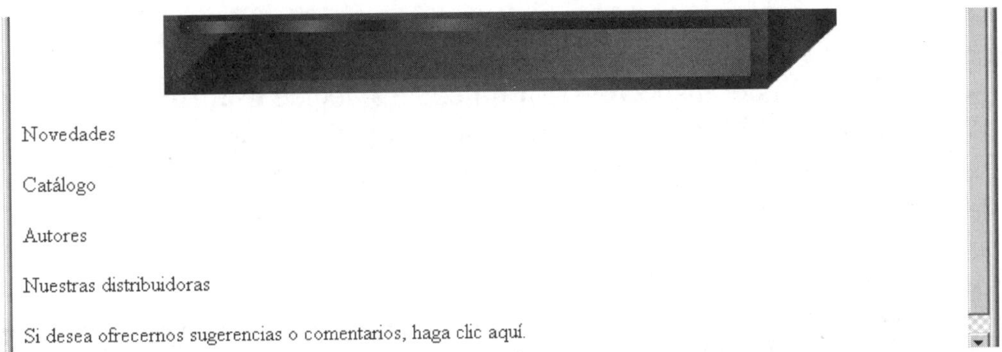

2. Mediante el ratón seleccione *Novedades*. Haga clic sobre el icono en el inspector de propiedades y, sin soltar el botón del ratón arrastre hasta la ventana de sitio el icono de **Novedades**. Otra forma de hacerlo consiste en teclear **Novedades.htm** en la lista desplegable **Vínculo** del mismo inspector de propiedades.

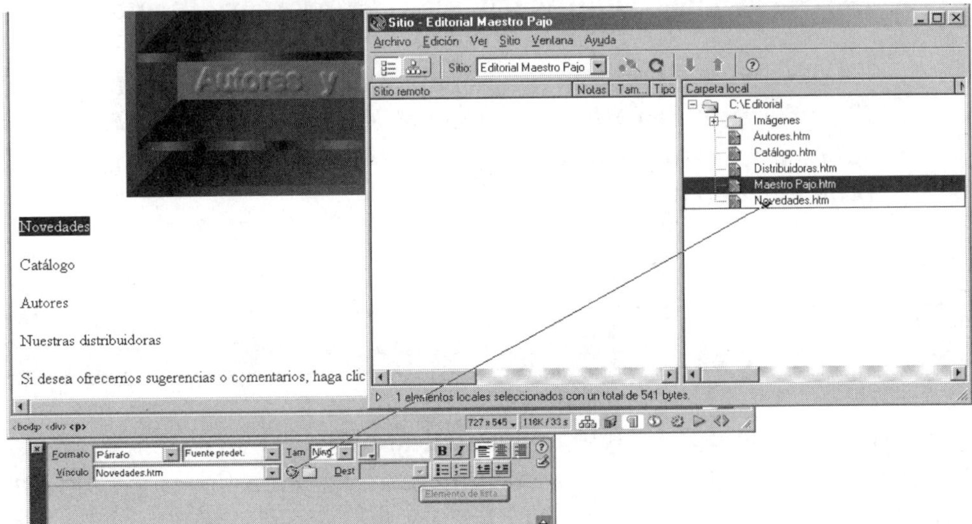

3. Asigne los otros vínculos de una de las dos formas que hemos visto en el paso 3.

4. En el caso de **Distribuidoras**, elija **_blank** en la lista desplegable **Destino** (del inspector de propiedades) para que esa página aparezca en una ventana nueva del explorador cuando el usuario haga clic en dicho enlace.

5. Seleccione el texto *haga clic aquí* en la página y, en la lista **Vínculo** del inspector de propiedades, teclee **mailto:** seguido de la dirección de correo que desee (sin dejar espacios en blanco entre medias; por ejemplo, puede teclear **mailto: editorial@ra-ma.com**).

IV   Creación de vínculos (II)

1. Abra la página de **Novedades** de la editorial.

2. Seleccione la línea de texto *Volver a la página principal*.

3. Acceda al menú **Modificar** y seleccione **Crear vínculo**.

4. En el cuadro de diálogo que aparezca busque la página *Maestro Pajo* (la principal) y selecciónela. Ahora, cuando se haga clic sobre esa frase, el navegador nos volverá a llevar a la página principal del Web.

V   Vínculos con zonas interactivas

La imagen de la página principal también va a contener enlaces con las otras páginas mediante zonas interactivas. Para llevar a cabo esta tarea siga los siguientes pasos:

1. Haga un clic sobre la imagen de la página principal del Web para seleccionarla.

2. Pulse el botón ⬚ en el inspector de propiedades para seleccionar una zona interactiva rectangular.

3. Trace un rectángulo (lo más ajustado posible) alrededor de la palabra **Novedades**.

4. En el inspector de propiedades arrastre con el ratón desde el icono ⊕ hasta el icono **Novedades** de la ventana de **Sitio**.

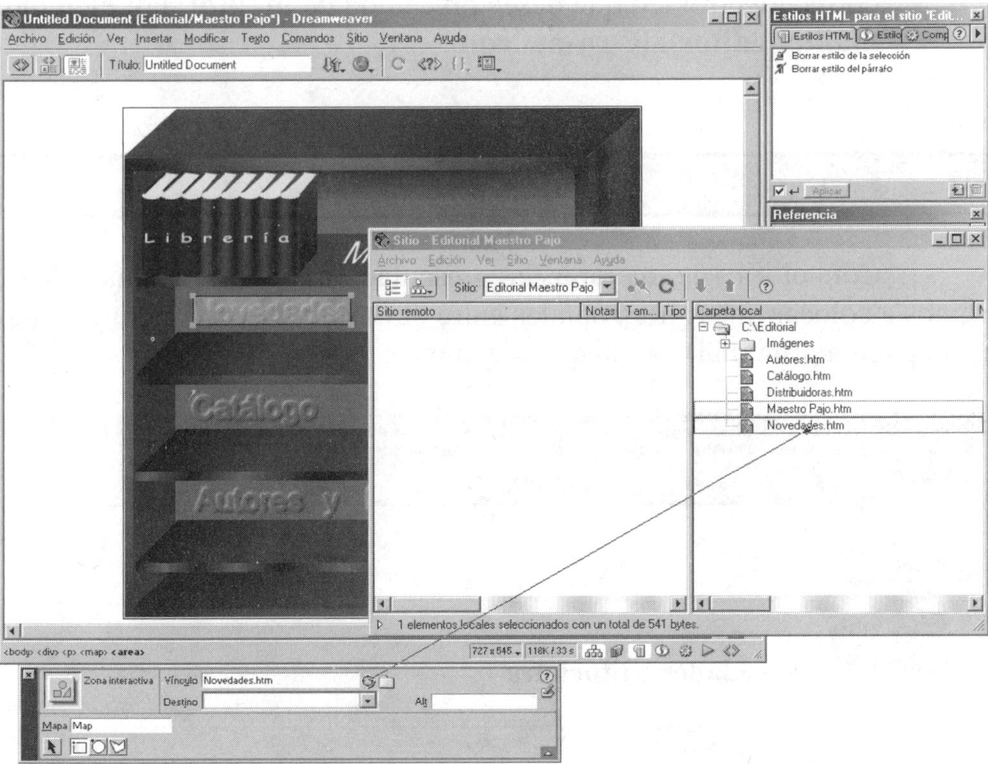

5. Repita el proceso con las palabras de la imagen **Catálogo**, **Autores** y **Distribuidoras**. En el caso de esta última, elija **_blank** en la lista desplegable **Destino** (en el inspector de propiedades)

para que esa página aparezca en una ventana nueva del explorador cuando el usuario haga clic en dicho enlace.

6. Para terminar este ejercicio, active el botón ✉ del inspector de propiedades para seleccionar una zona interactiva irregular.

7. Haciendo clics en las esquinas de los sobres (o del objeto que haya dibujado con relación al correo) siga su contorno para dibujar la zona interactiva.

8. Acceda a la lista **Vínculo** del inspector de propiedades, borre la almohadilla (**#**) que se encuentre en ella y teclee la dirección de correo electrónico que desee precedida de **mailto:**. Por ejemplo, **mailto: editorial@ra-ma.com**.

VI   Líneas

Con el fin de mejorar la presentación de las páginas Web, vamos a colocar líneas horizontales entre el título y el contenido (excepto en la página principal). Veamos un ejemplo:

Repita el proceso en las páginas de **Catálogo**, de **Autores** y de **Distribuidoras**.

VII   Añadir fondo a las páginas

Para terminar los ejercicios del capítulo vamos a colocar unas imágenes para el fondo de todas las páginas de nuestro sitio Web. Si va a presentar el texto en color oscuro, no dude en elegir un fondo claro para que el contraste de colores permita leer fácilmente el texto. Si el texto va a ser claro el fondo debe ser oscuro por el mismo motivo. Un ejemplo que puede reproducir empleando para el fondo el archivo **LECTOR.JPG** que puede encontrar en el CD-ROM:

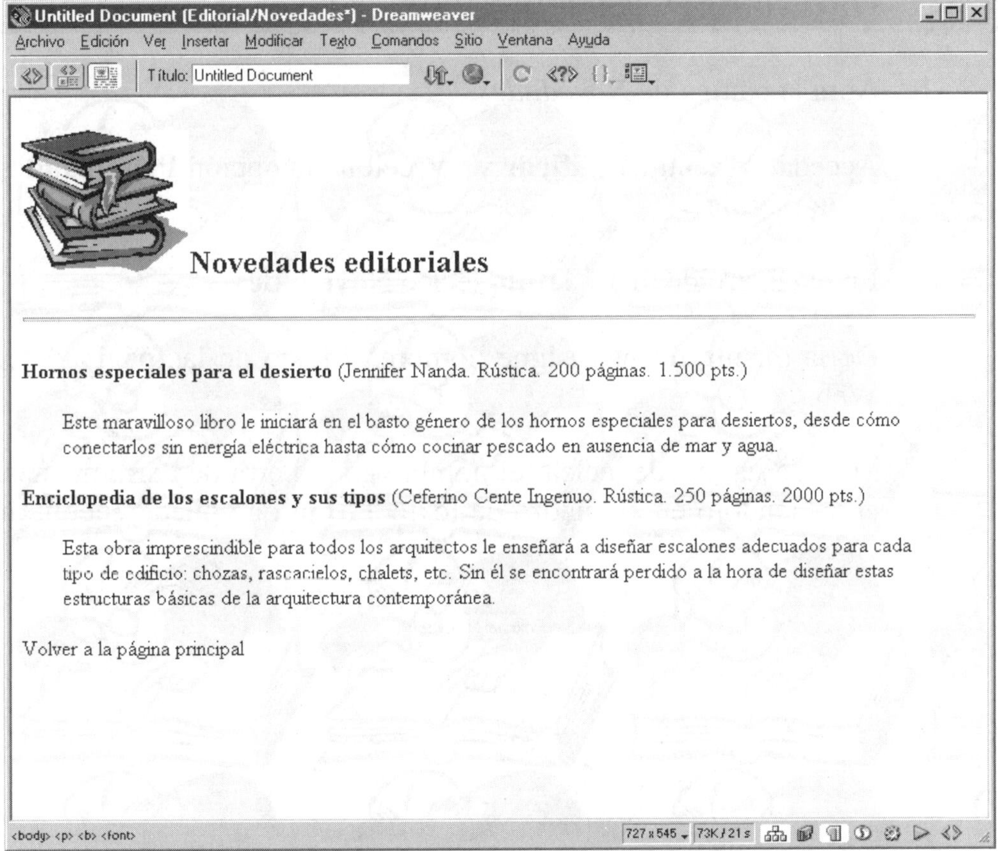

Si desea dar cierta homogeneidad a su sitio Web emplee la misma imagen de fondo para todas sus páginas.

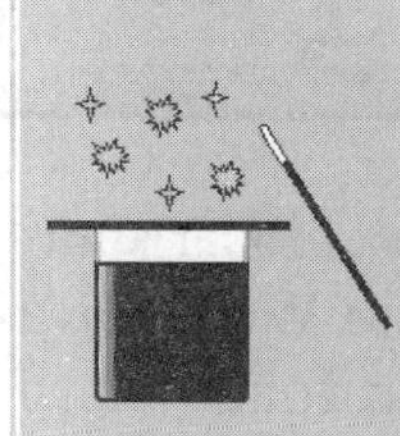

Su mismo ordenador debe contener montones de imágenes sencillas que sirvan como fondo. Busque las que tengan extensión BMP, JPG o GIF. También puede conectarse a Internet y buscar ahí imágenes que usar de fondo.

Recuerde que puede encontrar las imágenes de nuestros ejemplos en el CD-ROM que acompaña al libro.

VIII   Dar nombre a las páginas

1. Abra la página de *Novedades*.

2. Acceda al menú **Modificar** y seleccione la opción **Propiedades de la página**.

3. En el cuadro de texto **Título** teclee **Novedades**.

4. De la misma forma, asigne nombre al resto de las páginas del Web.

5. Si lo desea, puede teclear el nombre en la barra de herramientas, escribiéndolo en el cuadro de texto **Título** que puede encontrar en ella.

Título: Editorial Maestro Pajo

Título: Novedades

Título: Autores

Título: Catálogo

Título: Distribuidoras

TRABAJO AVANZADO

A lo que hemos visto en el capítulo anterior, vamos a añadir funciones más complejas que mejorarán sensiblemente la calidad de las páginas Web.

INSERCIÓN DE SONIDOS Y VÍDEO

Para proporcionar más espectacularidad a una página o para complementar su información, es muy recomendable añadir sonidos y videoclips.

El inconveniente de los sonidos es que suelen ser de baja calidad con el fin de que el internauta tarde menos en obtenerlos. De este modo, las grabaciones disponibles en Internet —aunque no todas— no suelen estar almacenadas en estéreo y sólo a una frecuencia de 22.050 Hz en lugar de los 44.100 ideales para cualquier buena grabación. Otras, en lugar de ello, realizan el muestreo con un tamaño de 8 bits en lugar de 16.

Con ello se consigue reducir a la mitad el tamaño de un archivo de sonido, aunque también se reduce su calidad. Incluso, algunas grabaciones aparecen con algún tipo de compresión, como ADPCM para los archivos WAV estándar de Windows, lo que tambіén puede deteriorar ligeramente la calidad del sonido. Otro ejemplo muy empleado en la red es el formato de RealAudio que ofrece una calidad aceptable ocupando poco espacio en disco.

En algunos casos la calidad de los archivos de sonido no es muy buena deliberadamente —al menos hasta cierto punto—: las páginas Web de las compañías discográficas tienen como objetivo promocionar a músicos y cantantes en general, por lo que es suficiente con que el usuario tenga una idea aproximada pero clara de lo que puede encontrar en el disco que se promociona.

Y, cómo no, no debemos olvidar el formato MP3 que consigue una calidad de sonido similar a la de un CD de Audio (al menos se dice que el oído humano es incapaz de distinguir la diferencia) ocupando diez veces menos espacio en el disco. Seguramente, este formato sea la clave del futuro del sonido, no sólo a través de Internet, sino para las compañías discográficas en general. De hecho, ya existen reproductores portátiles de sonido MP3 que funcionan a modo de Walkman.

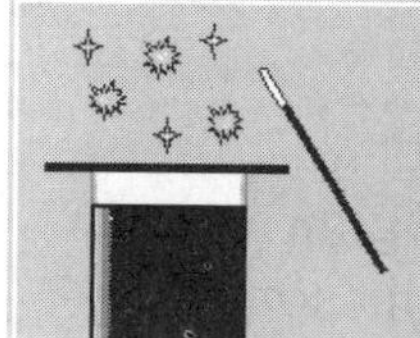

Existen programas que pueden descargarse desde Internet capaces de transformar archivos en formato común y poco comprimido en formato MP3. Uno de ellos es CDex, que puede descargarse desde la página **http://www.cdex.n3.net**.

El caso de los videoclips es similar, si bien el problema se agrava porque el tamaño de un archivo de vídeo es enorme incluso aunque se reduzca su calidad, ya que contiene una gran cantidad de imágenes junto con el sonido que las acompaña. De hecho, para reducir en lo posible el tamaño de un archivo de este tipo, las imágenes suelen ser minúsculas, de modo que cuando el usuario reproduce el videoclip suele ver una ventana de imagen muy pequeña que, si se amplía, pierde calidad notablemente.

El formato de vídeo más extendido en la red es el AVI estándar de Windows, que permite a cualquier usuario ver y oír (si tiene tarjeta de sonido) el videoclip. También destaca el formato MOV (del sistema QuickTime de Apple) que ofrece una calidad bastante aceptable junto con un tamaño de archivo algo más reducido.

Si se incorpora un archivo de vídeo a una página Web que no sea de este tipo, también será necesario poner a disposición del internauta el programa que sea capaz de reproducir el archivo, ya sea éste de audio o de vídeo, normalmente añadiendo un vínculo al sitio Web del programa reproductor. Por ejemplo, si va a añadir películas de Flash a su sitio Web, incorpore un vínculo que permita al internauta descargar el reproductor de películas Flash desde el sitio Web de Macromedia para su navegador.

Vídeo

En Dreamweaver, pueden añadirse videoclips mediante el menú **Insertar** de la ventana de diseño, seleccionando la opción **Medio** que, a su vez, ofrecerá un submenú en el que elegiremos **Generator**.

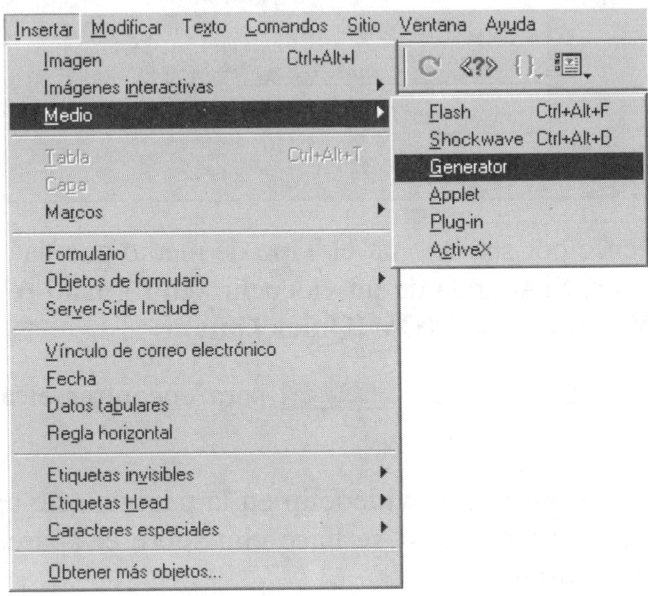

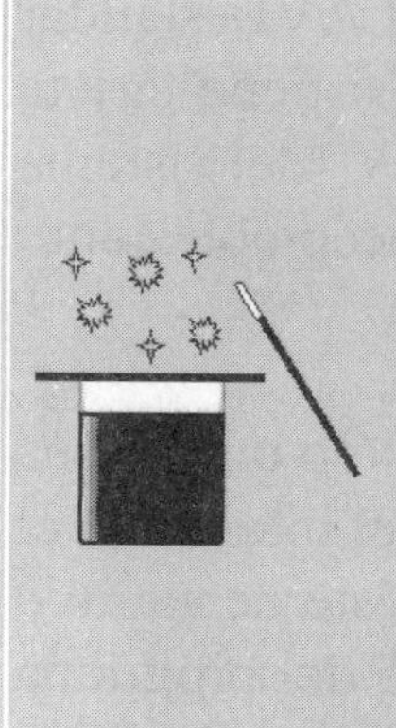

Las demás opciones del menú permiten insertar elementos multimedia construidos en otros formatos como Flash o Shockwave (de la compañía Macromedia) o Applets de Java, controles ActiveX o Plug-ins de otros programas.

Por otra parte, tenga en cuenta que algunos de estos formatos necesitan que el navegador en el que se reproduzca el elemento multimedia disponga de un plug-in especial. Por ejemplo, si se añade una película de Flash, el navegador que lo vaya a reproducir necesitará tener instalado el reproductor de Flash. Se puede acceder a la página de Macromedia para obtener varios plug-ins con mejoras entre las que podrá encontrar una para sonido. Busque en **www.macromedia.com** dentro de la sección *Downloads*.

Ésta le lleva a un cuadro de diálogo en el que podrá establecer los datos del archivo de vídeo que se va a incorporar a la página:

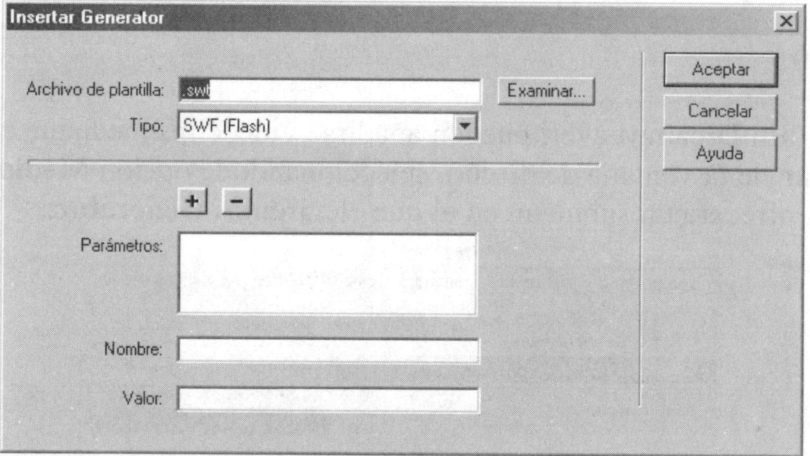

1. Comience por seleccionar el **Tipo** de medio que va a incorporar a la página. Si se trata de un videoclip (en formato **AVI**, **MPEG** o **MOV**), seleccione **MOV (QuickTime)**.

2. Luego utilice el botón Examinar... para encontrar el archivo en el disco.

Cuando se inserta un videoclip en la página, éste aparece como un recuadro con un icono y si se hace clic sobre él aparecerán puntos manejadores a su alrededor:

Utilice estos puntos para ajustar el tamaño del vídeo en la página haciendo clic sobre uno y, sin soltar el botón del ratón, arrastrando hacia fuera del objeto (para ampliarlo) o hacia dentro (para reducirlo).

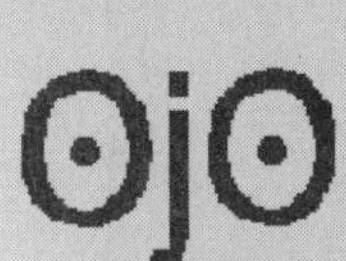

Si deja el objeto tan pequeño como aparece inicialmente, el internauta sólo verá parte del vídeo en la posición de la página en la que se encuentre ese cuadrito).

Puede ver el resultado para ajustarlo adecuadamente mediante la tecla **F12** o seleccionando **Vista previa en el explorador** que existe en el menú **Archivo**

Una vez que el videoclip está insertado en la página, podremos seleccionarlo y moverlo arrastrándolo arriba o abajo, o bien a la izquierda o la derecha, utilizando las funciones de alineación (que hemos visto en el apartado *Alineación* del capítulo 2: *Trabajo elemental*).

Para eliminar un videoclip de la página basta con hacer un clic sobre su objeto y pulsar la tecla **SUPR**.

Sonido

Una página Web puede contener un sonido que el internauta escuchará cuando acceda, mediante Internet, a nuestra página Web.

Para establecer qué sonido se escuchará al entrar en dicha página debemos comenzar por hacer clic en la etiqueta **<body>** que aparece en la parte inferior de la ventana de la página Web.

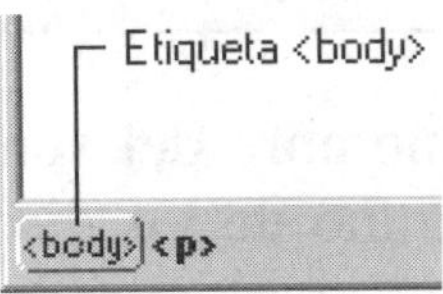

Una vez hecho esto, activaremos el panel de comportamientos y activaremos su botón  para desplegar las opciones de que disponemos y seleccionaremos **Controlar sonido**:

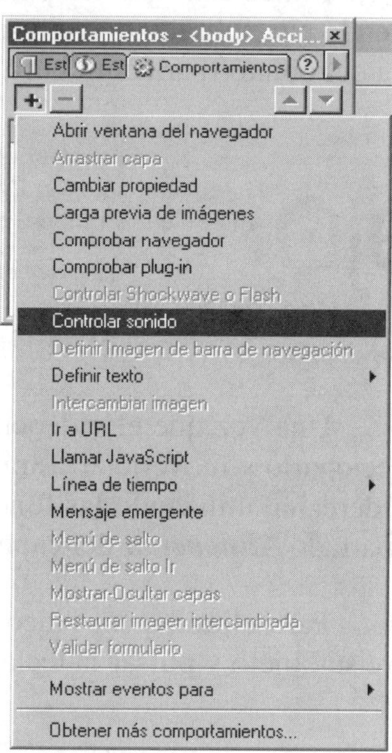

Esta opción nos permitirá teclear (o elegir) el nombre del archivo que contiene el sonido en cuestión. Para esto, Dreamweaver ofrecerá el siguiente cuadro de diálogo:

Así pues, teclee el nombre del sonido, o bien, active el botón **Examinar...** para buscarlo en alguno de los discos de su ordenador. Luego, pulse **Aceptar**.

Dreamweaver permite poner en marcha un sonido cuando hagamos clic en algún elemento de la página o cuando movamos el ratón sobre él y no únicamente cuando se abra la página. Para ello dispondremos de varios eventos:

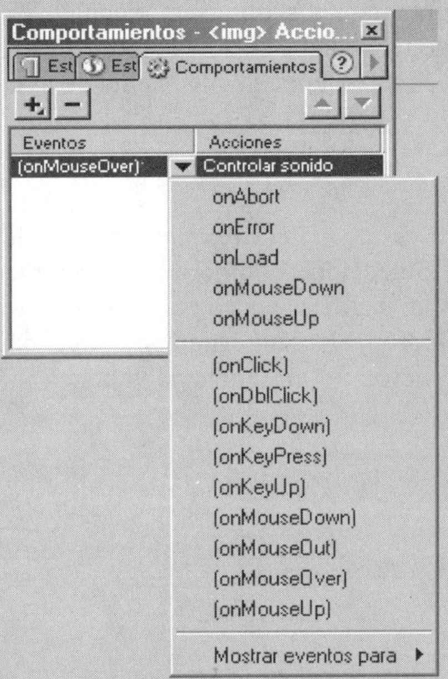

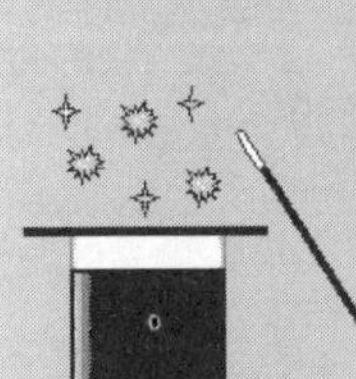

La lista de eventos que vea en este menú dependerá de lo que haya elegido mediante la opción **Mostrar eventos para** (al final del mismo menú). Esta opción muestra una lista de navegadores. Al elegir uno podremos ver todos los eventos que soporta ese navegador.

Veamos unos ejemplos de eventos:

- *onLoad* = Al cargar el objeto en la página.

- *onClick* = Al hacer clic sobre el objeto.

- *onDblClick* = Al hacer doble clic sobre el objeto.

- *onMouseOut* = Al salir el ratón del objeto.

- *onMouseOver* = Al pasar el ratón sobre el objeto.

No olvide que, para poder asignar un comportamiento, necesitará incorporar previamente un elemento a la página (por ejemplo, una imagen). Hablaremos de esto con más profundidad en el apartado *Comportamientos* del capítulo 4: *Utilidades*.

Le recomendamos encarecidamente que el sonido se encuentre almacenado en formato **MP3**, ya que ocupa poco espacio y ofrece una calidad muy elevada. Sin embargo, es posible que el sonido no se reproduzca correctamente (sobre todo en Windows 2000) debido a que no tenga los plug-ins adecuados para ello (plug-ins para sonidos en general, tanto WAV como MP3). El mismo Dreamweaver advierte de este problema en su sistema de ayuda.

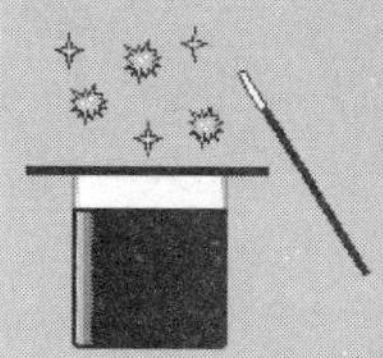

Para eliminar un sonido debe eliminar su comportamiento. Seleccione el objeto que contiene el sonido (la etiqueta **<body>** si es la página), acceda a la ventana de comportamientos, active con el ratón el comportamiento que hace reproducir el sonido y pulse el botón — en la misma ventana.

TABLAS

Una estructura de gran utilidad en cualquier tipo de texto es la tabla. En las páginas Web pueden sernos útiles para distribuir datos de forma ordenada.

En una tabla, los datos que la rellenan se disponen en filas y columnas lo que nos permite colocar datos en la página que de otra forma nos resultaría imposible. Por ejemplo, podremos colocar texto simulando columnas: una función que ofrece cualquier procesador de textos pero que el lenguaje HTML no contempla directamente.

Crear tablas

Podemos crear una tabla en la página mediante el menú **Insertar** seleccionando **Tabla**, mediante las teclas **CONTROL + ALT + T**, o pulsando el botón ▦ del panel Objetos.

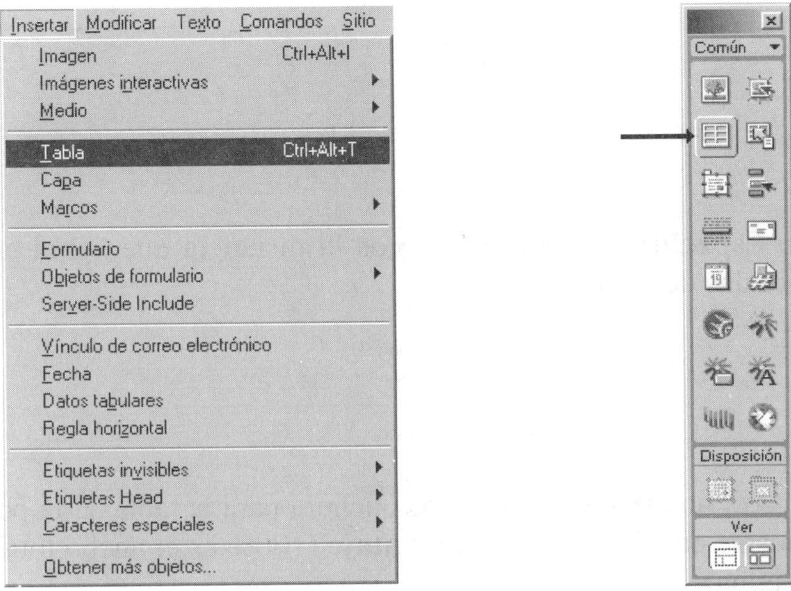

Esto nos llevará a un cuadro de diálogo en el que estableceremos los datos iniciales de la tabla.

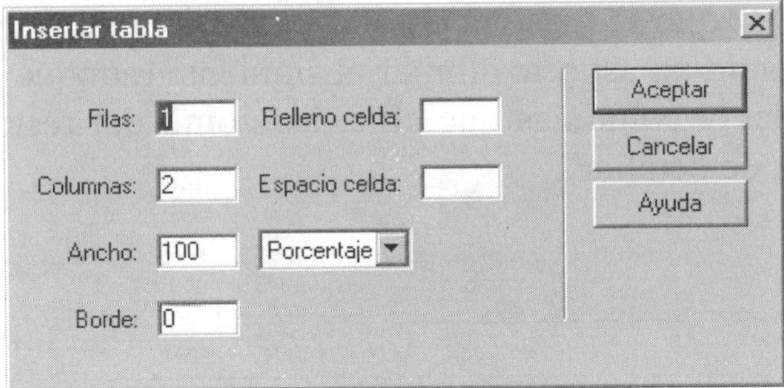

1. Para empezar, disponemos de dos cuadros de texto para especificar el número de **Filas** y el número de **Columnas** que debe tener la nueva tabla.

2. Con **Relleno celda** establecemos qué distancia debe haber entre los bordes de las celdas y el texto que contengan.

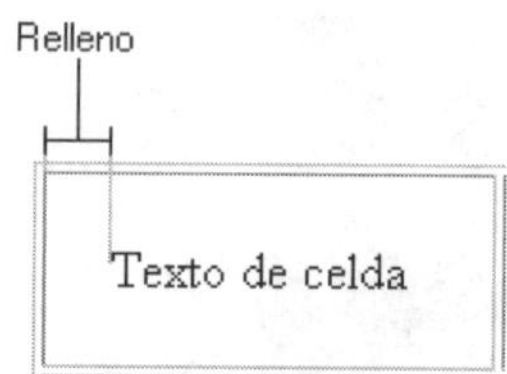

3. Con **Espacio celda** especificamos la distancia que habrá entre las celdas de la tabla.

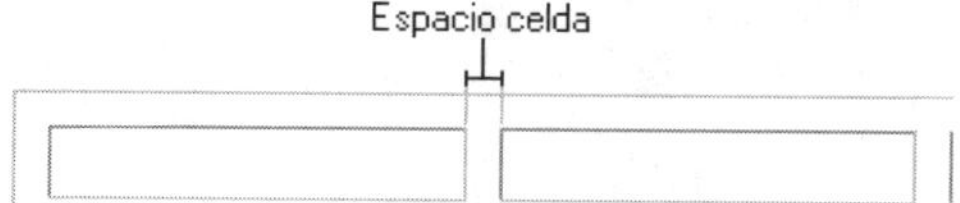

4. Con **Ancho** estableceremos una anchura para la tabla. Ésta podrá indicarse en **Píxeles** o en **Porcentaje** (100% es el ancho total de la página).

5. Con **Borde** establecemos el grosor del marco que Dreamweaver pone a la tabla.

Una vez que se pulse el botón Aceptar, la tabla aparecerá en la página mostrando un aspecto similar al siguiente (aunque dependerá del número de filas y columnas que elija, así como del resto de los datos que acabamos de detallar).

Seleccionar celdas

Antes de ver qué características de la tabla podemos cambiar, debemos saber que no necesariamente cambiaremos el aspecto de todas las celdas de la tabla, sino que podemos hacerlo sólo con aquellas que nos interesen. Para ello, debemos seleccionarlas.

Podemos seleccionar varias celdas de las siguientes formas:

1. Haciendo clic en una celda y, sin soltar el botón del ratón, arrastrar hasta otra: todas las celdas que se encuentren entre aquella en la que hemos comenzado y la que hemos acabado quedarán seleccionadas.

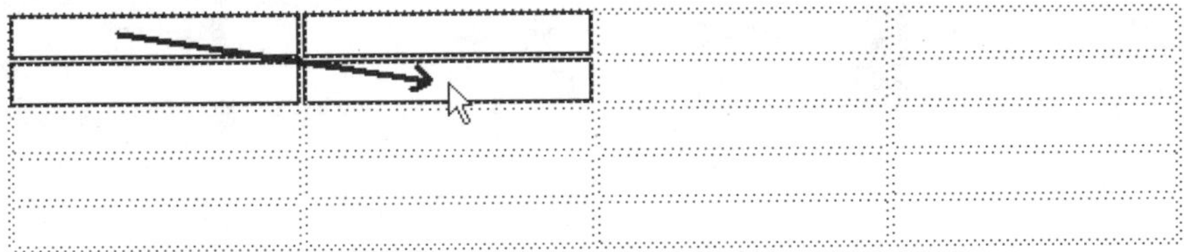

2. Haciendo clic ligeramente por encima de la tabla: todas las celdas de la columna que se encuentre debajo quedarán seleccionadas.

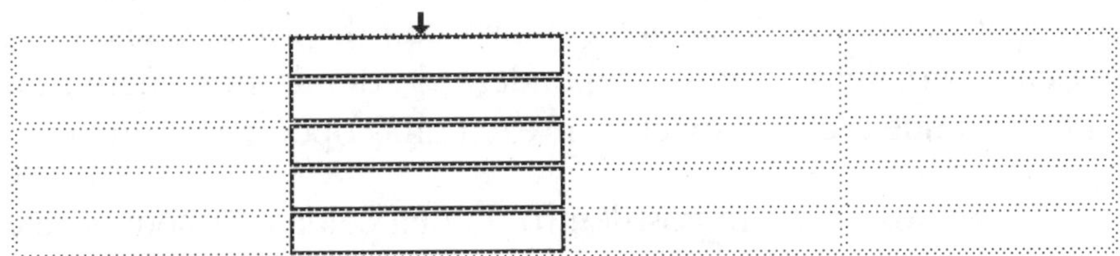

3. Haciendo clic ligeramente a la izquierda de la tabla: todas las celdas de la fila que se encuentre a la derecha de ese punto quedarán seleccionadas.

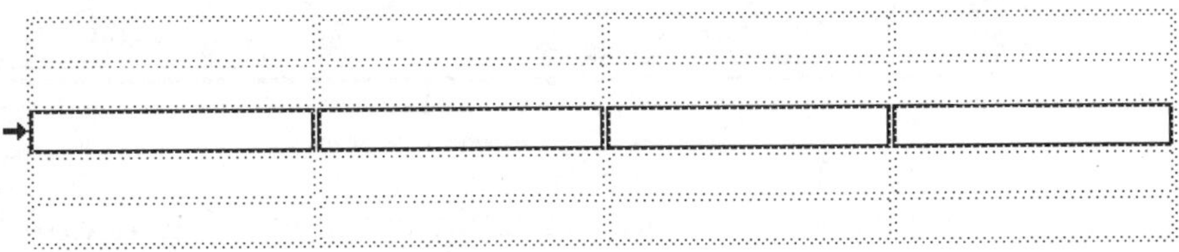

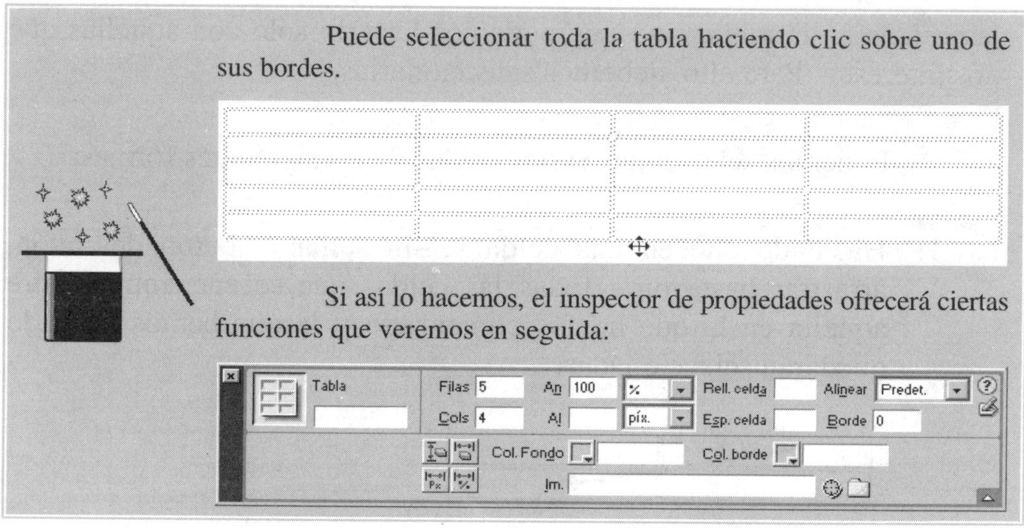

Puede seleccionar toda la tabla haciendo clic sobre uno de sus bordes.

Si así lo hacemos, el inspector de propiedades ofrecerá ciertas funciones que veremos en seguida:

Propiedades de la tabla

Una vez que la tabla se encuentre situada en la página, podremos utilizar los distintos elementos del inspector de propiedades para modificar sus características, aunque dependerá de dónde nos encontremos en la tabla para que dicho inspector ofrezca unas opciones u otras.

1. Si nos encontramos dentro de una celda o si hemos seleccionado algunas celdas de la tabla, el inspector de propiedades ofrecerá lo siguiente:

Opciones para tablas

2. Si hemos seleccionado la tabla completa, haciendo clic sobre uno de sus bordes, el inspector ofrecerá lo siguiente:

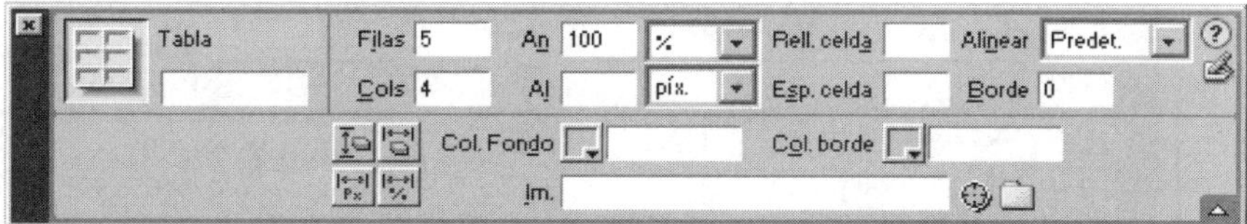

Tambien podemos emplear el menú **Modificar**, seleccionando **Tabla** y empleando las opciones del submenú que aparece:

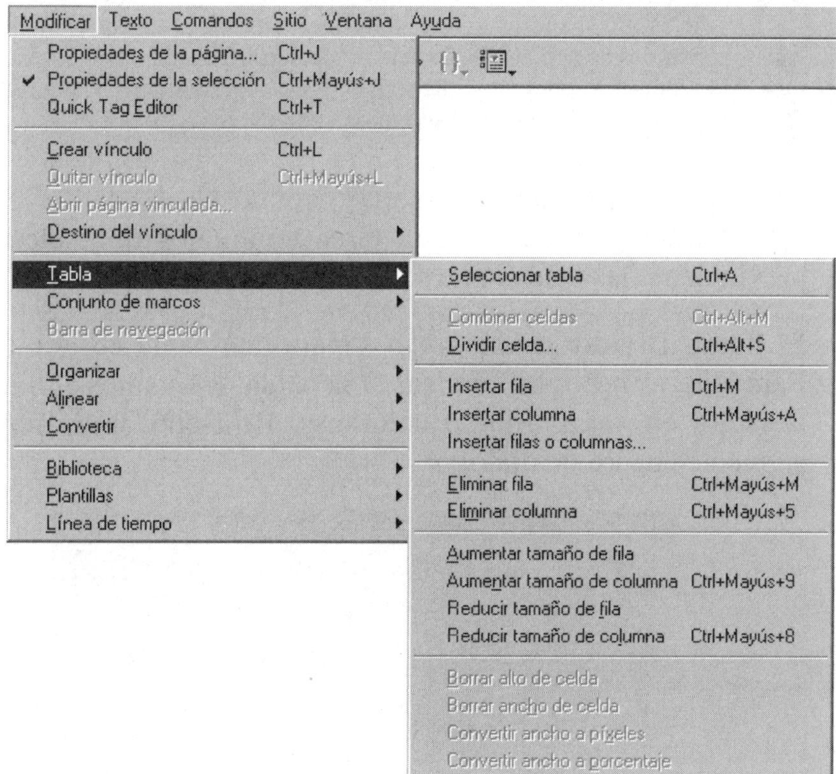

Opciones para celdas

Como decíamos, si nos encontramos dentro de una celda o si hemos seleccionado algunas celdas de la tabla, el inspector de objetos ofrece lo siguiente:

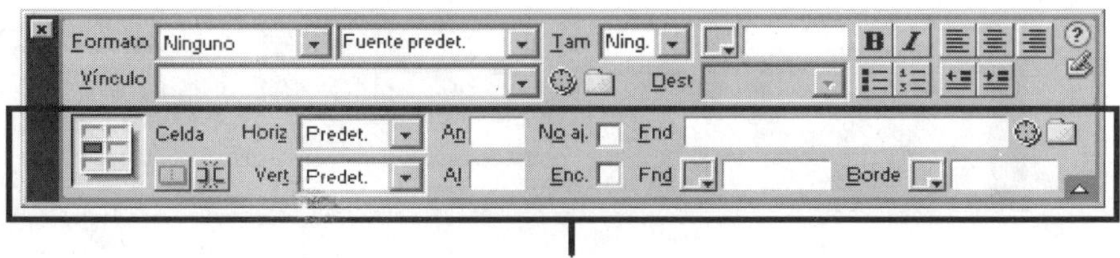

Las dos primeras hileras de botones ya las conocemos, debido a que ofrecen funciones de texto: tipo de letra, alineación, sangrado y viñetas. Su manejo es el mismo que hemos visto siempre aunque sus resultados se aplicarán a la celda o celdas de la tabla que seleccionemos. Por tanto, los botones que nos interesan pertenecen a las dos hileras inferiores de botones y ésas son las que vamos a describir.

1. El botón **Combinar celdas** (▭) reúne varias celdas en una sola. Para llevar a cabo esta tarea tendremos que seleccionar previamente las celdas que se van a combinar.

2. El botón **Dividir celdas** (▭) separa una celda en dos o más. Para ello, es necesario indicar si la celda que vamos a dividir se separará en varias filas o columnas. Para ello, utilizaremos el siguiente cuadro de diálogo:

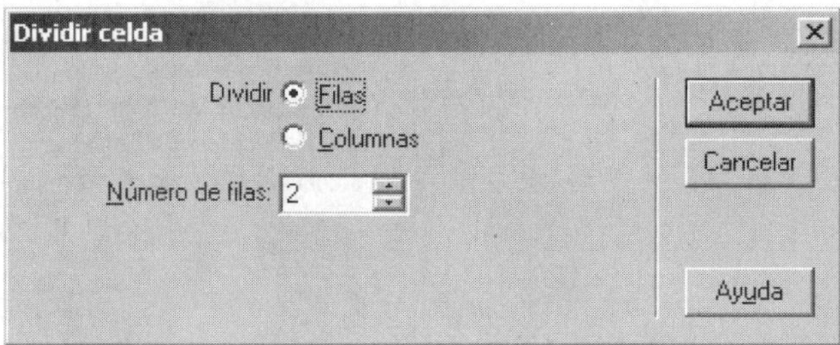

- Seleccione si la celda actual (o las celdas seleccionadas) se va a **Dividir** en **Columnas** o en **Filas**.

- Después, elija el **Número de filas** o de columnas en que debe dividirse la celda (o celdas seleccionadas).

3. La lista **Alineación horizontal** (Horiz Predet.) coloca el texto de la celda a la izquierda de ésta, a su derecha o en el centro, según

elijamos en la lista. **Predet** coloca el dato a izquierda, derecha o centro según esté el dato por defecto en el navegador.

4. La lista **Alineación vertical** (Vert Predet.) coloca el texto en la parte superior de una celda, en la inferior o en el centro, según elijamos en la lista. **Predet** coloca el dato arriba, abajo o al centro según esté por defecto en el navegador. También disponemos de **Línea base** que coloca el texto en la parte inferior a la altura del texto del resto de la página.

	Texto alineado en la parte superior

	Texto centrado verticalmente

	Texto alineado en la parte inferior

5. Los cuadros de texto **An** y **Al** (anchura y altura) permiten establecer el tamaño horizontal y vertical de la celda. Escriba el número de píxeles para cada caso. Si detrás del número teclea el símbolo de porcentaje (%) el tamaño se comportará como tal (por ejemplo, 50% es la mitad del tamaño de la tabla).

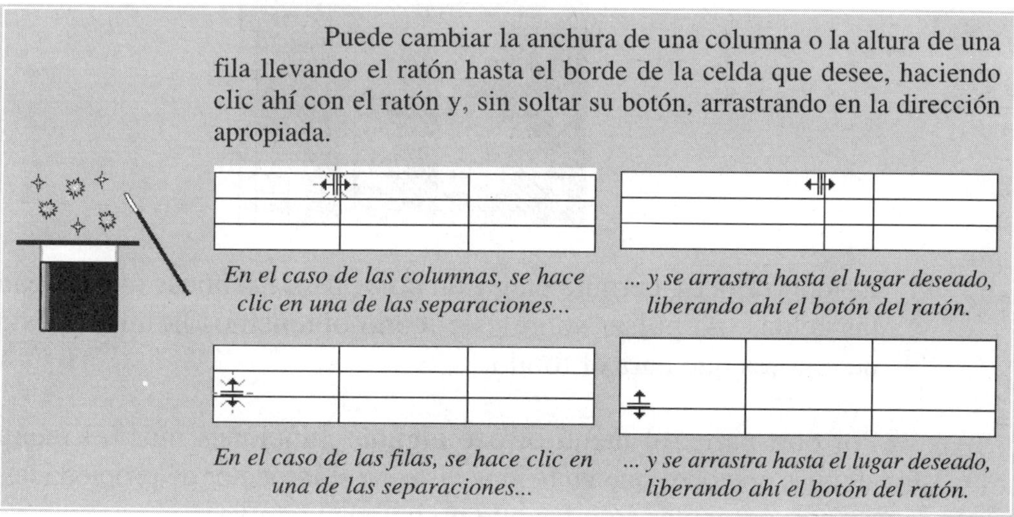

6. La casilla **No aj.** (no ajustar) desactiva la función que amplía o reduce la anchura de la columna según tecleemos más o menos texto dentro de ella. Si se activa el botón la anchura de las celdas será fijo excepto si las ampliamos o reducimos manualmente con el ratón.

7. La casilla **Enc** (encabezado) activa la función de encabezado en las celdas en que se encuentre. Dicha función consiste en que activa la negrita y el centrado horizontal del texto en esas celdas automáticamente.

8. Existen dos elementos en el inspector etiquetados como **Fnd.**:

    - El cuadro de texto **Fnd** permite teclear el nombre de una imagen que rellenará el fondo de las celdas. Puede emplear el icono para realizar la misma tarea aunque eligiendo el archivo en un cuadro de diálogo en lugar de tecleándolo.

    - El icono **Fnd** (). Permite elegir un color para rellenar el fondo de las celdas. Para ello, este icono despliega una lista de colores en la que podremos elegir uno.

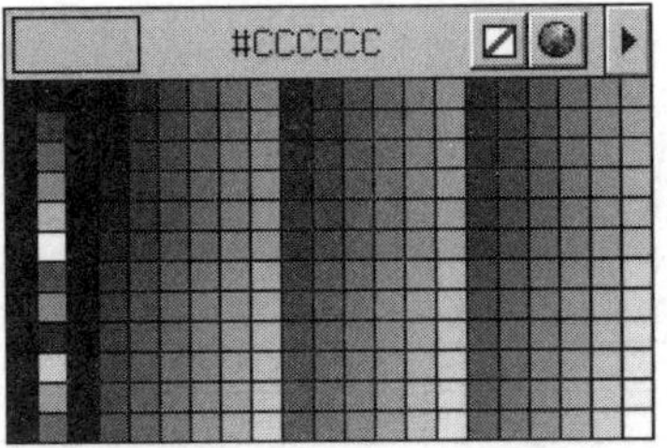

9. El icono **Borde** permite elegir un color para las líneas que rodean las celdas. Al pulsar sobre este icono obtenemos la misma lista de colores que para el fondo.

Por otra parte, el menú ofrece algunas funciones más (el menú muestra algunas opciones que ya hemos visto en el inspector de propiedades. Ahora vamos a comentar sólo las que no hemos visto ya):

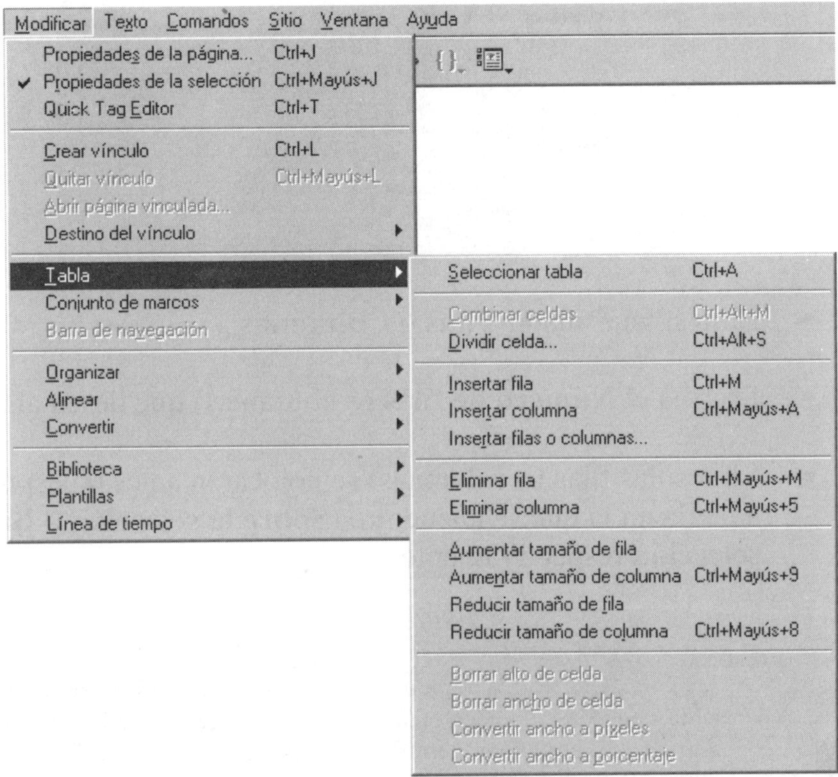

1. **Insertar fila**. Con esta opción podrá añadir una fila a la tabla. Para poder incorporar una fila más, deberá seleccionar antes una celda de la tabla. La nueva fila se incorpora justo en esa posición y las demás filas se desplazan hacia abajo para dejar sitio a la nueva.

2. **Insertar columna**. Con esta opción podrá añadir una columna a la tabla. Para poder incorporar una columna más, deberá seleccionar antes una celda de la tabla. La nueva columna se incorpora justo en esa posición y las demás columnas se desplazan a la derecha y se estrechan para dejar sitio a la nueva.

3. **Insertar filas o columnas**. Ofrece un cuadro de diálogo con el que podremos añadir más filas y más columnas a la tabla:

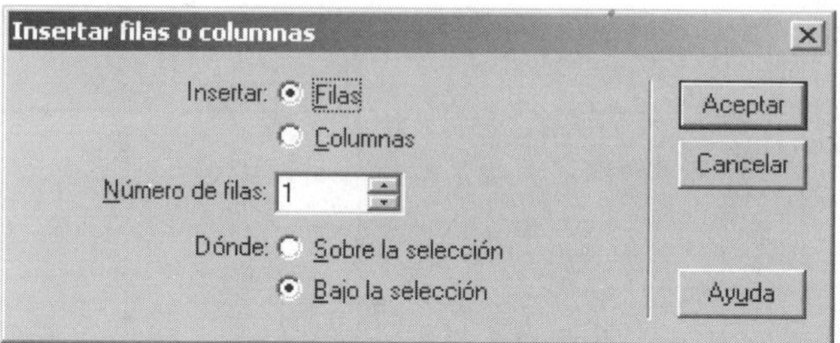

- Elija si va a añadir **Filas** o **Columnas**.

- Escriba el **Número de filas** (o columnas) que desea añadir.

- Elija si las filas (o columnas) se colocarán antes o después de aquella en la que se encuentre (**Sobre la selección** o **Bajo la selección** respectivamente).

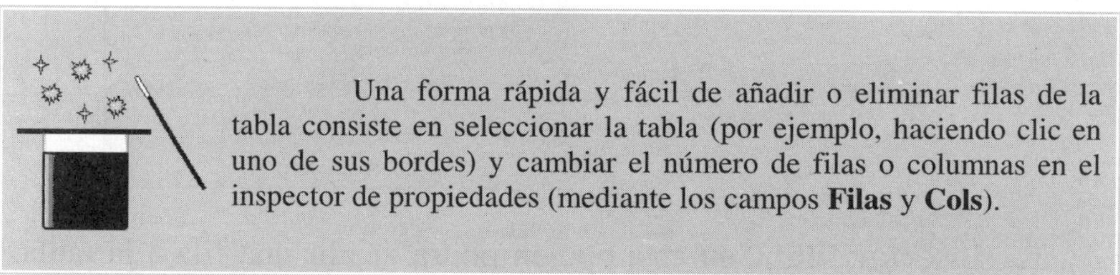

Una forma rápida y fácil de añadir o eliminar filas de la tabla consiste en seleccionar la tabla (por ejemplo, haciendo clic en uno de sus bordes) y cambiar el número de filas o columnas en el inspector de propiedades (mediante los campos **Filas** y **Cols**).

4. **Eliminar fila** borra la fila de celdas que haya seleccionado previamente. **Eliminar columna** hace lo propio con columnas de celdas.

Opciones para la tabla

Como vimos antes, si hacemos un clic en uno de los bordes de la tabla, la seleccionamos completamente, en cuyo caso dispondremos de otras opciones que afectan a toda ella.

En el caso del inspector de propiedades, obtendremos lo siguiente:

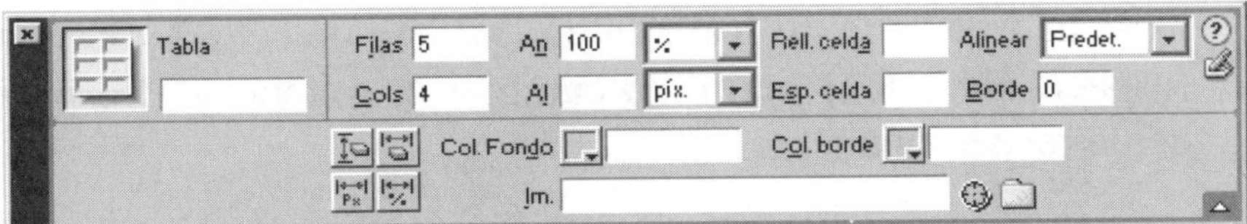

Algunos de los términos que vamos a emplear para este inspector los hemos descrito en el apartado *Crear tabla*, por lo que si desea recordar su significado le remitimos a él.

1. Los cuadros de texto **Filas** y **Cols** permite cambiar el número de filas y columnas de la tabla. Es un buen modo de añadir o eliminar filas y columnas a la tabla.

2. Los cuadros de texto **An** y **Al** (ancho y alto) permite cambiar el tamaño de la tabla, tecleando un valor en ellos. Sin embargo, observe que junto a estos cuadros de texto existen sendas listas desplegables. Estas listas nos permiten elegir dos modos de aplicar el tamaño:

    * **%** (porcentaje). Si elegimos esta opción, la tabla tendrá un tamaño basado en el de la ventana del navegador que la contenga. Por ejemplo, si tecleamos 50% en **An**, la tabla tendrá una anchura que medirá la mitad que la ventana del navegador.

Piense que un internauta puede cambiar el tamaño de la ventana del navegador mientras navega. Aun así, si hemos seleccionado %, la tabla tendrá un tamaño que será un porcentaje del total de la ventana.

    * **Pix** (píxeles). Si elegimos esta opción, la tabla tendrá un tamaño fijo independientemente del tamaño de la ventana del navegador.

3. Los cuadros de texto **Rell. celda** (relleno de celda) y **Esp. celda** (espacio de celda) permiten cambiar el relleno y el espacio de celda respectivamente.

4. La lista desplegable **Alinear** permite situar la tabla a la **Izquierda**, a la **Derecha** o en el **Centro** de la página. Esta función resulta útil si antes hemos asignado un tamaño horizontal (**An**) menor que el de la ventana.

5. El cuadro de texto **Borde** permite elegir la anchura de las líneas que rodean la tabla.

6. Los botones **Borrar alto de fila** (⊞) y **Borrar alto de columna** (⊞) eliminan los datos que hayamos escrito en los cuadros **Al** y **An** respectivamente.

7. El botón **Convertir ancho de tabla a píxeles** (⊞) transforma el dato que hayamos tecleado en **An** en su mismo valor pero medido en píxeles, mientras que el botón **Convertir ancho de tabla a porcentaje** (⊞), realiza la operación a la inversa, es decir, lo transforma en porcentaje. Ambos botones respetan la anchura que tuviese la tabla hasta ahora.

8. **Col. fondo** permite elegir un color que rellene todas las celdas de la tabla (excepto aquellas que ya tuviesen un color). Para ello se ofrecerá la misma lista de colores que hemos empleado hasta a hora con Dreamweaver.

9. En la misma línea que la opción anterior, el cuadro de texto **Im** permite teclear el nombre de una imagen que rellenará el fondo de la tabla, aunque podemos elegir mejor la imagen mediante el botón ⊞ que hay a su derecha.

10. **Col. borde** permite elegir el color que tendrán las líneas de todas las celdas de la tabla (excepto las que ya tuviesen un color). Para

ello se ofrecerá la misma lista de colores que hemos empleado hasta a hora con Dreamweaver.

En el menú dispondremos de más opciones para la tabla completa:

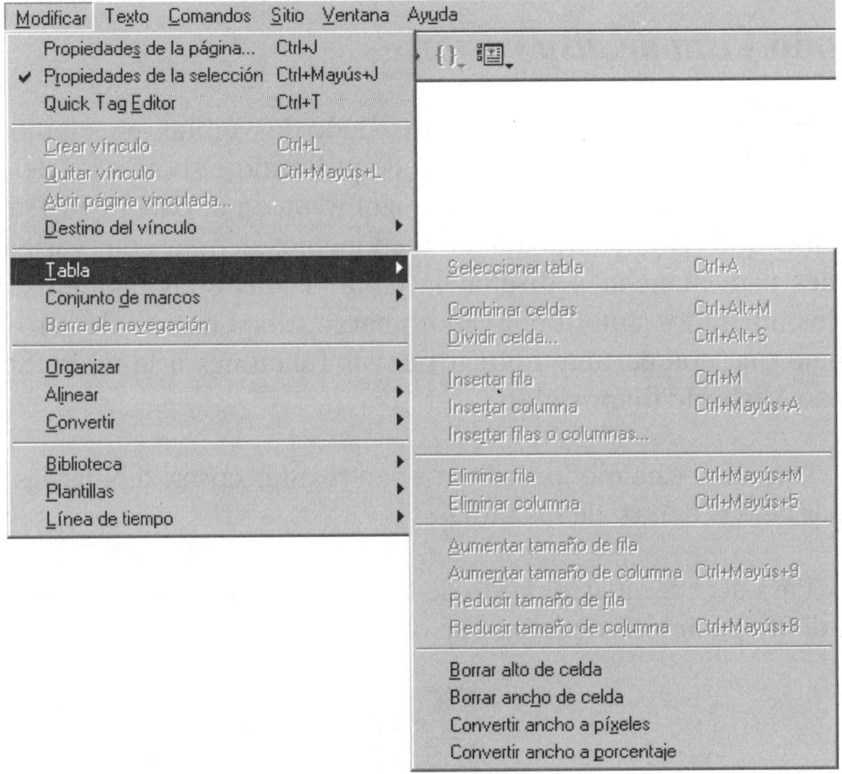

1. **Borrar alto de celda**. Si ha establecido una altura especial para las celdas, esta opción la elimina, dejando la altura estándar de las tablas de Dreamweaver.

2. **Borrar ancho de celda**. Si ha establecido una anchura especial para las celdas, esta opción la elimina, dejando la anchura estándar de las tablas de Dreamweaver.

3. **Convertir ancho a píxeles**. Transforma las medidas que haya tecleado en porcentaje a sus correspondientes valores en píxeles.

4. **Convertir ancho a porcentaje**. Transforma las medidas que haya tecleado en píxeles a sus correspondientes valores en porcentaje.

El modo *Vista de disposición*

Hasta el momento hemos diseñado las tablas en el modo de **Vista estándar**. A este modo se accede pulsando el botón 🔲 del panel de objetos (el que está más abajo a la izquierda en el panel). Si éste es el modo en el que estamos trabajando disponemos de una gran variedad de funciones para manejar y diseñar la tabla. Todas ellas las hemos visto ya en los apartados anteriores, sin embargo, disponemos de otro modo de trabajo que nos permite aplicar nuevas funciones a la tabla. Se trata del modo **Vista de disposición**.

Gracias a este modo podremos, entre otras cosas, dibujar las tablas y dibujar celdas dentro de las tablas.

Para acceder a este modo de trabajo debemos pulsar el botón 🔳 (**Vista de disposición**) del panel de objetos.

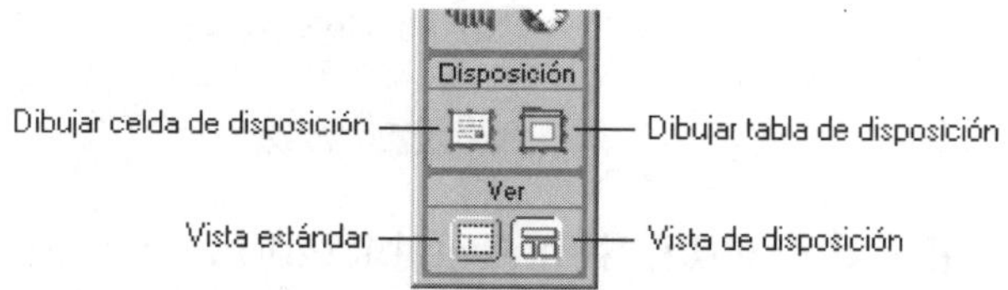

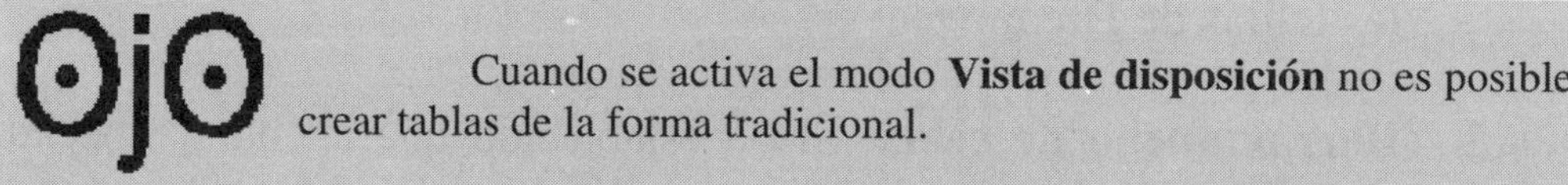

Cuando se activa el modo **Vista de disposición** no es posible crear tablas de la forma tradicional.

Cuando se pulsa el botón aparece un cuadro de diálogo informando de forma superficial cómo se manejan las tablas en el nuevo modo, aunque ese cuadro ofrece una casilla (**No volver a mostrar este mensaje**) que al activarla obligará a Dreamweaver a no ofrecer el cuadro de nuevo.

Una vez que estemos trabajando en el modo **Vista de disposición** las tablas de la página ofrecerán este aspecto:

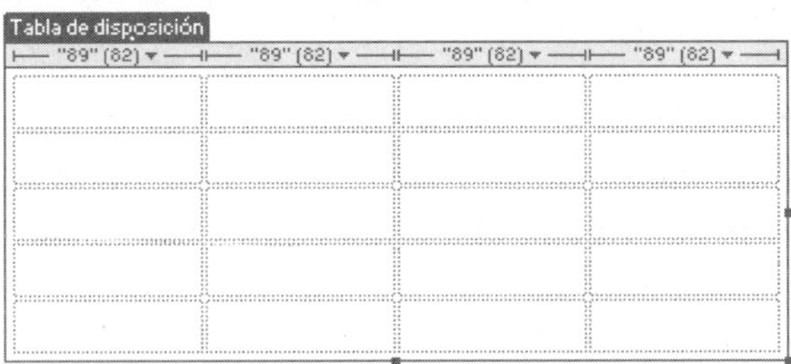

En este modo cada columna puede funcionar de varias formas diferentes. Y para establecer esas formas haremos clic sobre la cabecera de la columna que deseemos modificar, lo que nos ofrecerá un pequeño menú:

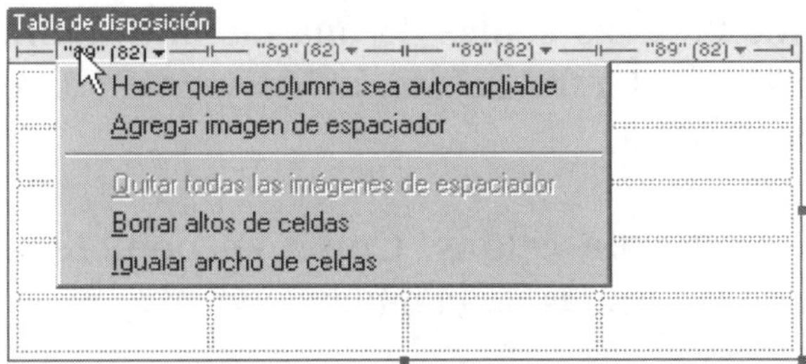

1. **Hacer que la columna sea autoampliable**. Obliga a la columna en cuestión a ampliarse o a reducirse automáticamente según cambie el tamaño de la ventana dcl navegador en el que se esté mostrando la página. Para que esta función trabaje correctamente necesitaremos una imagen de espaciador, puesto que si no la asignamos las columnas que no tengan texto podrían desaparecer. Por ello, es posible que Dreamweaver le pregunte si desea crear la imagen de espaciador y, si respondemos afirmativamente, tendremos que asignarle un nombre y grabarla en el disco, preferiblemente dentro de la carpeta de nuestro sitio Web. Si se activa esta opción, la siguiente vez que se accede al mismo menú aparece como **Hacer que la columna tenga ancho fijo**.

Si hacemos autoampliable a una columna, la que hasta ahora lo fuese dejará de serlo, ya que sólo puede haber una columna autoampliable y las demás se adaptarán a ella cuando escribamos texto en sus celdas.

2. **Agregar imagen de espaciador**. Permite crear la imagen de espaciador. Para ello deberemos darle un nombre y grabarla en el disco, preferiblemente dentro de la carpeta de nuestro sitio Web (a menos que anteriormente hubiésemos creado una imagen de espaciador, ya que, en ese caso, Dreamweaver la utilizará sin más).

3. **Quitar todas las imágenes de espaciador**. Elimina las imágenes de espaciador de la tabla.

4. **Borrar altos de celdas**. Elimina el alto que Dreamweaver asigna originalmente a las celdas de una tabla. Se utiliza cuando haya tecleado datos dentro de una celda y éste sobrepase el tamaño inicial de aquélla.

5. **Igualar ancho de celdas**. Como su nombre indica, iguala la anchura de las celdas de la tabla.

En el panel de objetos disponemos de dos botones para dibujar tablas y celdas de disposición, siempre que nos encontremos en el modo **Vista de disposición**.

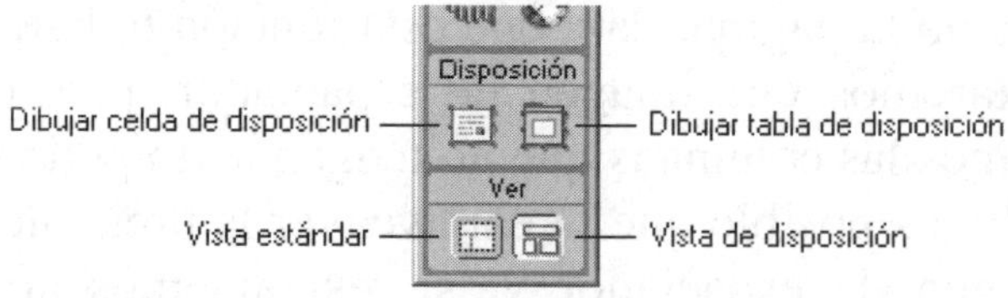

1. **Dibujar tabla de disposición** permite trazar con el ratón el marco de una tabla en la página.

2. Una vez que se ha dibujado la tabla podemos trazar dentro de ella tantas celdas como necesitemos (siempre y cuando haya

sitio suficiente para ello) mediante el botón **Dibujar celda de disposición**. Cada vez que vaya a dibujar una nueva celda, deberá activar primero este botón.

En ambos casos bastará con hacer clic con el ratón en una zona libre de la página y, sin soltar el botón del ratón, arrastrar hasta que la tabla tenga el tamaño que deseemos. Naturalmente, si estamos creando celdas, debemos dibujarlas dentro de la tabla.

Si hacemos clic en el borde de una de las celdas que hayamos dibujado con el botón **Dibujar celda de disposición** podremos ampliarla, reducirla o cambiarla de sitio. Para ello, obtendremos los manejadores de selección:

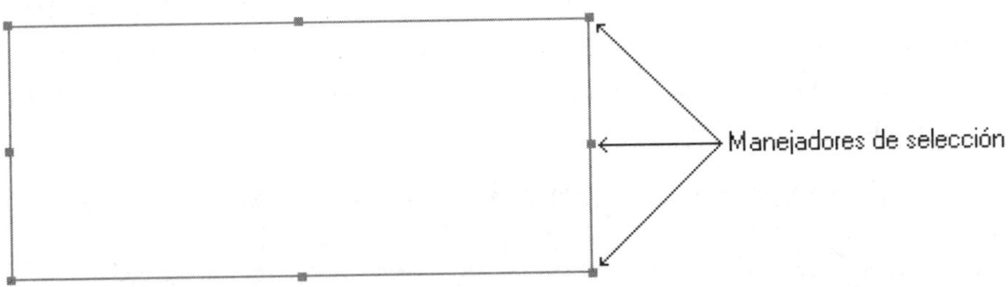

Utilícelos para arrastrarlos haciendo la celda más grande o más pequeña. Si intenta ampliar o reducir una celda de forma incorrecta, el propio Dreamweaver se lo impedirá o cambiará el tamaño únicamente como se pueda.

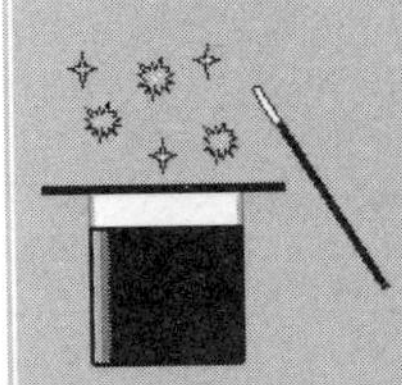

Si hace clic sobre el borde de la celda y, sin soltar el botón del ratón, arrastra, la celda se moverá hasta situarse donde suelte el botón del ratón, siempre que el cambio no afecte a otras celdas que ya estén dibujadas. Si se interfiere con ellas, Dreamweaver no nos permitirá terminar el cambio de lugar, o bien, colocará la celda donde se pueda.

Gracias a todo esto podrá crear tablas que tengan celdas con tamaño y posición un tanto extraños:

MARCOS

Un caso especial dentro de los sitios Web es el de los marcos. Aunque su función es puramente estética, los marcos pueden utilizarse para distribuir mejor los datos de una página, ya que lo que realmente hacen es dividirla en secciones que son las que reciben el nombre de marcos. Veamos un ejemplo:

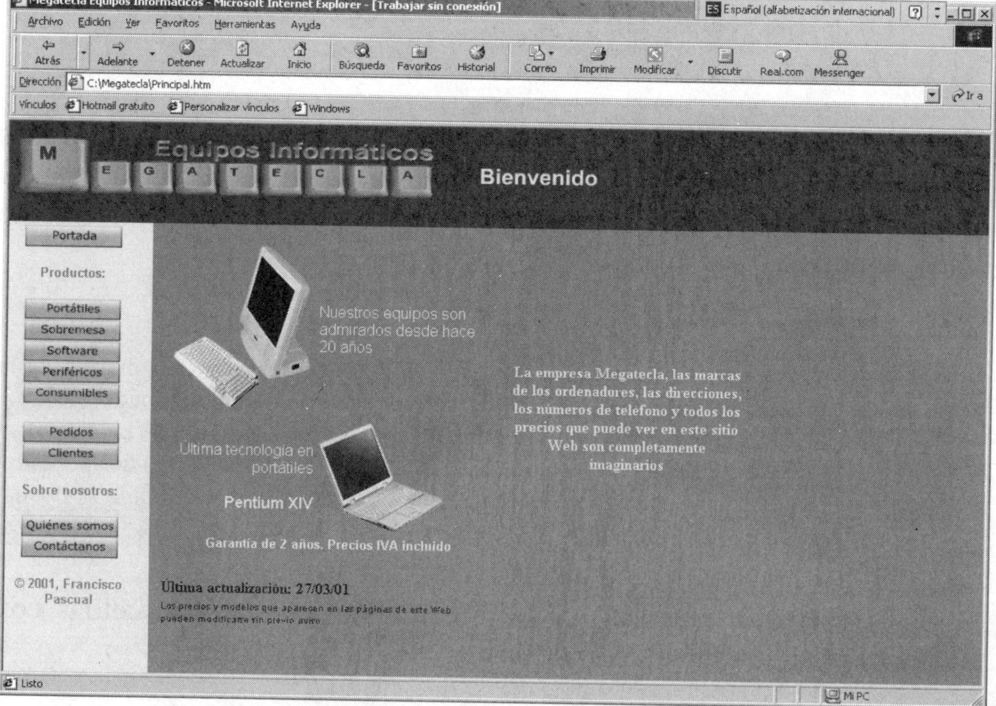

Como puede verse en la figura, la finalidad de los marcos es distribuir el contenido de la página en apartados para mostrar sus datos de la manera más esquemática y clara posible.

Tenga presente que cuando se crean marcos se insertan en una página vacía. Esa página siempre contiene propiedades que afectan al resultado. Por ejemplo, el nombre que tenga esa página es el que mostrará el navegador.

Por otra parte, cada marco es, en realidad, una página Web que, al igual que la página vacía que los contiene, deberá grabarse en el disco.

Para crear un conjunto de marcos, deberemos seleccionar el menú **Insertar** y activar la opción **Marcos**. Obtendremos el siguiente submenú:

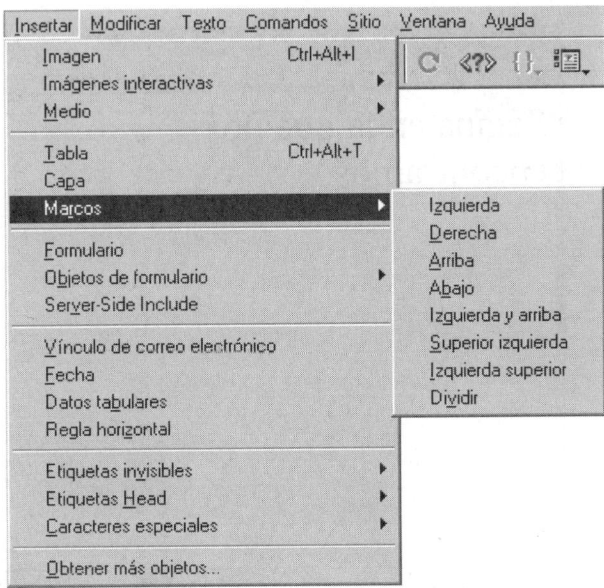

1. **Izquierda** crea un marco a la izquierda de la página en la que se encuentre.

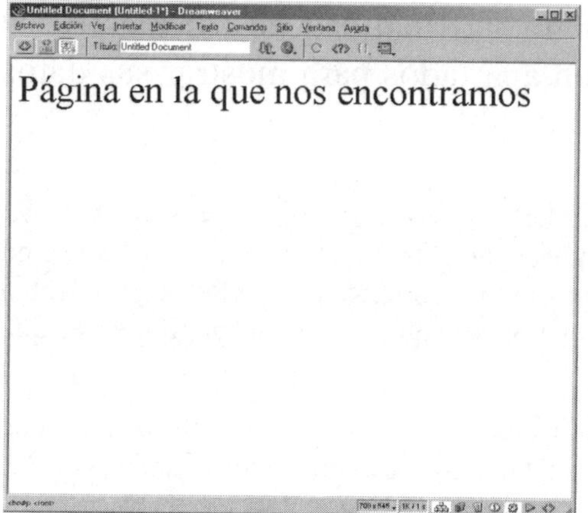

Página sin marcos

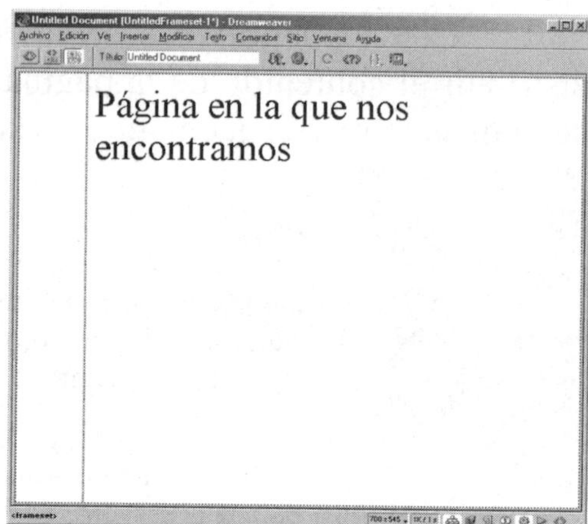

La misma página una vez insertado el marco a la izquierda

2. **Derecha** crea un marco a la derecha de la página en la que se encuentre.

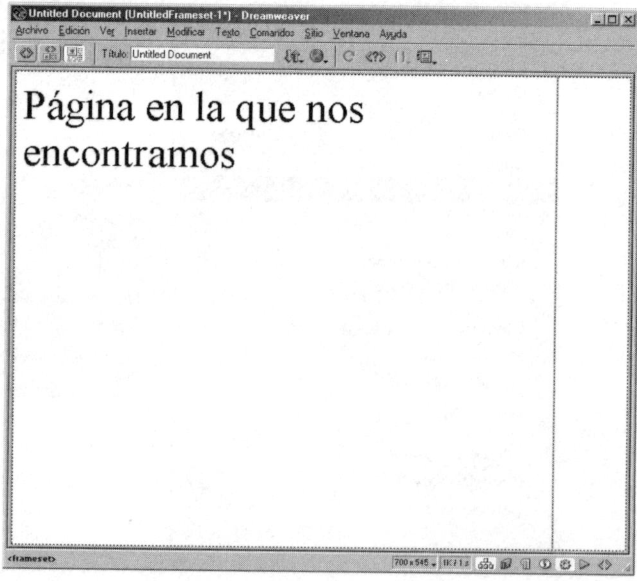

3. **Arriba** crea un marco encima de la página en la que nos encontramos.

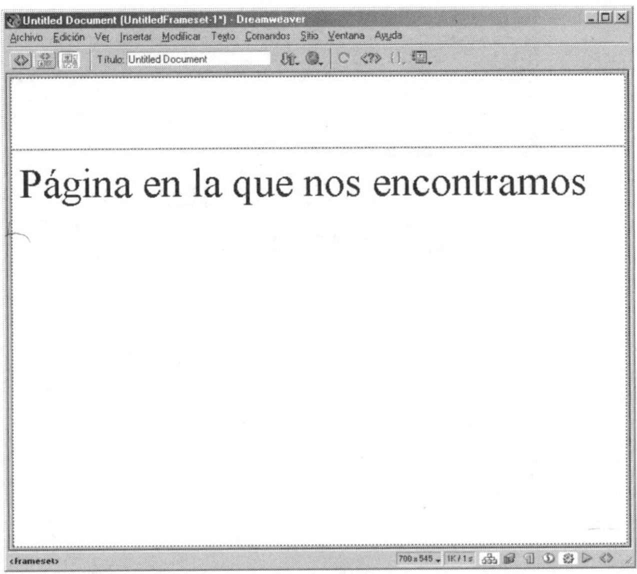

4. **Abajo** crea un marco debajo de la página en la que nos encontramos.

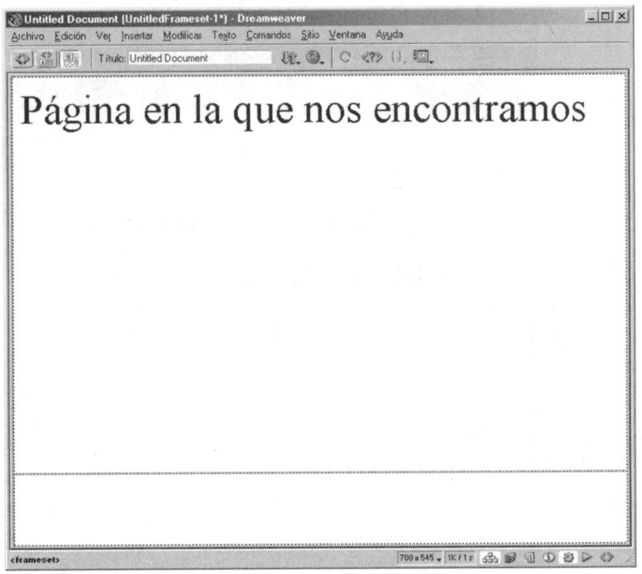

5. **Izquierda y arriba** crea tres marcos: uno a la izquierda de la página en la que nos encontremos, otro encima de ésta y otro encima del recién creado marco de la izquierda:

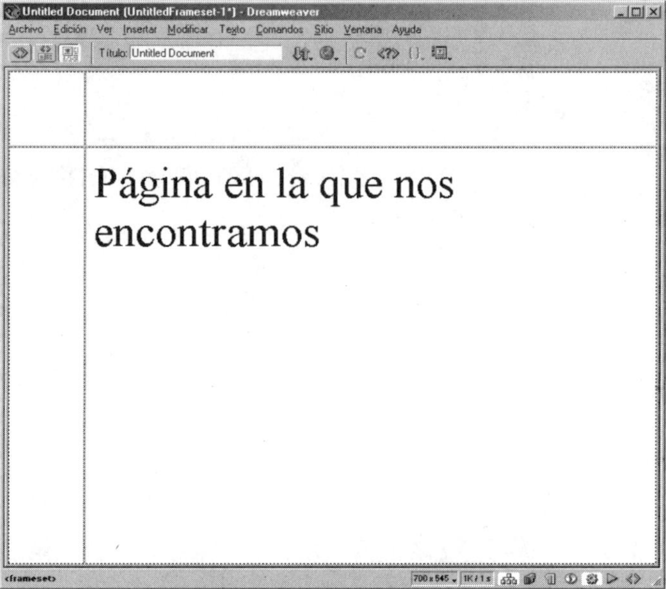

6. **Superior izquierda** crea dos marcos: uno encima de la página en la que nos encontremos y otro a la izquierda de ambos:

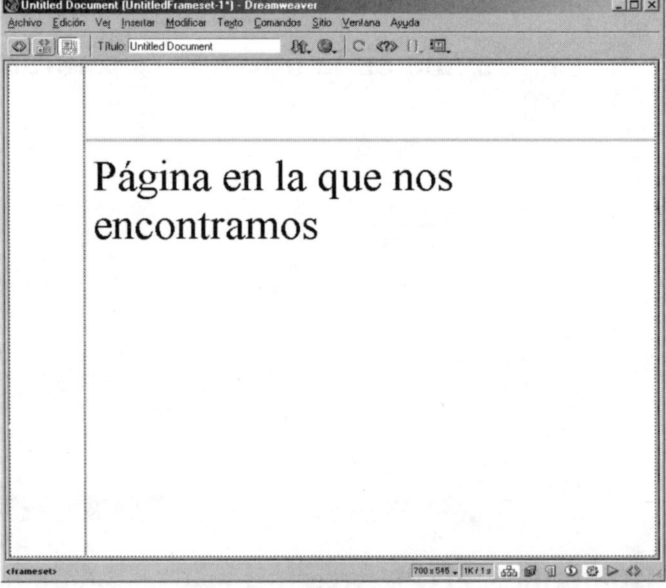

7. **Izquierda superior** crea dos marcos: uno a la izquierda de la página en la que nos encontramos y otro encima de ambos. Seguramente es uno de los que más se utiliza:

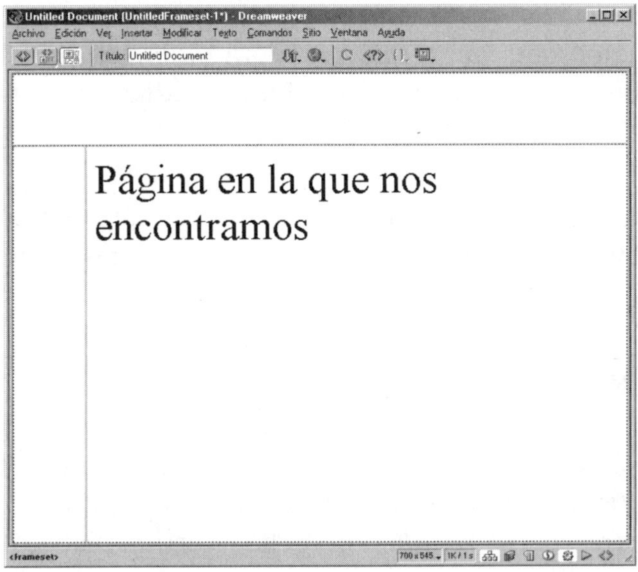

8. **Dividir** crea tres marcos más como **Izquierda y arriba** pero todos los marcos tienen inicialmente el mismo tamaño:

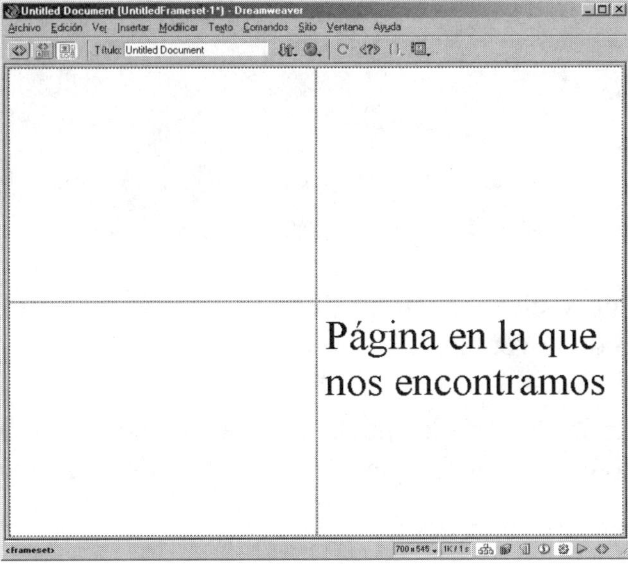

Trabajo con marcos

Una vez que los marcos están incorporados en la ventana, podremos realizar ciertos trabajos complementarios con ellos, mejorando así la función que van a realizar. Para ello y en primer lugar, debemos seleccionar el marco adecuado y, luego, utilizar las funciones que ofrece el menú de la ventana.

Para seleccionar uno de los marcos que aparecen en la ventana, simplemente haga un clic sobre cualquier parte de la superficie que abarque.

Deberá tener en cuenta lo siguiente:

1. Puede cambiar el tamaño de un marco haciendo clic sobre su borde y, sin soltar el botón del ratón, arrastrar en la dirección correcta (izquierda o derecha, o arriba o abajo).

2. Puede eliminar un marco arrastrando su borde hasta sobrepasar el de la ventana.

3. En la opción **Conjunto de marcos** del menú **Modificar** dispone de más opciones para añadir y transformar marcos:

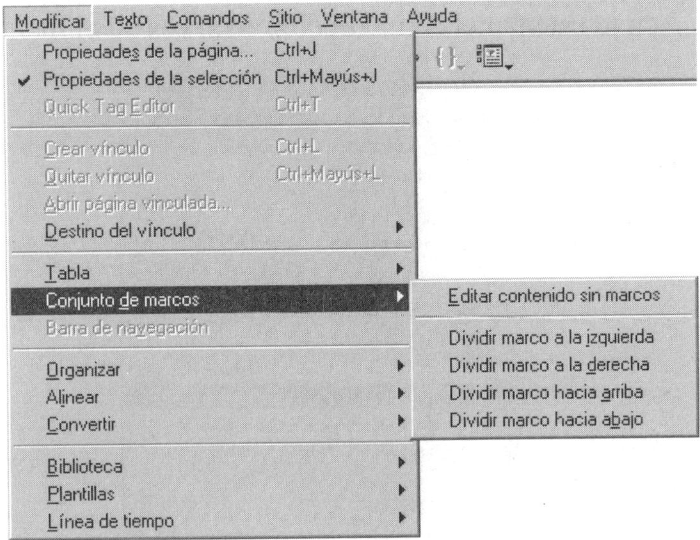

- **Editar contenido sin marcos** permite modificar la página que contiene los marcos sin que éstos se vean. Si vuelve a activar esta opción volverán a aparecer los marcos de la página.

- Todas las opciones del submenú que comienzan con la palabra **Dividir** permiten seccionar en dos el marco en el que se encuentre. De este modo podrá crear aún más marcos.

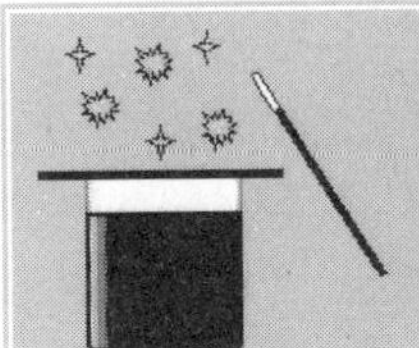

Todas las funciones que hemos visto anteriormente son igualmente aplicables a los marcos (tipos de letra, sangrías, propiedades de pantalla, etc.). Por ejemplo, puede poner nombre a la página de un marco mediante el menú **Modificar** (opción **Propiedades de página**) como siempre hemos hecho.

Propiedades de los marcos

Aún disponemos de más detalles relacionados con los marcos. Comenzaremos por el panel Marcos.

Active este panel con la opción **Marcos** en el menú **Ventana**.

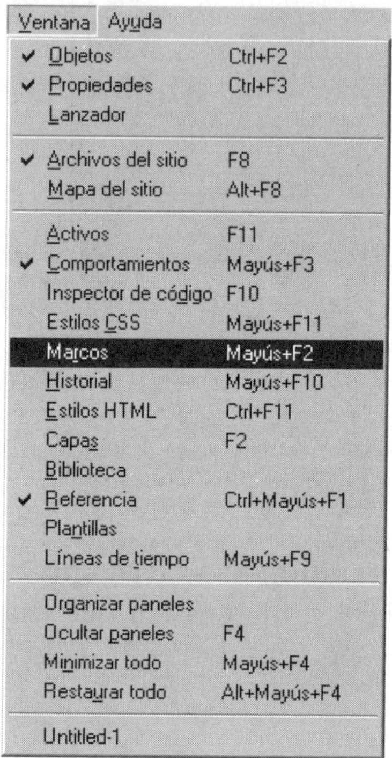

Esta opción muestra el panel que, dependiendo del grupo de marcos que haya creado ofrecerá un aspecto u otro. Por ejemplo:

En este panel podremos hacer clic sobre un marco (por ejemplo, *mainFrame* —marco principal—) para poder modificar posteriormente sus características en el inspector de propiedades, que ofrecerá, entonces, el siguiente aspecto:

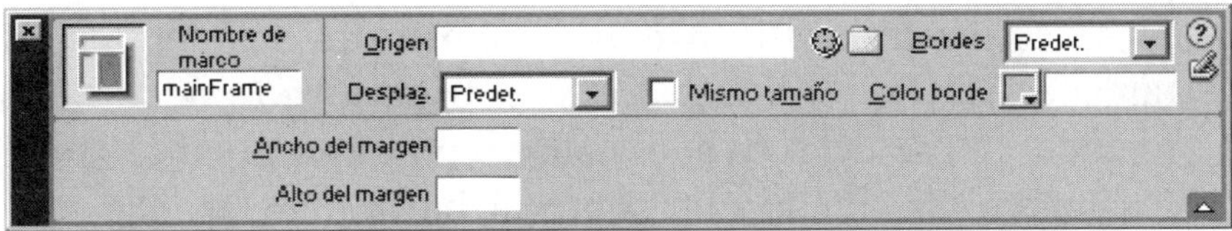

Lo que se ve en este inspector son datos relativos al marco que seleccionó en el panel Marcos. Podrá modificar los siguientes datos:

1. **Nombre de marco** permite poner un nombre al marco (en el ejemplo de nuestra figura *mainFrame*: marco principal). Dicho nombre no puede contener espacios en blanco y se utiliza para programar y para crear puntos de fijación como los que vamos a ver en el próximo apartado.

2. **Origen** se emplea para teclear (o elegir mediante el icono 📁) el archivo HTML que contendrá el marco. Recuerde que cada marco es en realidad una página Web, luego si el marco debe contener una página que ya esté diseñada, podemos teclear ahí su nombre. Si la página es nueva y aún no se ha grabado en el disco, el cuadro de texto ofrecerá un dato similar al siguiente: *file:///C\/Editorial/UntitledFrame-3*. En ese caso no podrá cambiar *UntitledFrame-3* (o el nombre que obtenga en su lugar: el nombre provisional del marco) por ningún otro —al menos, por otro que aún no esté grabado en el disco—.

3. **Bordes** permite elegir si los marcos mostrarán la línea de división entre ellos o no.

4. **Desplaz** permite elegir si aparecerán barras de desplazamiento en el marco cuando el contenido de la página no quepa dentro de él completamente. Si se selecciona **Predet** aparecerán las barras o no dependiendo del navegador. Una buena opción es **Automático**, ya que en ese caso sólo aparecerán las barras si su contenido supera el tamaño de la ventana.

5. Si se activa la casilla **Mismo tamaño** los marcos tendrán un tamaño fijo en el navegador y el usuario no podrá variar sus medidas. Si se desactiva, el usuario podrá cambiar el tamaño de los marcos haciendo clic sobre el borde que los separa y, sin soltar el ratón, arrastrar en la dirección que desee según necesite ampliar o reducir el marco en cuestión.

6. **Color borde** permite elegir un color para el borde que separe el marco de los otros. Podemos escribir el valor hexadecimal del color, o bien, emplear el icono 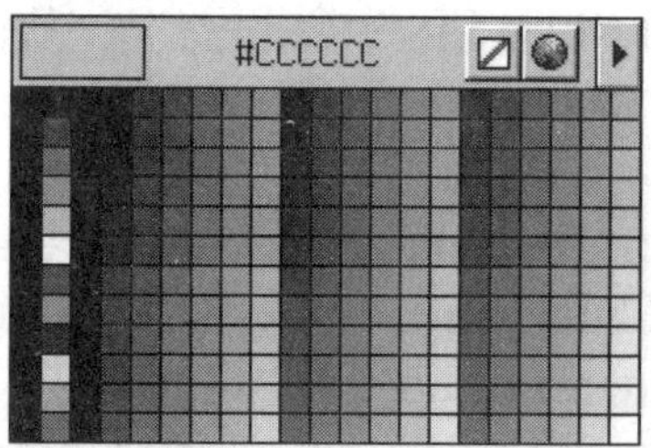 para desplegar la lista de colores y elegir uno.

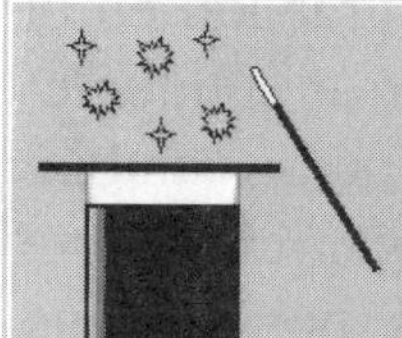

Recuerde que mientras vea la lista de colores (tanto para elegir el color de fondo como para elegir el color de cualquier otro elemento de la página) no necesita limitarse a los que aparecen en dicha lista, ya que puede llevar el ratón por otros lugares de la pantalla para hacer clic en una zona de esta en la que haya un color que le interese.

7. **Ancho del margen** permite elegir la cantidad de separación que habrá entre el contenido del marco y sus bordes izquierdo y derecho.

8. **Alto del margen** permite elegir la cantidad de separación que habrá entre el contenido del marco y sus bordes superior e inferior.

En el mismo inspector podrá encontrar opciones similares a éstas cuando haga clic sobre uno de los bordes de marco en la propia página. En ese caso, el inspector de propiedades ofrecerá los siguientes datos:

1. **Bordes** permite elegir si los marcos mostrarán la línea de división entre ellos o no.

2. **Color del borde** permite elegir un color para el borde que separe el marco de los otros. Podemos escribir el valor hexadecimal del color, o bien, emplear el icono para desplegar la lista de colores y elegir uno.

3. **Ancho** permite elegir el grosor del borde.

4. **Columna** (o **Fila**, dependiendo del borde de marco que hayamos elegido) permite ampliar o reducir el tamaño del marco. Este valor se puede expresar en **Píxeles**, en **Porcentaje** (del total de la ventana) o de modo **Relativo** (proporcionalmente al resto de los marcos de la ventana).

PUNTOS DE FIJACIÓN: MARCADORES

Cuando desee que un usuario pueda acceder a un punto concreto de su página (y no necesariamente al principio de ésta), deberá crear un punto de fijación, también llamado marcador. Es una especie de señal a la que un vínculo puede llevarnos.

Para crear un punto de fijación, debemos recurrir al menú **Insertar**, pero antes, colocaremos el cursor en el punto del texto en el que deba crearse el marcador. Una vez que nos hayamos situado en el lugar adecuado, seleccionaremos **Etiquetas invisibles** en el citado menú **Insertar**, lo que nos ofrecerá un pequeño submenú en el que activaremos la opción **Punto de fijación con nombre**:

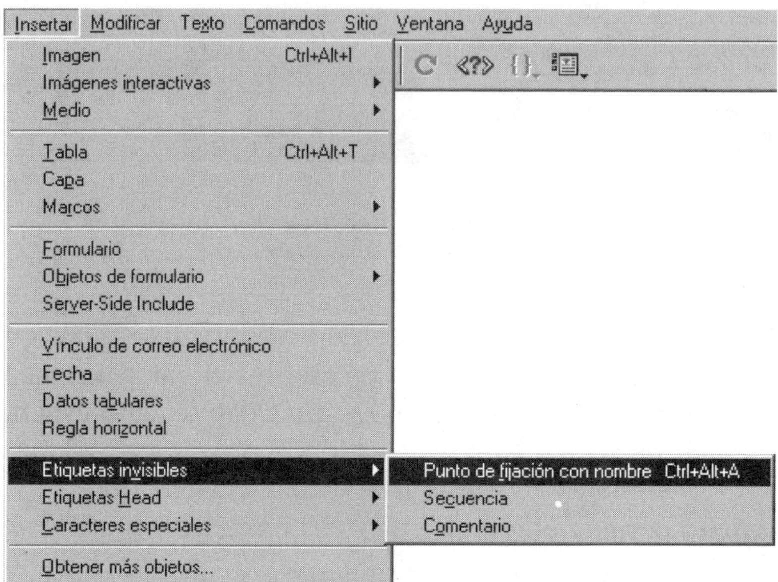

Esta opción genera un cuadro de diálogo en el que podremos establecer los datos del punto de fijación:

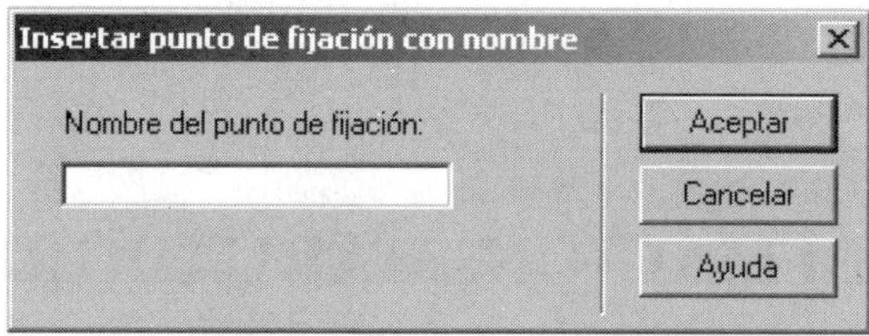

Utilice el cuadro de texto **Nombre del punto de fijación** para establecer el nombre que va a darle a su marcador. Este identificador será el que se utilice posteriormente cuando vaya a hacer referencia al punto de fijación.

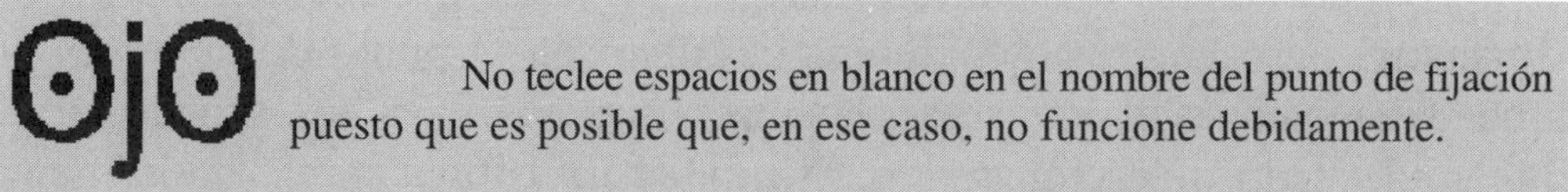

El punto de fijación aparece en la página con el aspecto de una pequeña ancla:

Como sabemos, un punto de fijación actúa de modo similar a un vínculo, por lo que la forma de trabajar con él es igualmente similar.

Para crear un vínculo que apunte a un punto de fijación, deberá hacer lo mismo que si fuese a asociar un vínculo, es decir, seleccionar el elemento (un bloque de texto, una imagen, etc.) y utilizar la lista **Vínculo** del inspector de propiedades. En ella, deberá escribir el nombre que le puso al punto de fijación precedido del símbolo **#**. Por ejemplo, si coloca un punto de fijación en algún lugar de la página con el nombre *Marcador*, en la lista **Vínculo** deberá teclear *#Marcador* para que el navegador lleve al usuario al punto de fijación cuando haga clic sobre el texto seleccionado.

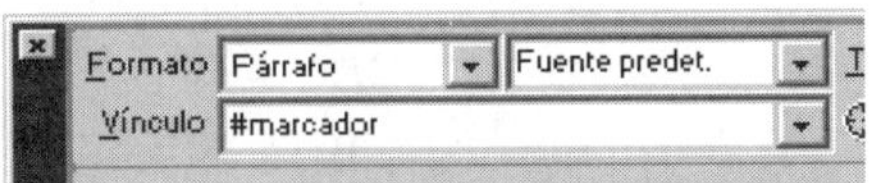

Si el destino de un punto de fijación se encuentra en otro marco de la misma página puede hacer lo siguiente:

1. Deberá dar nombre a cada marco de la ventana. Recuerde: Active el panel Marcos y haga clic sobre el marco al que quiera dar nombre; luego, en el cuadro **Nombre** del inspector de propiedades teclee el nombre que desee en lugar del que allí haya (*mainFrame*, *topFrame*, o alguno similar).

2. Inserte el punto de fijación en el lugar del marco que precise, asignándole el nombre que desee.

3. Seleccione el bloque de texto que llevará al usuario al punto de fijación cuando navegue.

4. Una vez que haya tecleado el nombre del punto de fijación en la lista **Vínculo**, despliegue **Dest** y seleccione el nombre del marco al que debe llevarle el punto de fijación (el que escribió en lugar de *mainFrame*, *topFrame*, etc.).

Cambiar de lugar un punto de fijación

Para mover un marcador que esté mal situado, únicamente hay que desplazarlo como si se tratase de texto normal, es decir, seleccione su icono del ancla con el ratón, haga clic de nuevo sobre él y, manteniendo pulsado el botón del ratón, arrastre el marcador hasta el lugar que desee. Una vez allí, libere el botón del ratón y el marcador se instalará en ese lugar.

También puede utilizar el portapapeles, mediante la opción **Cortar** del menú **Edición** (recuerde que primero hay que seleccionar el marcador con el ratón). Después, lleve el cursor hasta el lugar deseado y seleccione **Pegar** del mismo menú **Edición**.

Eliminar puntos de fijación

Para eliminar un punto de fijación, seleccione su icono del ancla con el ratón y pulse la tecla **Supr** (suprimir) del teclado. El marcador desaparecerá sin pedir confirmación, aunque, si elimina un marcador por error, podrá utilizar la opción **Deshacer** del menú **Edición** para restaurarlo.

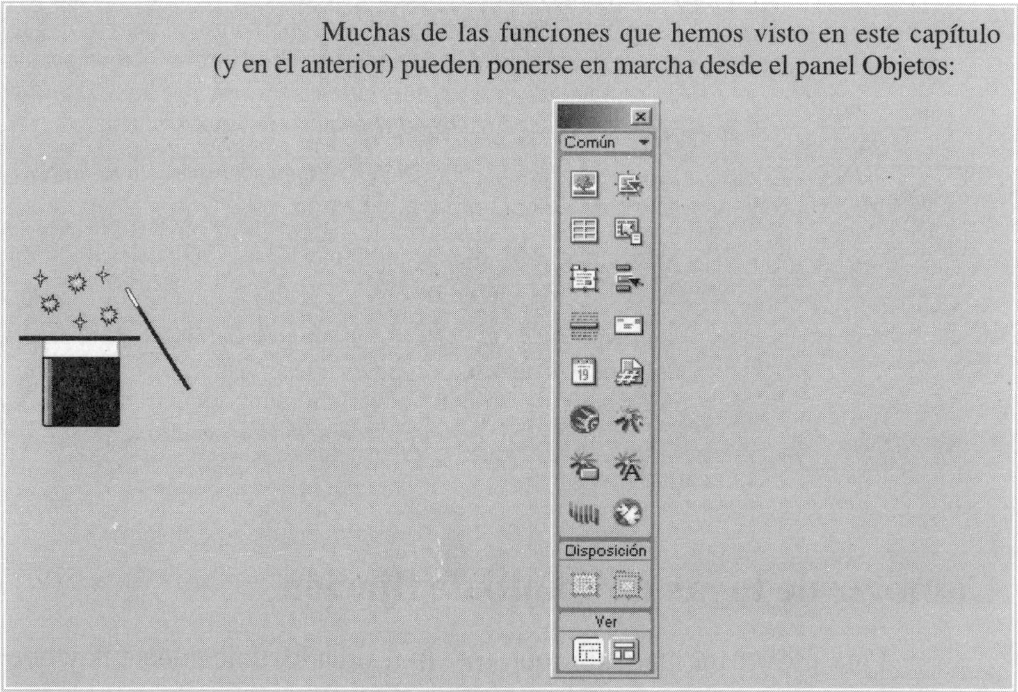

EJERCICIOS

I   Creación de puntos de fijación

1. Abra la página de **Autores** y teclee las letras del alfabeto debajo del rótulo colocándolas en negrita, con tamaño 4, centradas en la línea y separándolas con un espacio en blanco (no olvide escribirlas todas seguidas, ya que si pulsa la tecla INTRO en un lugar del texto, continuará escribiendo en la línea siguiente):

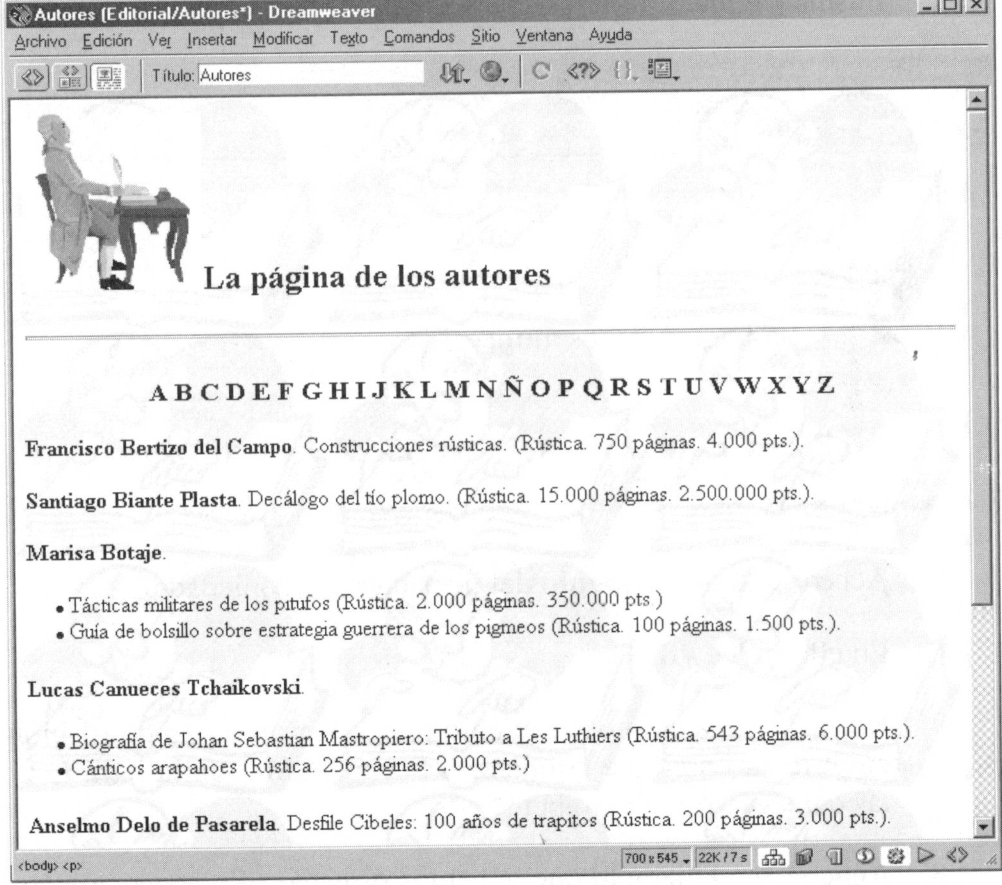

2. Lleve el cursor hasta el primer nombre cuyo apellido comienza con la letra **B** (*Francisco Bertizo*).

3. Active **Etiquetas invisibles** en el menú **Insertar** y, en el submenú que obtenga seleccione **Punto de fijación con nombre**. Aparecerá un cuadro de diálogo con un cuadro de texto (**Nombre del punto de fijación**) en el que deberá escribir la letra **B** (la primera letra del apellido), pulsando, a continuación, el botón Aceptar.

4. Ahora que tenemos un punto de fijación que señala la posición desde la que parten los apellidos que comienzan por la letra **B**, vamos a crear un vínculo que nos lleve hasta él. Por tanto, seleccione la letra **B** de la lista alfabética que ha escrito en la misma página:

5. Acceda a la lista **Vínculo** del inspector de propiedades.

6. En ella teclee **#B**.

7. Realice el mismo procedimiento para crear un punto de fijación en el lugar en el que comienzan los apellidos con la letra **C** (y las demás letras del alfabeto).

8. Aunque en el ejemplo que le hemos ofrecido sólo aparecen unos pocos nombres de autor, escriba más (de su propia cosecha) y añada más puntos de fijación y vínculos para enlazar todas las letras de la lista alfabética con los nombres de autor.

II Modificación de la página principal

Vamos a crear una pequeña tabla, en la página principal, que reúna los enlaces con las demás páginas.

1. Abra la página principal (*Maestro Pajo*) de nuestro sitio Web de la editorial.

2. Debajo de la imagen de la estantería diseñe una tabla de cuatro columnas y una sola fila mediante la opción **Tabla** del menú **Insertar**. Como queremos que no se vea la tabla colocaremos un **Borde** de tamaño **0** (cero). Asigne también una anchura del **75%**:

3. Utilice la lista desplegable **Alinear** del inspector de propiedades para colocar la tabla centrada entre los márgenes izquierdo y derecho de la ventana.

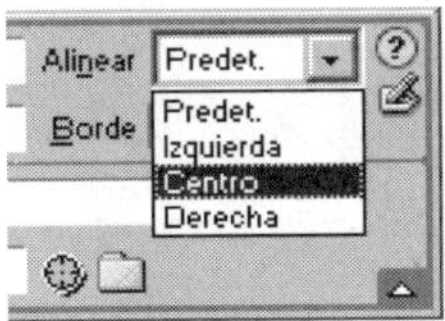

4. Arrastre los cuatro vínculos que definimos en un ejercicio anterior dentro de cada una de las celdas de la tabla (**Novedades**, **Catálogo**, **Autores** y **Nuestras distribuidoras**). Según los coloque, la tabla se redistribuye para hacer hueco a su nuevo contenido. Si lo prefiere puede borrar esos vínculos y crearlos de nuevo dentro de las celdas de la tabla, pero le llevará más trabajo.

5. Seleccione las cuatro celdas con el ratón y pulse el botón ≣ en el inspector de propiedades para centrar los datos dentro de cada celda.

6. Borre las líneas en blanco que han quedado en lugar de los cuatro antiguos enlaces. Para ello puede colocarse justo delante de la línea de texto que aún permanece en su sitio (*Si desea ofrecernos sugerencias o comentarios, haga clic aquí*) y pulsar la tecla de borrar cuatro veces.

7. Guarde los cambios en el disco. El resultado (en la parte inferior de la página):

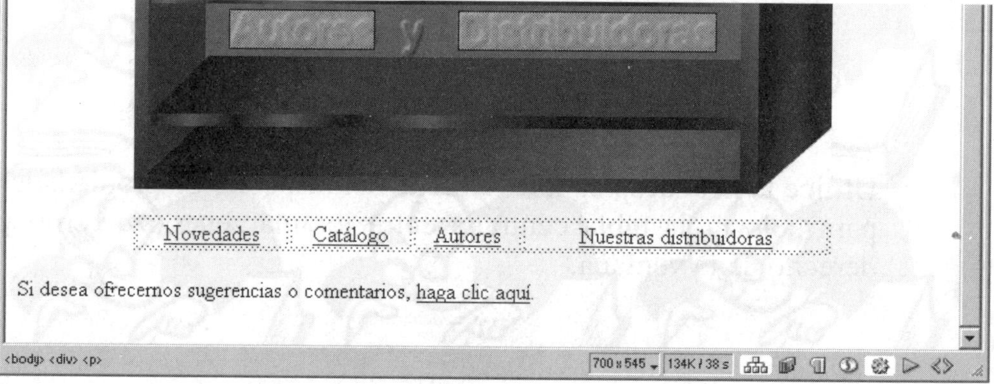

III   Asignar sonidos (I)

Vamos a asignar sonidos a las páginas del Web. En este primer ejercicio el sonido se escuchará en el momento en que la página aparezca en el navegador.

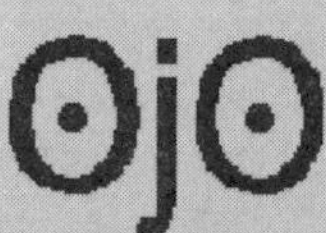

Si no dispone de ciertos plug-ins instalados en su navegador puede que para escuchar el archivo de sonido aparezca la grabadora de sonidos u otro sistema similar. Incluso en Windows 2000 podría obtener una serie de datos de texto ininteligibles que es el modo en el que se ha interpretado el sonido al no poder ser reproducido.

Otra posibilidad es que el navegador solicite que esa función se descargue desde Internet. Si lo desea, responda afirmativamente una vez que se haya conectado a la red. Un ejemplo de lo que puede obtener:

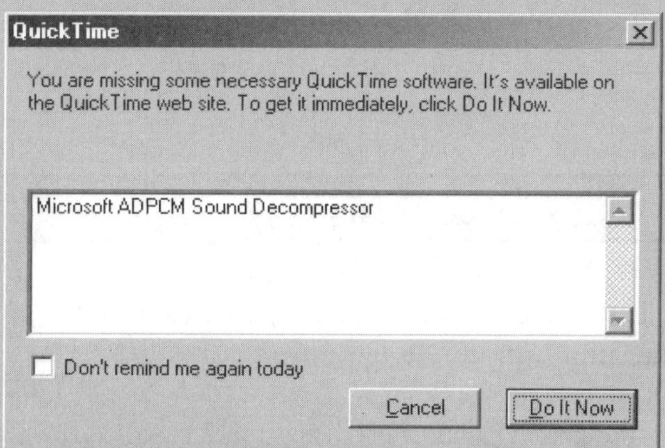

Se puede acceder a la página de Macromedia para obtener varios plug-ins con mejoras entre las que podrá encontrar una para sonido. Busque en el sitio **www.macromedia.com/es**: entre en la sección *Descargas* y en el apartado creado para Dreamweaver haga clic en el enlace *Extensiones*.

1. Abra la página principal (*Maestro Pajo*) del Web de la editorial.

2. Haga clic sobre la etiqueta **<body>** que hay en la esquina inferior izquierda de su ventana.

3. Acceda al panel Comportamientos (puede hacerlo desde el menú **Ventana**).

4. En este panel active el botón ⊞. En la lista que se desplegará elija **Controlar sonido**.

5. Esta opción ofrecerá un cuadro de diálogo en el que debemos teclear el nombre del archivo de sonido que debe reproducirse. En la carpeta *Archivos* del CD-ROM puede encontrar dos sonidos sencillos (*Tic* y *Platillo*) que están grabados en formato WAV estándar de Windows.

6. Recuerde que al seleccionar un sonido Dreamweaver le pedirá que lo grabe en el disco dentro de la carpeta del sitio Web: es preferible grabarlo en una carpeta nueva que contenga los sonidos.

IV   Asignar sonidos (II)

En este ejercicio, el sonido se escuchará cuando el usuario haga clic sobre una imagen de la página.

1. Abra la página de *Autores* del Web de la editorial.

2. Haga clic sobre la imagen que colocó en la parte superior de la página para seleccionarla.

3. Acceda al panel Comportamientos (puede hacerlo desde el menú **Ventana**).

4. En este panel active el botón **+**. En la lista que se desplegará elija **Controlar sonido**.

5. Esta opción ofrecerá un cuadro de diálogo en el que debemos teclear el nombre del archivo de sonido que debe reproducirse. Recuerde que dentro de la carpeta *Archivos* del CD-ROM puede encontrar dos sonidos sencillos (*Tic* y *Platillo*) que están grabados en formato WAV estándar de Windows.

V   Crear una tabla

En este ejercicio utilizaremos una tabla para colocar los datos de las distribuidoras de la página correspondiente de nuestro Web.

1.   Abra la página *Distribuidoras*.

2.   Sitúese inmediatamente debajo de la línea recta que trazó en un ejercicio anterior.

3.   Diseñe una tabla con tres columnas y tres filas (su **Borde** de tamaño 2 y su **An**chura del 100%).

4.   Dentro de las celdas teclee lo siguiente:

Nombre de la distribuidora	Dirección	E-mail
Editorial Ra-Ma	Carretera de canillas, 144	editorial@ra-ma.com
Editorial Arido	Grito, 5	ea@pingos.es

5.   Seleccione las celdas de la primera fila y aplíqueles:

- Letra negrita.

- Letra más grande (por ejemplo 4 puntos).

- Alineación centrada.

- Color azul.

6.   Si lo desea añada más datos a la lista agregando más filas de celdas mediante el menú **Modificar** (utilizando la opción **Tabla** y, en el submenú que ofrece, **Insertar fila** o **Insertar filas y columnas**).

7.   Guarde el resultado en el disco.

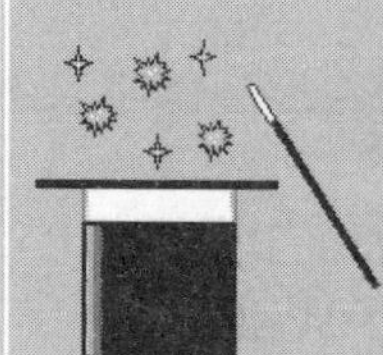

Resulta más cómodo añadir filas colocándose en la última celda de la tabla y pulsando la tecla del tabulador; eso crea una nueva fila de celdas listas para ser rellenadas.

VI   Crear marcos

En la página de *Autores* vamos a crear un grupo de marcos que haga más vistoso y práctico su manejo. Esto exigirá una remodelación de la página pero el resultado generalmente merece la pena (sobre todo si, al contrario que nosotros, se comienza a diseñar la página directamente con marcos).

1. Abra la página de *Autores* de la editorial.

2. Acceda al menú **Insertar**, seleccione **Marcos** y, en el submenú que obtenga elija **Arriba**.

3. Seleccione todo el texto que hay entre la imagen (incluida) y la letra Z.

4. Arrástrelo hasta el marco superior (o bien seleccione **Cortar** en **Edición** y, en el marco superior, seleccione **Pegar** en el mismo menú.

5. Si es necesario utilice el borde que separa ambos marcos para ajustar el tamaño adecuadamente.

6. Haga clic sobre el borde que separa ambos marcos y, en el inspector de propiedades seleccione que el borde sí debe verse;

luego, asígnele una anchura (la que desee) y aplíquele un color (el que le guste).

7. Acceda al menú **Modificar** y elija **Propiedades de página** para poner *Autores* como **Título** y seleccione la misma imagen de fondo que tenía antes.

8. Cuando termine tendrá que grabar todas las páginas (tres). La que ya existía con el nombre *Autores* quedará con ese nombre. La página que contendrá el marco superior deberá grabarse con otro nombre (por ejemplo, le sugerimos *Autores 2*) y la página general que reúne ambos marcos (le sugerimos *Índice de Autores*).

9. Un último detalle consiste en cambiar los vínculos que hasta ahora apuntaban a la página *Autores.htm*, ya que ahora deberán apuntar a *Índice de autores.htm* (tanto en la zona interactiva de la imagen como en la celda en la que aparece **Autores**). Del mismo modo, deberá cambiar los vínculos de las letras del alfabeto a su nueva página. En el mismo sentido los vínculos que creó para las letras con puntos de fijación también deben ser modificados, indicando al seleccionarlos que el resultado debe obtenerse en el marco inferior (si no se indica otra cosa, *mainFrame*). Recuerde que, para ello, debe utilizar la lista desplegable **Dest** del inspector de propiedades una vez que haya seleccionado el texto del vínculo. También deberá modificar el vínculo en sí, ya que ahora, los vínculos se llaman desde *Autores 2*. Un ejemplo completo para la letra **B**:

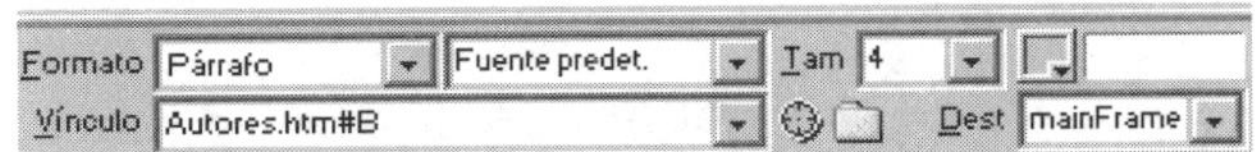

Como vemos, el vínculo debe contener el nombre de la ventana (*Autores.htm*) seguido del punto de fijación (*#B*) y la lista desplegable **Dest** contiene el dato *mainFrame*, que hace referencia al marco inferior. Este proceso deberá realizarlo en todas las letras que contengan un vínculo.

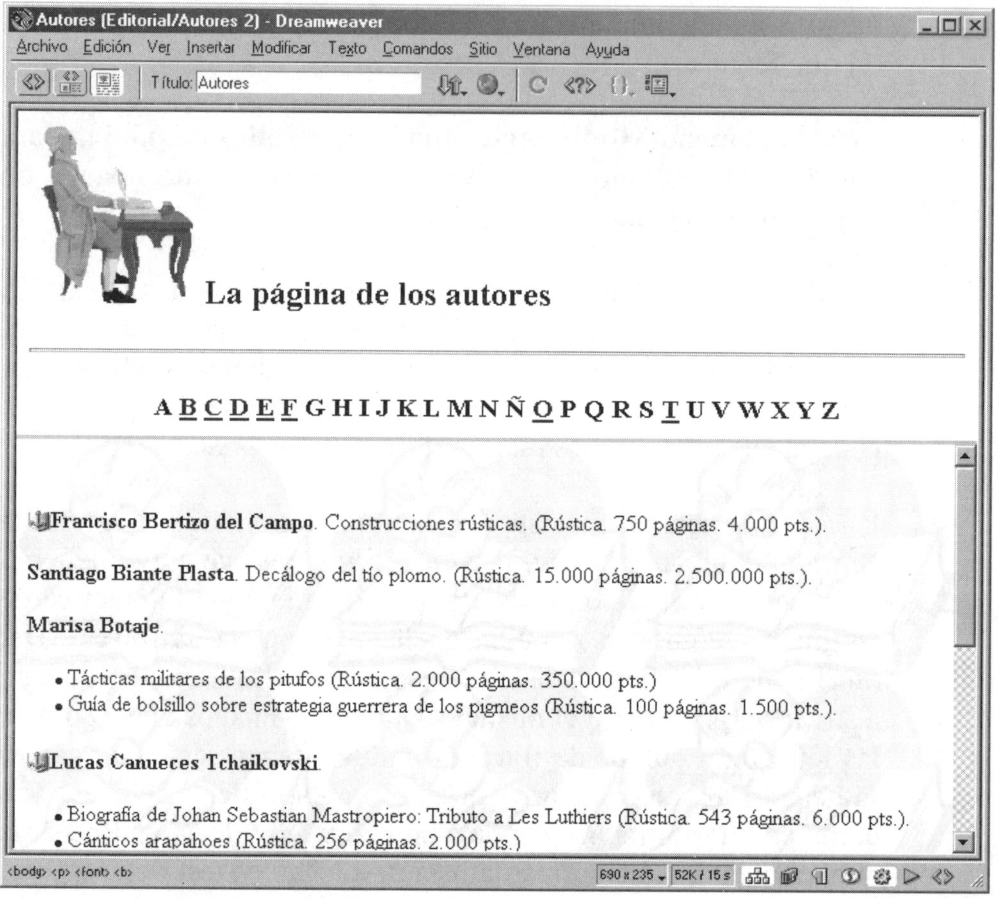
Autores (Editorial/Autores 2) - Dreamweaver
Archivo Edición Ver Insertar Modificar Texto Comandos Sitio Ventana Ayuda
Título: Autores

La página de los autores

A B C D E F G H I J K L M N Ñ O P Q R S T U V W X Y Z

Francisco Bertizo del Campo. Construcciones rústicas. (Rústica. 750 páginas. 4.000 pts.).

Santiago Biante Plasta. Decálogo del tío plomo. (Rústica. 15.000 páginas. 2.500.000 pts.).

Marisa Botaje.

• Tácticas militares de los pitufos (Rústica. 2.000 páginas. 350.000 pts.)
• Guía de bolsillo sobre estrategia guerrera de los pigmeos (Rústica. 100 páginas. 1.500 pts.).

Lucas Canueces Tchaikovski.

• Biografía de Johan Sebastian Mastropiero: Tributo a Les Luthiers (Rústica. 543 páginas. 6.000 pts.).
• Cánticos arapahoes (Rústica. 256 páginas. 2.000 pts.)

<body> <p> <font> <b>
690 x 235   52K / 15 s

CAPÍTULO 4

UTILIDADES

Hasta el momento hemos ido progresivamente avanzando desde funciones más sencillas hasta otras más complejas.

En este capítulo, vamos a reunir varias funciones prácticas que no tienen un objetivo común y que no aparecen situadas en el mismo menú. Algunas, incluso, no tienen un efecto directo sobre la página (como la búsqueda de datos en ella).

Así pues, estas operaciones se usan como utilidades que nos ayudarán a mejorar el diseño del Web.

DESHACER Y REPETIR

He aquí una función tan simple como útil. Dreamweaver permite anular las operaciones que se vayan desarrollando. Generalmente, puede utilizarla para casos en los que, por equivocación, haya realizado una operación incorrecta o que no le satisfaga.

En ese caso active **Deshacer**, primera opción del menú **Edición**. Al activarla, la última operación que haya realizado será anulada como si nunca la hubiese llevado a cabo.

Si a pesar de todo decide que lo primero estuvo bien, puede volver a restaurarlo con la opción **Repetir**, también del menú **Edición**.

Puede emplear estas dos funciones varias veces para aplicar su función.

BÚSQUEDA Y REEMPLAZO AUTOMÁTICO DE DATOS

He aquí dos funciones cuyo uso se extiende, sobre todo, a páginas Web que contengan textos largos en los que sea difícil encontrar una palabra (o un conjunto de caracteres).

Piense que en una página con poco texto resulta más sencillo (y más práctico) buscar el dato a simple vista que activar la función y teclear todos los datos necesarios para la búsqueda.

Como su nombre indica, se utilizan para buscar y sustituir palabras automáticamente en la página Web.

Cuando se desea encontrar o sustituir una palabra (o similar) en un texto escrito en una página de Dreamweaver, basta con seleccionar la opción **Buscar y reemplazar** del menú **Edición**, o bien pulsar las teclas **Control + F**.

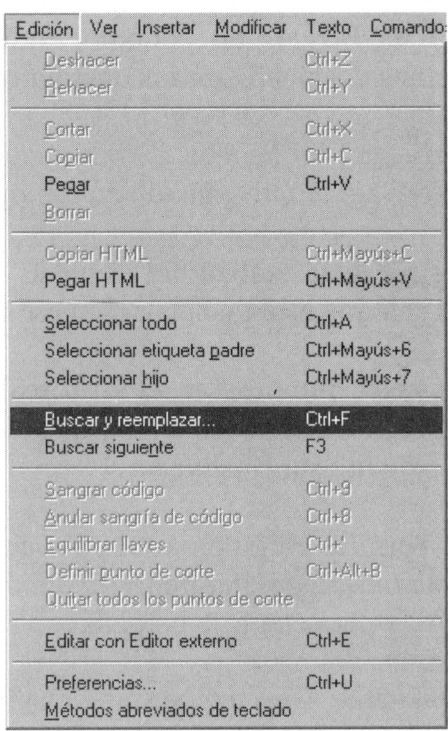

Al hacerlo, obtenemos un cuadro de diálogo en el que podemos indicar todos los datos necesarios acerca de la palabra o, mejor dicho, del texto que deseamos encontrar.

1. Mediante la lista **Buscar en** podemos indicar los lugares del Web que estemos diseñando en los que realizar la búsqueda:

   - **Documento actual** realiza la búsqueda únicamente en la página Web que esté diseñando en ese momento.

   - **Todo el sitio local** realiza la búsqueda en todas las páginas del sitio Web que esté diseñando en ese momento.

   - **Archivos seleccionados en el sitio** realiza la búsqueda en los archivos seleccionados del sitio. Su nombre aparecerá a la derecha de la lista **Buscar en**.

   - **Carpeta** permite elegir una carpeta en cuyos archivos se realizará la búsqueda. Para ello ofrecerá un cuadro de texto y el icono ▢ para elegir la carpeta.

2. La lista desplegable **Buscar** permite elegir qué tipo de dato intentamos encontrar. Dependiendo de lo que elijamos en esta lista el cuadro de diálogo puede cambiar adaptándose al tipo de dato que vayamos a buscar. Nosotros vamos a continuar detallando cómo se encuentra un texto normal (opción **Texto** de la lista), si bien, después de ello veremos el resto de las búsquedas.

3. A la derecha de la lista desplegable **Buscar** podemos escribir los caracteres del dato que buscamos. Si ya ha utilizado las búsquedas desde que entró en Dreamweaver, se le ofrecerá ya escrito el texto que buscó anteriormente, de modo que, si es eso mismo lo que va a buscar, no necesitará teclearlo de nuevo, sino que bastará con elegirlo en esa lista.

4. Puede buscarse el texto tal y como se haya escrito, indicando que diferencie mayúsculas y minúsculas. Al activar la casilla **Coincidir mayúsculas y minúsculas**, Dreamweaver localizará sólo el texto que coincida exactamente, letra por letra, en sus mayúsculas y minúsculas con el texto de búsqueda.

5. La casilla **Ignorar diferencias de espacios en blanco** resulta útil cuando se busca más de una palabra en el mismo dato (puesto que entonces escribimos espacios en blanco entre las palabras). Si está activa y en el texto hay más de un espacio entre las palabras que busquemos Dreamweaver también localizará esa expresión. Por ejemplo, si buscamos la expresión *La casa* Dreamweaver también encontraría *La   casa* (con dos o más espacios entre *La* y *casa*).

> **OjO** En principio, Dreamweaver no le permitirá teclear en el texto dos o más espacios seguidos, sin embargo, es posible que el archivo HTML se importe desde otro programa que sí lo permita.

6. Si activamos la casilla **Usar expresiones regulares** podremos realizar búsquedas con caracteres especiales que tienen la función de concretar al máximo lo que se busca. Veamos unos ejemplos:

   - El carácter ^ busca un dato que se encuentre al principio de una línea de texto. Por ejemplo, *^L* encontraría el dato *La casa*, pero no *Estábamos en la casa*.

   - El carácter $ busca un dato que se encuentre al final de una frase. Por ejemplo, *$t* encontraría *Estaban en Camelot*, pero no *En Camelot reinaba Arturo*.

   - Los caracteres **/d** localizan cualquier número.

   - Los caracteres **/r** localizan cualquier final de párrafo (porque se pulsó la tecla INTRO que es lo que busca /r).

> **OjO** Utilice el sistema de ayuda para encontrar más caracteres de Dreamweaver con funciones similares a los que acabamos de exponer.

7. Puede emplear el botón  para grabar en el disco los datos de la búsqueda. Si ésta es complicada y va a emplearla en más ocasiones

resulta muy práctico grabarla para poder abrirla más adelante (mediante el botón 🖝) y no tener que especificar de nuevo todos los datos de la búsqueda. Estos botones ofrecen un cuadro de diálogo similar al que hemos visto para abrir y guardar páginas Web. Utilícelo como aquél para grabar y abrir las búsquedas.

8. Cuando pulsemos el botón Buscar sig. , Dreamweaver comenzará la búsqueda, y si encuentra la palabra (o palabras) se detendrá marcándola claramente en la pantalla. El cuadro de diálogo no desaparece, sino que sigue a la espera de que volvamos a pulsar el botón Buscar sig. para buscar de nuevo el mismo dato. Para cerrar el cuadro de diálogo, tendrá que hacer clic sobre el botón Cerrar .

9. El botón Buscar todos realiza la búsqueda localizando el dato en todas las posiciones de la página (o sitio) en las que se encuentre y realizando un informe completo del resultado (que se ofrece en el mismo cuadro de diálogo).

Otras opciones de búsqueda

Como vimos antes, la lista desplegable **Buscar** (del cuadro de diálogo anterior) ofrece varias opciones que nos permiten encontrar texto normal (como vimos en el apartado anterior) o bien datos especiales para el lenguaje HTML como vamos a ver ahora.

Como sabemos, una página Web es, en realidad un programa escrito en lenguaje HTML que se vale de diferentes elementos (texto, imágenes, etc.) para construir la página. Los sistemas como Dreamweaver o FrontPage nos facilitan el trabajo de crear la página. Puesto que resulta más fácil realizar la tarea como si estuviésemos creando un texto algo especial, en lugar de tener que teclear un programa, lo que resulta pesado.

Pero aunque los programas como Dreamweaver traducen todo lo que vamos realizando en las páginas (según el método que hemos ido exponiendo a lo largo de todo el libro) al lenguaje HTML que es el que en realidad interpretan los navegadores como Internet Explorer o Netscape Navigator, se nos permite buscar información directamente en el programa que Dreamweaver ha creado por nosotros.

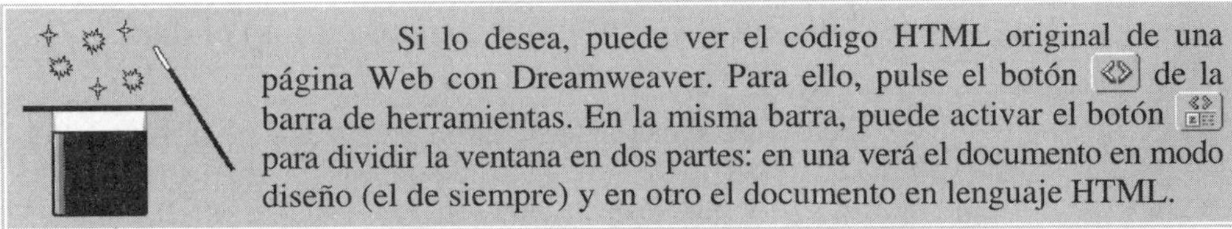

Si lo desea, puede ver el código HTML original de una página Web con Dreamweaver. Para ello, pulse el botón de la barra de herramientas. En la misma barra, puede activar el botón para dividir la ventana en dos partes: en una verá el documento en modo diseño (el de siempre) y en otro el documento en lenguaje HTML.

Así pues, si empleamos la lista desplegable **Buscar** disponemos de tres opciones (aparte del que ya hemos visto en el apartado anterior).

1. Seleccione **Código fuente** para que Dreamweaver busque el dato en el programa en HTML de la página en lugar de ella misma. En este caso el cuadro de diálogo no cambia y debemos utilizarlo exactamente como vimos en el apartado anterior.

2. **Texto (avanzado)** permite encontrar datos tanto en la página en sí como en su programa HTML. En este caso el cuadro amplía sus elementos para que podamos establecer datos especiales de HTML.

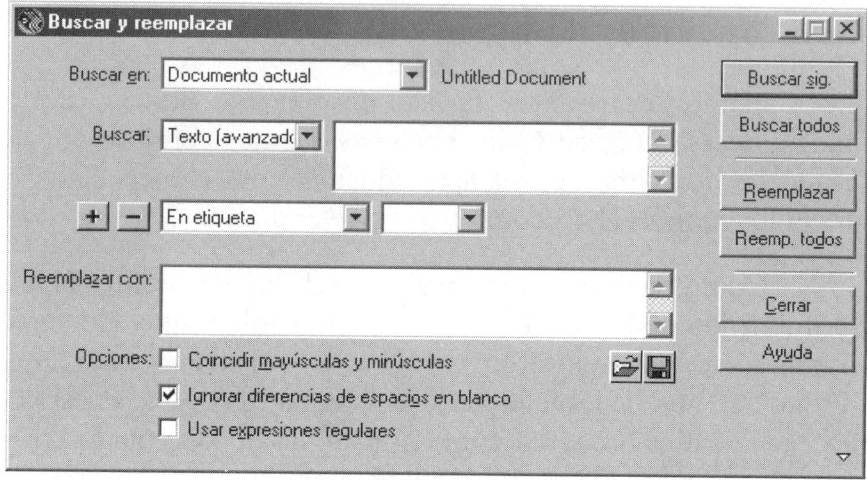

- Además de lo que hemos expuesto en el apartado anterior, puede utilizar la lista que, hasta ahora, ofrece el dato **En etiqueta** para buscar en etiquetas HTML. Si elige **No está en etiqueta** se buscará en el programa HTML pero no dentro de una etiqueta.

- Despliegue que hay a su derecha para seleccionar la etiqueta en la que buscamos (o en la que no buscamos) el dato.

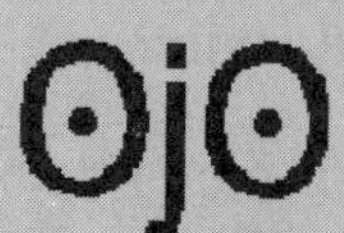

Una parte importante de la programación en HTML son las denominadas etiquetas. Se trata de datos que se escriben entre los símbolos < y > y que realizan una función concreta. Por ejemplo, la etiqueta **<title>** es la responsable del nombre que ofrecerá la página en el navegador. Si desea cambiar el título a la página, no necesita recurrir al menú **Modificar** (aunque resulta más cómodo), puesto que puede activar el botón ⟨⟩ en la barra de herramientas, y al principio del programa, teclear lo siguiente:

<title>Página de Autores<title>

Donde *Página de Autores* es el nombre que vamos a darle al título de la página.

Para obtener más información sobre las etiquetas de HTML necesitará consultar un manual sobre dicho lenguaje.

3. Seleccione **Etiqueta específica** para localizar datos en las etiquetas HTML de su página (o sitio) Web. Con esta función podemos realizar búsquedas más completas en las etiquetas HTML.

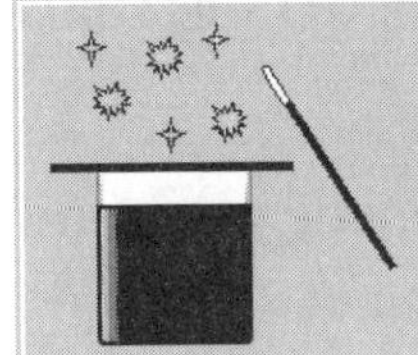

Una vez que haya detallado todos los datos de la búsqueda y se encuentre de vuelta en la página, puede volver a realizar la búsqueda sin necesidad de entrar en el cuadro de texto anterior: bastará con que pulse la tecla **F3** o bien, con que acceda al menú **Edición** y seleccione **Buscar siguiente**.

Sustitución automática de palabras

En el mismo cuadro de diálogo que hemos empleado para las búsquedas puede ver elementos que sirven para sustituir automáticamente unos caracteres por otros. Recordemos el cuadro de diálogo:

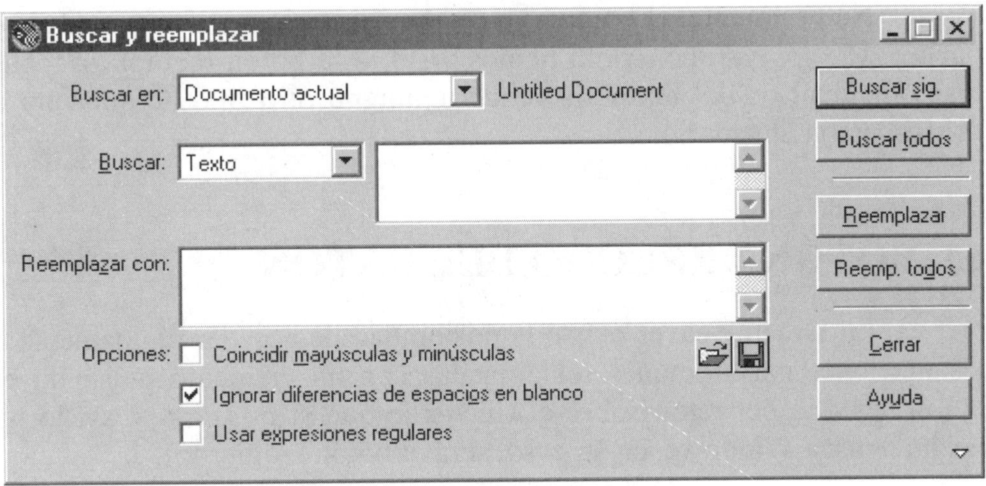

Como haríamos en las búsquedas, escribiremos el texto que deseamos localizar para sustituirlo en el cuadro de texto de la lista **Buscar**. A continuación, escribiremos en el cuadro de texto **Reemplazar con** el texto que sustituirá al anterior.

Una vez que hayamos llegado a este punto dispondremos de dos posibilidades:

1. Utilizar el botón **Buscar sig.**, con lo que Dreamweaver nos llevará a la palabra que se busca, para que, al pulsar **Reemplazar**, sea sustituida y se pase a la siguiente.

2. Utilizar el botón **Reemp. todos**, con lo que Dreamweaver sustituirá el texto que se busca por el que hayamos escrito en el cuadro de texto **Reemplazar por** en todo el documento (en todos los lugares del texto en que sea encontrado el dato que se busque). Esta función no pide ningún tipo de confirmación, de modo que al pulsarlo se modifican los cambios de una sola vez.

Si activamos el botón **Reemplazar** y en una de las coincidencias **no** debemos cambiar el texto original por el nuevo, pulsaremos el botón **Buscar sig.**, con lo que Dreamweaver deja el texto como está en ese lugar, y continúa la búsqueda de nuevo.

Naturalmente, el botón **Buscar sig.** no posee ninguna utilidad si se pulsa **Reemp. todos**, ya que, como hemos visto, este botón reemplaza todas los coincidencias del texto sin requerir ningún otro tipo de consulta o confirmación al usuario.

EL BOTÓN DERECHO DEL RATÓN

En Dreamweaver existe la posibilidad de acceder rápidamente a las funciones más comunes relacionadas con un elemento pulsando el botón derecho del ratón sobre él (recuerde que si es zurdo y así lo ha hecho notar a Windows, en su caso, será el botón izquierdo).

Si nos situamos sobre una imagen incorporada y pulsamos el botón derecho del ratón sobre ella, obtendremos un pequeño menú en el que podremos seleccionar opciones relacionadas con las imágenes.

Del mismo modo podremos utilizar el botón derecho sobre texto o sobre información seleccionada como bloque. Incluso es posible, como ya hemos visto anteriormente, pulsar el citado botón sobre los elementos que no pertenezcan a la información que se diseña, por ejemplo, sobre las barras de herramientas.

Por ejemplo, al pulsar el botón derecho del ratón sobre una imagen de la página, obtendrá el menú que presentamos a continuación:

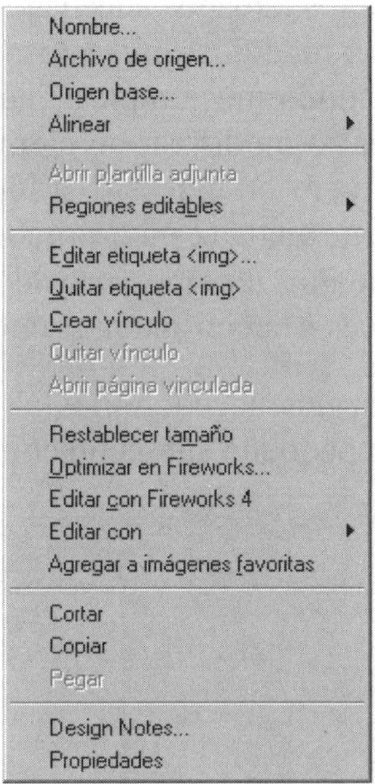

Con él podrá usar las funciones del portapapeles sobre los datos elegidos (con **Cortar**, **Copiar** o **Pegar**), así como cambiar su **Nombre** de la página o sus **Propiedades**.

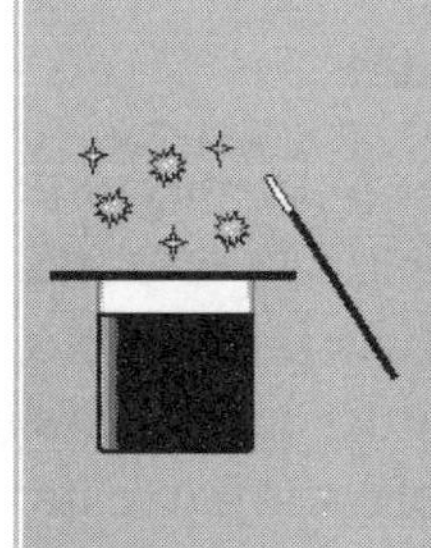

Como consejo, siempre que desee realizar alguna función de las más comunes para algún elemento de Office, antes de decidirse a utilizar la barra de menú o la barra de herramientas, pulse sobre el mencionado elemento el botón derecho del ratón, ya que obtendrá la correspondiente lista con las funciones más comunes para ese elemento. Esta pequeña función puede ahorrarle el tiempo de búsqueda de opciones en el menú o en la barra de herramientas, sobre todo si aún no ha memorizado con la práctica la posición de las opciones en la barra de menú o la de herramientas.

TRABAJO CON REGLAS

Como habrá podido observar a lo largo del libro, empleamos muchas unidades de medida para asignar tamaño a los objetos de la página. Dreamweaver ofrece unas reglas que, colocadas en los bordes superior e izquierdo de la ventana de diseño de la página, nos permiten apreciar con más exactitud los tamaños adecuados para cada elemento. Las reglas pueden ofrecer tres medidas diferentes: **Centímetros**, **Pulgadas** y **Píxeles**. De este modo, podremos emplear indiferentemente cualquiera de las tres medidas al crear o modificar un elemento de la página ya que las reglas nos permitirán ver con claridad el lugar en que se coloca, así como el tamaño que ocupa (una vez incorporado a la página, puesto que cuando asignamos un tamaño, tenemos una idea aproximada de lo que queremos, pero pocas veces se acierta a la primera).

Para activar las reglas accederemos al menú **Ver** y elegiremos **Reglas**, que nos ofrece un pequeño submenú con las siguientes opciones:

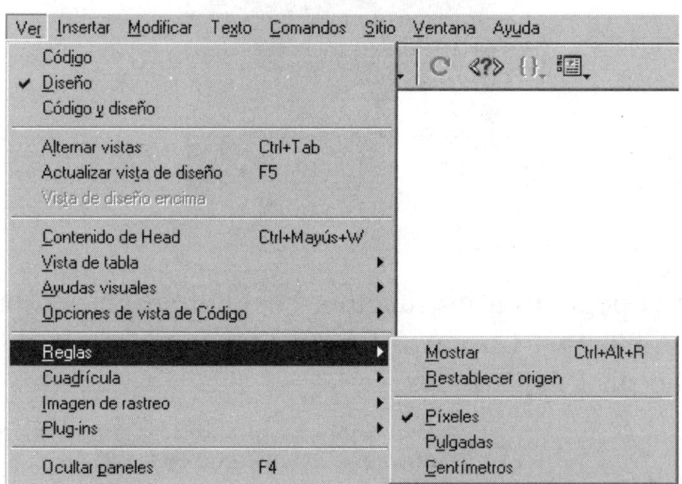

1. Active **Mostrar** para que aparezcan las reglas en la página. Cuando las vea puede cambiar el punto cero arrastrando la esquina en la que se cruzan las reglas horizontal y vertical. De este modo puede medir mejor un objeto llevando el punto cero hasta su extremo izquierdo en la página. Si vuelve a seleccionar esta opción, las reglas desaparecerán.

2. Si desplaza el punto cero, puede volver a colocarlo en su lugar original mediante la opción **Restablecer origen**.

3. Seleccione la unidad de medida que ofrecerá la regla mediante las opciones **Píxeles**, **Pulgadas** y **Centímetros**.

Como consejo, le sugerimos que siempre trabaje con la misma unidad de medida. Si por ejemplo, emplea píxeles para cambiar el tamaño de una imagen, centímetros en una tabla y pulgadas en cualquier otro objeto le resultará más complicado hacerse una idea de sus tamaños que si en todos ha empleado la misma unidad.

CARACTERES ESPECIALES Y SÍMBOLOS

Esta función de Dreamweaver permite añadir caracteres especiales al texto de la página. Cuando alcance un punto al escribir en que deba añadir un carácter especial, acceda al menú **Insertar** y elija **Caracteres especiales**.

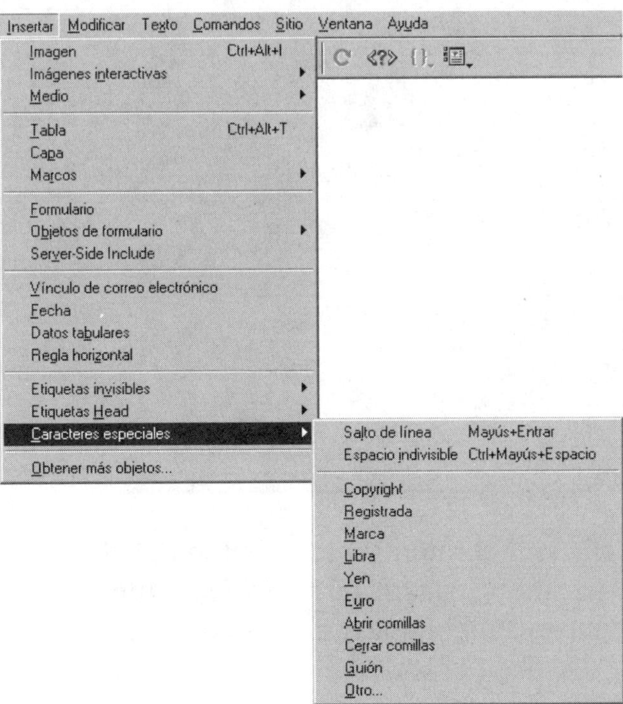

En el pequeño submenú que aparece puede elegir uno de los símbolos que se ofrecen para añadir a su página. He aquí algún ejemplo:

Carácter	Símbolo
Copyright	©
Registrada	®
Marca	™
Libra	£
Euro	€

Si elige la opción **Otro** obtendrá un cuadro de diálogo con el que podrá incorporar a su página esos mismos caracteres y otros más según una lista:

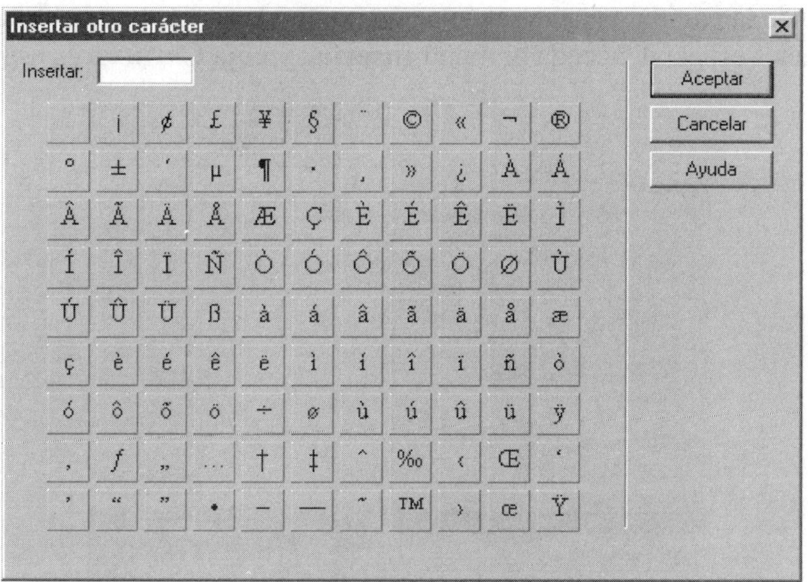

Haga clic con el ratón sobre el botón del símbolo de la lista que necesite. Éste pasará al cuadro de texto **Insertar** y bastará con pulsar Aceptar para que el símbolo pase al texto de la página.

INSERTAR LA FECHA

En muchas páginas Web podrá observar mensajes como *Esta página se actualizó por última vez el día X*, o sus correspondientes en inglés (*last updated XX-XX-XX*).

En aquellas páginas en las que necesite incorporar una fecha, podrá hacerlo mediante la opción **Fecha** del menú **Insertar**.

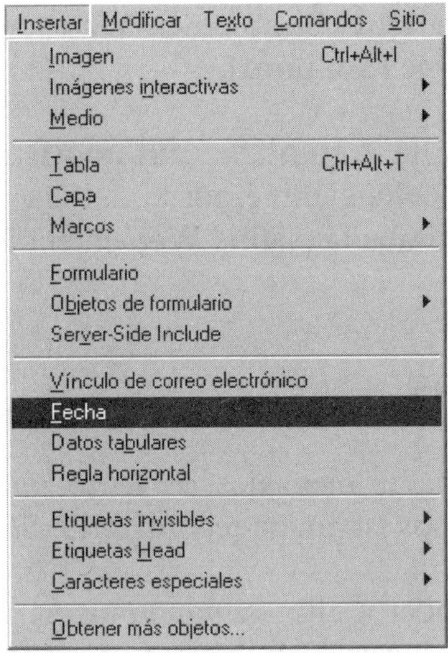

Esta opción genera el siguiente cuadro de diálogo:

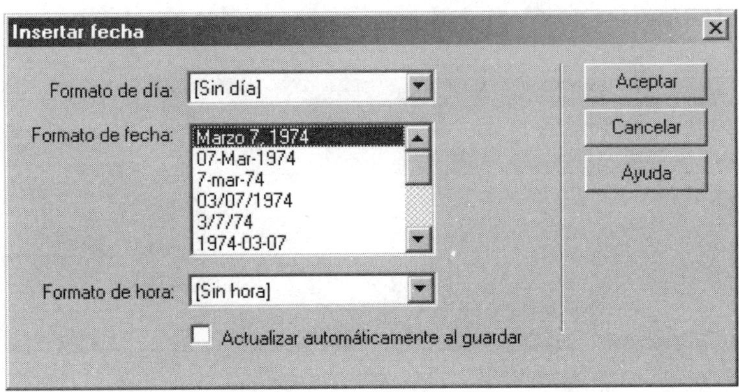

1. **Formato de día** permite elegir el aspecto que mostrará el día de la semana en la fecha. Despliegue la lista y elija el formato que prefiera o seleccione **[Sin día]** para que el día de la semana no aparezca en la fecha.

2. **Formato de fecha** permite seleccionar el aspecto general que tendrá la fecha que elijamos.

3. **Formato de hora** permite seleccionar el aspecto que tendrá la hora que se muestre. Si no desea que aparezca la hora junto a la fecha, seleccione **[Sin hora]**.

4. Active la casilla **Actualizar automáticamente al guardar** si desea que la fecha cambie por la del día en el que se encuentre cada vez que grabe la página Web en el disco.

COMENTARIOS

Se pueden añadir mensajes de texto que no aparezcan en la página Web pero que nos sirvan de recordatorio. Se trata de comentarios.

Podemos acceder a ellos situándonos en una parte de la página (en la que deseemos colocar el comentario) y, mediante el menú **Insertar**, seleccionando **Etiquetas invisibles**, elegir **Comentario**.

Esta opción nos lleva al siguiente cuadro de diálogo:

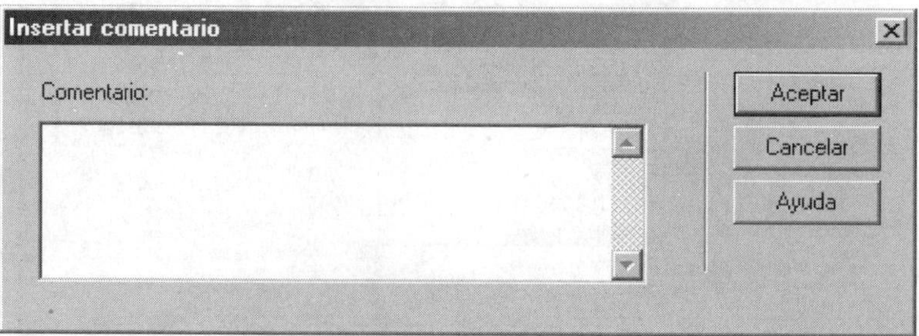

Únicamente tenemos que teclear el mensaje en el cuadro de texto **Comentario** y pulsar el botón Aceptar.

El comentario aparece en la página mediante un pequeño icono: 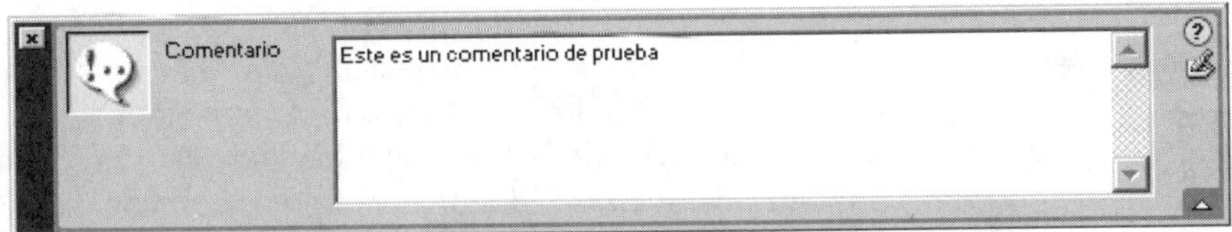. Haga clic sobre este icono para ver el comentario, que aparecerá en el inspector de propiedades. Ejemplo:

Puede teclear ahí directamente, cambiando así el contenido del comentario.

Utilice los comentarios para colocar mensajes a tener en cuenta en el futuro.

TRABAJO CON CAPAS

Una función muy práctica que ofrece Dreamweaver es la de crear capas de datos que se superponen entre sí. De esta forma cuando necesite colocar un dato sobre otro en la página (tapándolo) puede emplear una capa para hacerlo.

Las capas son rectángulos transparentes en los que podemos colocar imágenes, texto, etc.

Para crear una capa debemos recurrir al menú **Insertar**. En él seleccionaremos la opción **Capa**. En la página aparecerá lo siguiente:

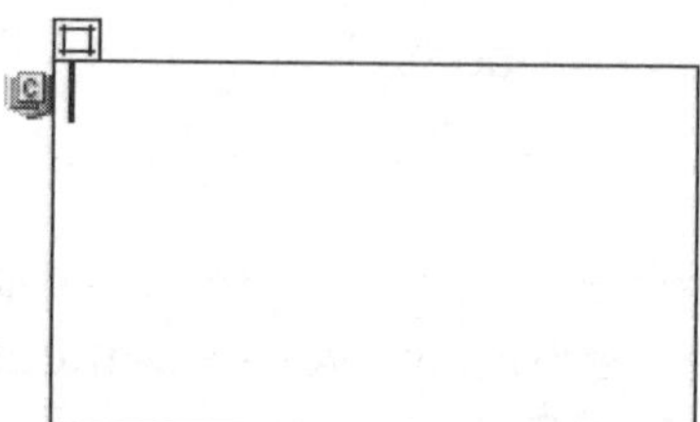

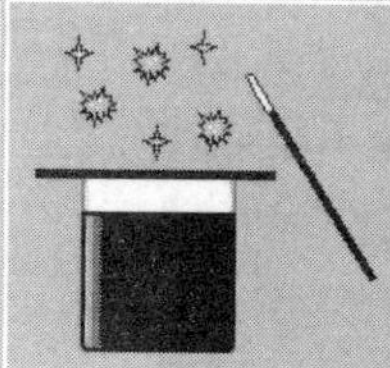

Si utiliza el botón del panel Objetos para crear la capa, su cuadro no aparece ya dibujado en la página, sino que debemos dibujarlo nosotros haciendo clic en un punto de la página y, sin soltar el botón del ratón, arrastrando hasta la esquina opuesta (con el tamaño adecuado a lo que necesitemos), donde liberaremos el botón del ratón.

El recuadro que aparece es la propia capa, en la que podemos teclear un texto cualquiera. Dicho texto flotará sobre la página.

Observe que también aparece un icono ( ) en la página. Se trata de una marca de capa. Si lo borra (seleccionándola y pulsando la tecla **SUPR**) la capa desaparecerá.

Mientras tecleamos el texto, el inspector de propiedades continúa ofreciéndonos todo lo necesario para perfeccionar el aspecto del texto (alineación, tipos de letra, tamaño de letra, sangría, viñetas, etc.). Por ejemplo, podemos utilizar el botón del inspector para centrar el texto dentro de la capa.

Tenga en cuenta cuando seleccione el tamaño de la letra que, si selecciona **Ning** la letra tendrá el tamaño que el usuario tenga por defecto en su navegador. Esto significa que es posible que el tamaño de letra sea mayor que el que usted emplee al diseñar la página y que, en el navegador del internauta, el tamaño de la letra puede hacer que el texto se salga de la capa, descolocando todo. Nuestro consejo es que el texto de las capas que diseñe tengan un tamaño fijo, por ejemplo 3 puntos. De esta forma el texto aparecerá igual en todos los navegadores.

Ahora bien, si hacemos clic sobre uno de los bordes de la capa, el inspector de propiedades cambia ofreciendo lo siguiente:

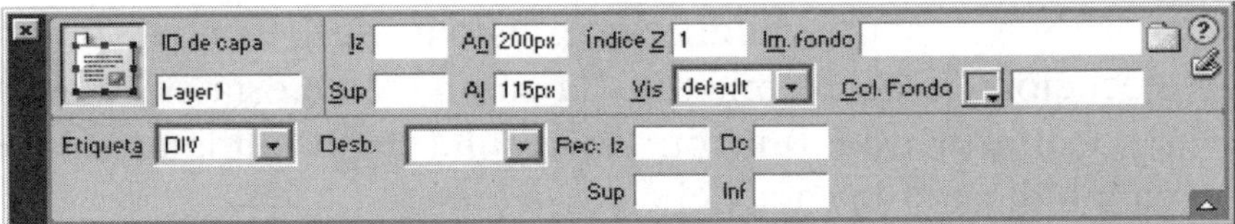

1. La posición de la capa se puede establecer mediante los cuadros de texto **Iz** y **Sup** (izquierda y superior). Puede elegir varias unidades de medida para colocar la capa en la página: píxeles (tecleando **px** detrás de la cantidad —sin espacios entre ambos datos—), picas (**pc**), puntos (**pt**), pulgadas (**in**), milímetros (**mm**), centímetros (**cm**) o mediante un porcentaje (**%**). En este último caso 100% representa el lado derecho de la ventana, 0% su lado izquierdo y 50% es el punto medio.

2. El tamaño de la capa se puede establecer mediante los cuadros de texto **An** y **Al** (ancho y alto). Las unidades de medida pueden ser las mismas que para **Iz** y **Sup**.

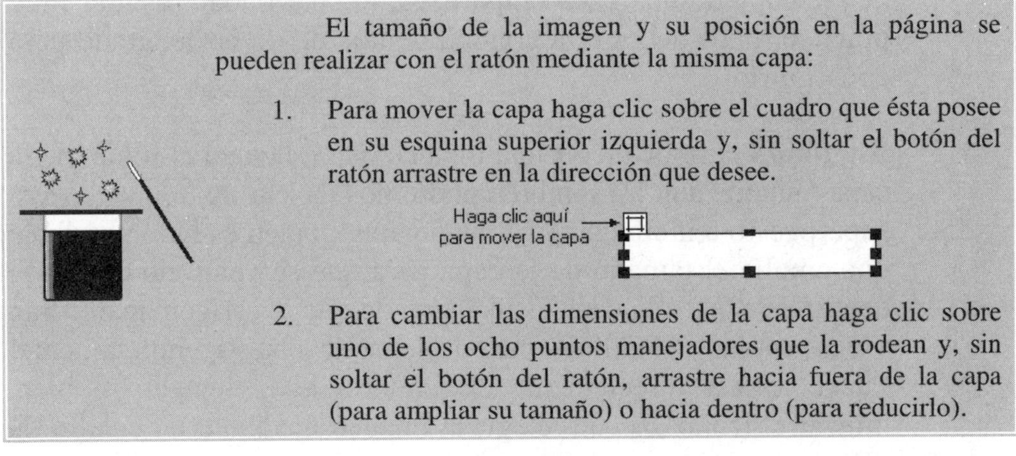

El tamaño de la imagen y su posición en la página se pueden realizar con el ratón mediante la misma capa:

1. Para mover la capa haga clic sobre el cuadro que ésta posee en su esquina superior izquierda y, sin soltar el botón del ratón arrastre en la dirección que desee.

2. Para cambiar las dimensiones de la capa haga clic sobre uno de los ocho puntos manejadores que la rodean y, sin soltar el botón del ratón, arrastre hacia fuera de la capa (para ampliar su tamaño) o hacia dentro (para reducirlo).

3. Si va a emplear varias capas que irán colocadas unas sobre otras, puede emplear el cuadro de texto **Índice Z** para indicar el orden de colocación (qué capas tapan a cuáles). Los números más altos son los que colocan a las capas tapando a las demás.

4. Utilice la vista desplegable **Vis** para elegir el modo inicial de la capa. Si emplea algún lenguaje de programación como JavaScript

o VBScript podrá modificar estas características en tiempo de ejecución, es decir, mientras la página Web está en marcha. De lo contrario esta función no resulta especialmente útil salvo para indicar si la capa debe verse o no.

- Con **Default** la capa se verá o no según esté configurado el navegador.

- **Inherit** muestra o no la capa según lo haga la página a la que pertenece (si ésta se ve, la capa también y al revés).

- **Visible** muestra la capa siempre (aunque la página no se vea).

- **Hidden** (oculto) no muestra la capa nunca (aunque la página no se vea).

Así, pues, con Java (u otro lenguaje) puede conseguir que la capa desaparezca o aparezca, lo cual puede resultar muy práctico, pero necesitará conocimientos de dicho lenguaje para conseguirlo.

5. **Im. fondo** permite elegir una imagen que rellenará el fondo de la capa (aunque aun así también podremos teclear texto que se verá superpuesto a la imagen). Si añade una imagen es recomendable que amplíe el tamaño de la capa para que se vea todo el dibujo dentro de ella. Si la capa es más grande que la imagen aparecerán varias copias del dibujo para rellenar la capa completamente. Puede teclear directamente el nombre de la imagen, o bien, utilizar el icono para elegir la imagen mediante un cuadro de diálogo, como hemos visto en otras ocasiones.

6. **Col. Fondo** permite elegir un color para rellenar la capa. Si no elige ninguno (o si vacía el cuadro de texto borrando la cantidad que allí haya) la capa será transparente y sólo se verá el texto que escriba en ella. Puede emplear el icono para desplegar la lista de colores y elegir uno.

OBJETOS CON MOVIMIENTO

Los distintos objetos de las páginas Web pueden animarse. No se trata de que los objetos de una imagen parezcan dibujos animados (para ello existen otros programas como Macromedia Flash), sino que la imagen completa pueda moverse realizando un recorrido de izquierda a derecha, de arriba a abajo, etc.

Para desplazar objetos por la página cuando el usuario se encuentre visitándola en Internet, necesitaremos dos de las funciones que ofrece Dreamweaver:

1. Capas que contengan la información a mover.

2. Líneas de tiempo para controlar el modo en que se mueven los objetos.

Siguiendo ese orden comenzaremos por crear una capa que contenga el texto a mover (podemos añadir imágenes y colores de fondo como vimos en el apartado anterior). Ejemplo:

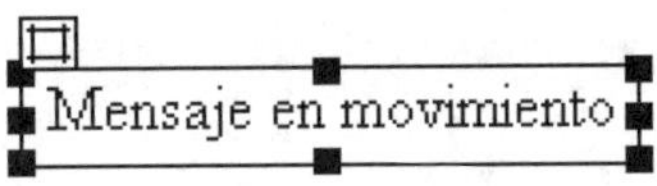

Una vez que se tiene la capa dibujada, es necesario arrastrarla hasta una línea de tiempo de Dreamweaver.

Las líneas de tiempo son elementos capaces de cambiar la posición de un objeto en la página de forma automática y programada, de ahí que podamos emplearla para mover objetos por ella.

Para activar las líneas de tiempo pulsaremos **MAYÚSCULAS + F9**, o bien, accederemos al menú **Ventana** y seleccionaremos la opción **Líneas de tiempo**.

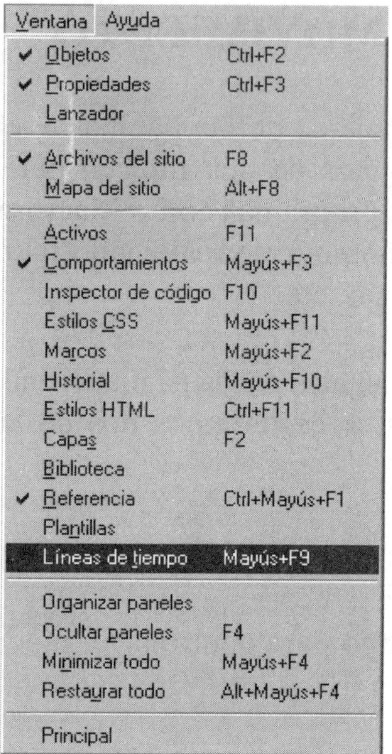

Esta opción abre el panel Líneas de tiempo, que ofrecerá el aspecto siguiente:

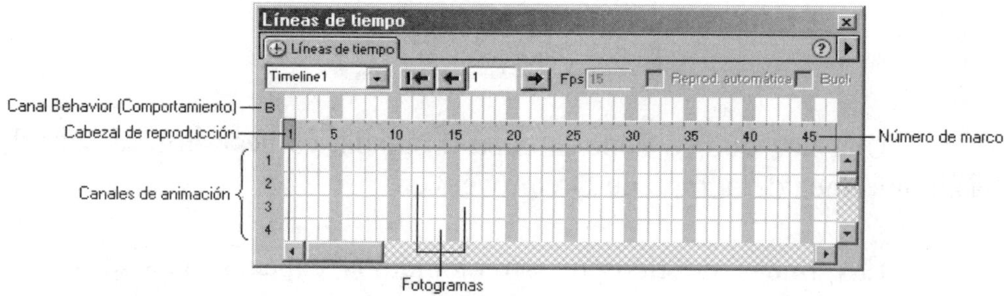

Este panel contiene los elementos necesarios para controlar el movimiento de los objetos por la ventana.

1. **Canales de animación**. Se emplean para colocar el objeto que se va a mover, por ejemplo, una capa.

2. **Canal Behavior** (canal de comportamientos). Se emplea para colocar elementos que varíen el comportamiento del movimiento. Por ejemplo, en él colocaremos el comportamiento del **Bucle** capaz de hacer comenzar de nuevo el movimiento del objeto una vez que éste termine.

3. **Cabezal de reproducción** muestra la posición del movimiento en la línea de tiempo en la que nos encontramos. Este cabezal podemos cambiarlo de sitio arrastrándolo para acceder a otro fotograma del movimiento con el que necesitemos trabajar.

Generar la animación

Debemos arrastrar la capa hasta un canal de animación:

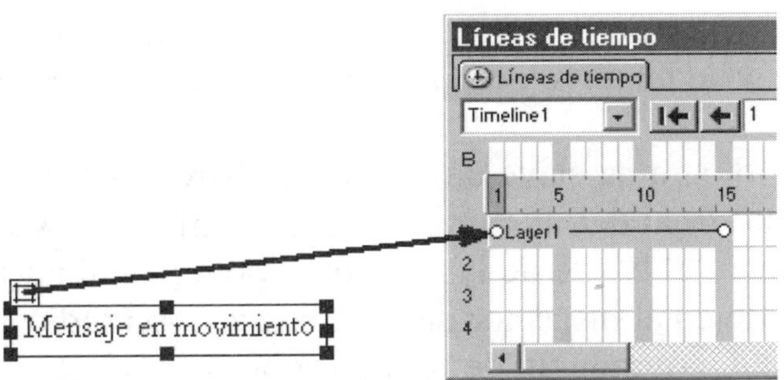

Como puede ver en nuestra figura, Dreamweaver le asigna una duración de 15 fotogramas a la capa, pero podremos ampliar su tiempo de actuación haciendo clic sobre el fotograma clave del extremo derecho de la línea y arrastrando hacia la derecha. Naturalmente, si arrastramos hacia la izquierda su duración será menor.

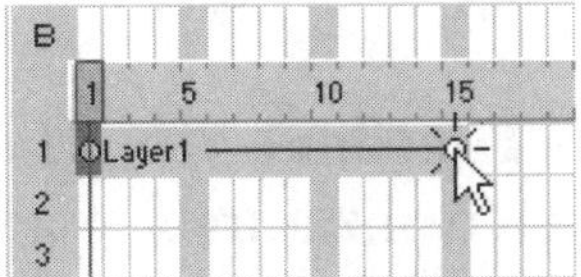

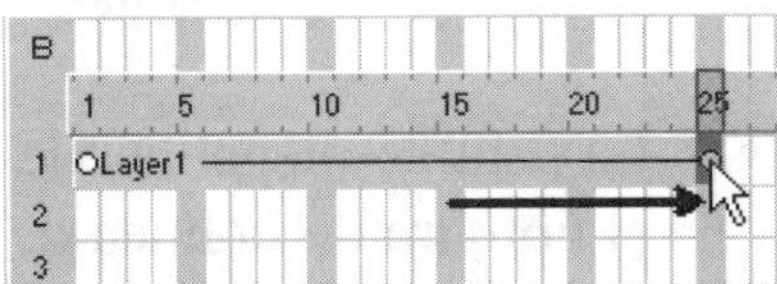

Se hace clic en el fotograma clave del extremo izquierdo...   *...y se arrastra en la dirección deseada.*

Los fotogramas clave aparecen en la línea de actuación con un circulito para distinguirse de los demás y se emplean para cambiar en ellos la posición del objeto en la página.

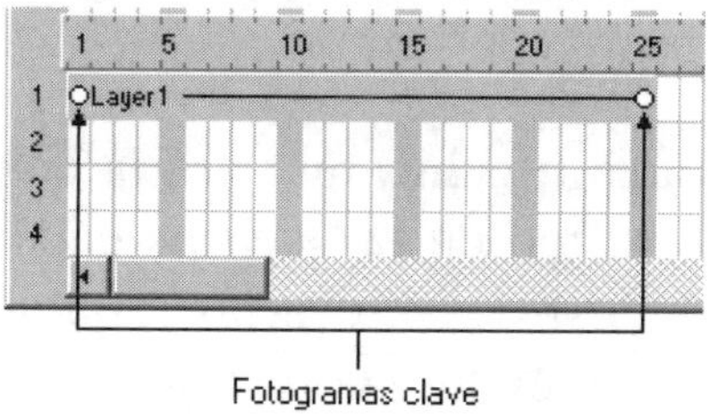

Fotogramas clave

Para generar el movimiento necesitaremos estos fotogramas clave:

1. En el fotograma clave de la izquierda haremos clic para establecer el punto inicial desde el que comenzará el movimiento. Si también hemos hecho clic sobre el borde de la capa, en el inspector de propiedades podremos teclear la posición de dicha capa en los cuadros de texto **Iz** y **Sup** (como vimos en el apartado anterior).

2. En el fotograma clave de la derecha haremos clic para establecer el punto final del movimiento en la página. Volveremos a hacer clic sobre el borde de la capa para poder cambiar los valores de **Iz** y **Sup** en el inspector de propiedades. Así indicaremos el lugar final del movimiento de la capa sobre la página.

Observe que el panel Líneas de tiempo ofrece algunos elementos en una pequeña barra de herramientas:

- La lista desplegable que ofrece el dato **Timeline1** permite cambiar el nombre de la línea de tiempo. Si va a realizar trabajo avanzado con líneas de tiempo deberá darles un nombre más concreto para reconocerlos mejor posteriormente.

- Utilice los botones **I←** (ir al principio), **←** (ir al anterior) y **→** (ir al siguiente) para colocarse en los fotogramas que desee. Aunque también puede situarse en un fotograma haciendo clic sobre él en su línea de tiempo.

- **Fps** (*frames per second* = fotogramas por segundo) permite elegir la velocidad del movimiento: cuantos más *fps* indique más rápido será el movimiento, siempre y cuando el ordenador en el que se reproduzca sea potente ya que, de lo contrario, el efecto podría no apreciarse.

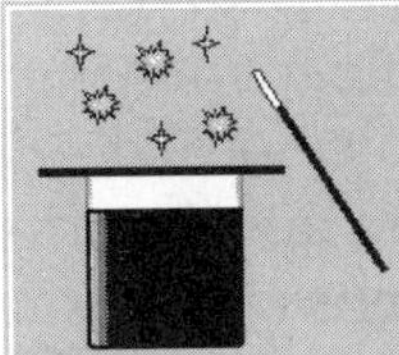

Para lograr un movimiento suave deberá colocar un número elevado en **Fps** (por ejemplo, 100) y alargar considerablemente la línea de tiempo (por ejemplo, hasta el cuadro 400). Juegue con ambos valores hasta conseguir la velocidad y suavidad que desee.

- Active la casilla **Reprod. automática** para que el movimiento se ponga en marcha en cuanto el internauta abra la página. Esta casilla debe mantenerse siempre activa a menos que desee que el internauta pueda poner en marcha el movimiento de otro modo (por ejemplo, haciendo clic sobre una imagen). Esto se programa mediante *Comportamientos*, de los que hablaremos en el apartado que lleva ese nombre en este mismo capítulo.

- Active la casilla **Bucle** si desea que el movimiento comience de nuevo al terminar. De lo contrario se realizará el movimiento una sola vez.

Bucles

Cuando active la casilla **Bucle** aparecerá un comportamiento en el **Canal Behavior**, justo en el fotograma siguiente al último de la animación (si ésta termina en el fotograma 25, el comportamiento aparecerá en el 26).

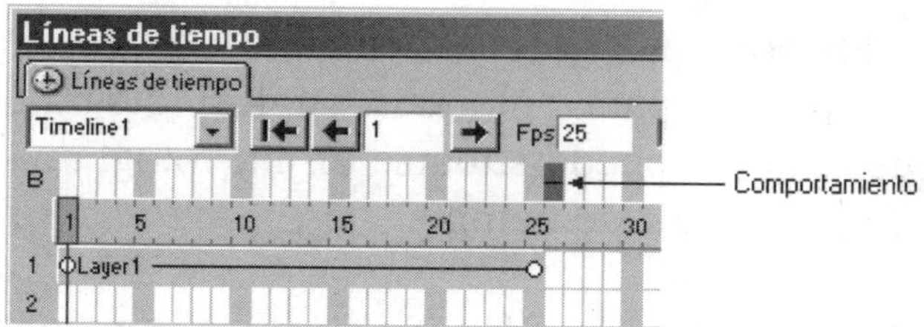

Este comportamiento es el responsable del modo en el que se realizará el bucle:

1. Su posición indica el fotograma en el que comienza de nuevo el movimiento. Si se deja donde lo ha colocado Dreamweaver, el movimiento comenzará de nuevo justo al terminar, pero se puede cambiar el comienzo del nuevo movimiento colocando el comportamiento en un fotograma posterior. Para recolocarlo haga clic sobre el comportamiento en el **Canal Behavior** y, sin soltar el botón del ratón, arrastre a izquierda o derecha.

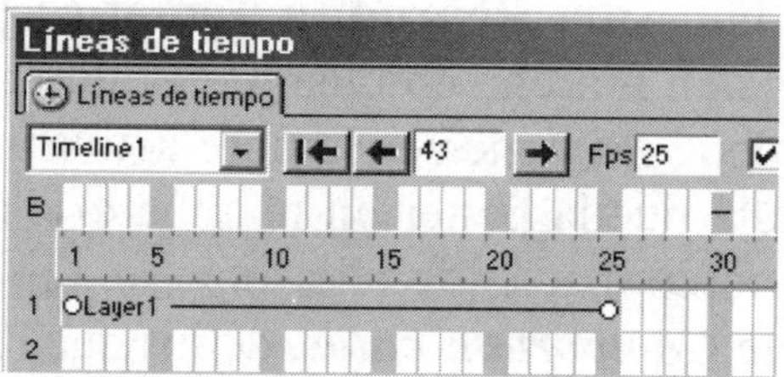

2. También puede adelantarlo con lo que el movimiento comenzará de nuevo antes de haber terminado el anterior.

3. Puede hacer doble clic sobre el comportamiento para cambiar sus propiedades. Al hacer el doble clic Dreamweaver le llevará al panel Comportamientos, en el que obtendrá el evento *onFrame*.

También deberá hacer también doble clic sobre *onFrame* y obtendrá el siguiente cuadro de diálogo:

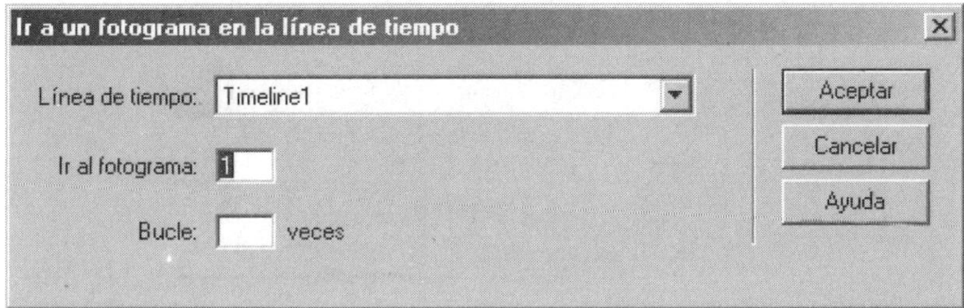

- Utilice **Línea de tiempo** para elegir cuál será la línea de tiempo a la que va a cambiar las propiedades. Si dio nombre a la línea de tiempo ahora podrá reconocerlo con mayor facilidad desplegando esta lista.

- **Ir al fotograma** permite elegir el fotograma desde el que debe volver a comenzar el movimiento (generalmente desde el primero, de ahí que, por defecto, Dreamweaver ofrezca un **1**).

- **Bucle X veces** permite elegir el número de veces que se repetirá el movimiento: si lo deja vacío, el movimiento se repetirá indefinidamente.

Añadir fotogramas clave

Hasta ahora hemos diseñado movimientos en una dirección. Ahora bien, ¿que ocurre si deseamos un movimiento de ida y vuelta? ¿y si deseamos un movimiento curvo?

Para realizar este tipo de movimientos necesitamos crear más fotogramas clave en la línea de tiempo. El tipo de movimiento que hemos descrito hasta el momento consiste únicamente en dos fotogramas clave: uno al inicio de la línea y otro al final. Para crear un fotograma clave en un punto intermedio debemos hacer clic, con la tecla de **CONTROL** pulsada, sobre un fotograma que se encuentre entre medias de los extremos de la línea de tiempo.

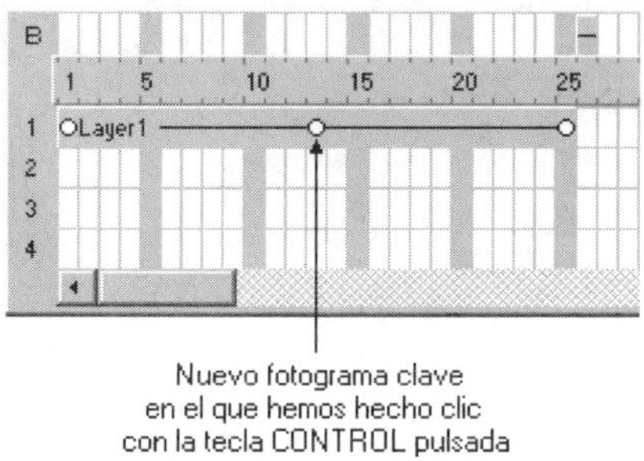

Nuevo fotograma clave
en el que hemos hecho clic
con la tecla CONTROL pulsada

Una vez que tenemos el nuevo punto podemos cambiar la posición de la capa en él para conseguir un trayecto distinto. Veamos un par de ejemplos:

1. Si coloca la capa en el fotograma clave del medio en el lugar de la página en el que se encontrará el final del movimiento, y en el fotograma clave final el lugar inicial del trayecto, conseguirá un movimiento de ida y vuelta.

2. Si una vez hecho clic en el fotograma clave del medio, colocamos la capa, más arriba o más abajo conseguirá un movimiento curvo (como el que seguiría el extremo de un péndulo o el movimiento inverso a éste).

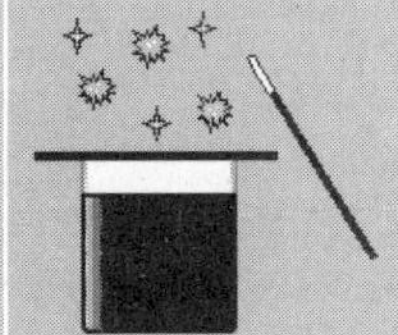

Se pueden añadir varios cuadros clave a la línea de tiempo para conseguir una gran variedad de trayectos. Por ejemplo, puede trazar un movimiento ondulante (hacia arriba y hacia abajo según se avanza), incluso de ida y vuelta.

Se puede conseguir un movimiento de ida y vuelta de más formas, por ejemplo, volviendo a arrastrar la capa a la misma línea de tiempo que la primera aunque, detrás y luego modificar los valores necesarios de la posición de la capa en cada fotograma clave.

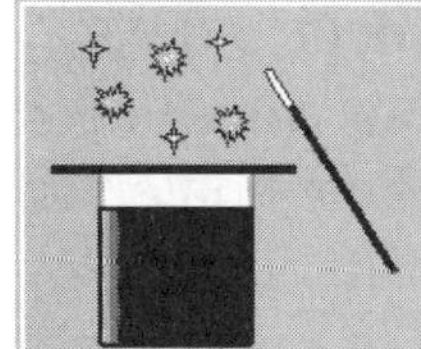

Si necesita eliminar una animación haga clic sobre uno de sus fotogramas en la línea de tiempo (excepto donde haya un fotograma clave) y pulse la tecla **SUPR**.

OBJETOS DE FORMULARIO

En las páginas Web de Internet se pueden añadir los elementos clásicos de Windows: botones, cuadros de texto, listas desplegables, etc., si bien para que funcionen totalmente, será necesario conocer un lenguaje de programación, como JavaScript o VBScript que permita programar la tarea que deban realizar.

Nosotros únicamente vamos a detallar el modo en el que puede colocar dichos elementos en una página y algunos detalles prácticos con los que se puede trabajar con ellos sin necesidad de programación, puesto que los lenguajes de programación con los que manejarlos a un nivel más profundo sobrepasan la finalidad de este libro.

Para colocar estos elementos en la página accederemos al menú **Insertar**, en el que encontramos dos opciones relacionadas con el tema. En primer lugar, debemos seleccionar la opción **Formulario** para generar un "apartado" en la página. El formulario se distingue en la ventana de diseño de la página en Dreamweaver porque queda rodeado de guiones de color rojo:

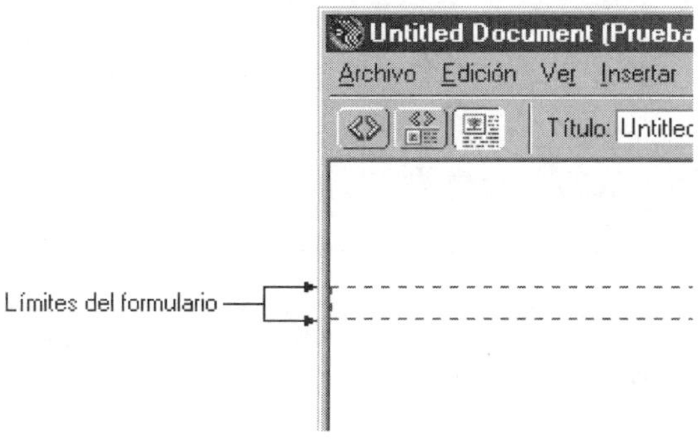

Todos los elementos especiales que incorporemos dentro de ese formulario funcionarán con una misión común: recibir datos que luego se enviarán al servidor en el que reside el sitio Web. Éste suele contener un programa capaz de interpretar esos datos con alguna finalidad. Por ejemplo, podrían ser datos de una persona interesada en comprar algo que ofrezcamos en el Web y el programa de la página podría procesarlos para devolver un mensaje de correo a dicha persona indicando que se ha tomado nota de los datos, a la vez que los almacena.

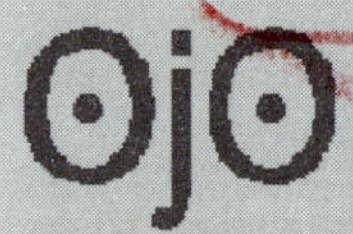 Dentro del formulario podemos teclear texto normalmente puesto que el formulario no suele componerse exclusivamente de los elementos de los que hablábamos (botones, cuadros de texto, listas desplegables, etc.).

Una vez que disponemos del formulario en la página, le añadimos los elementos, que se encuentran en el menú **Insertar**, al seleccionar la opción **Objetos de formulario**, que nos ofrece un submenú de opciones:

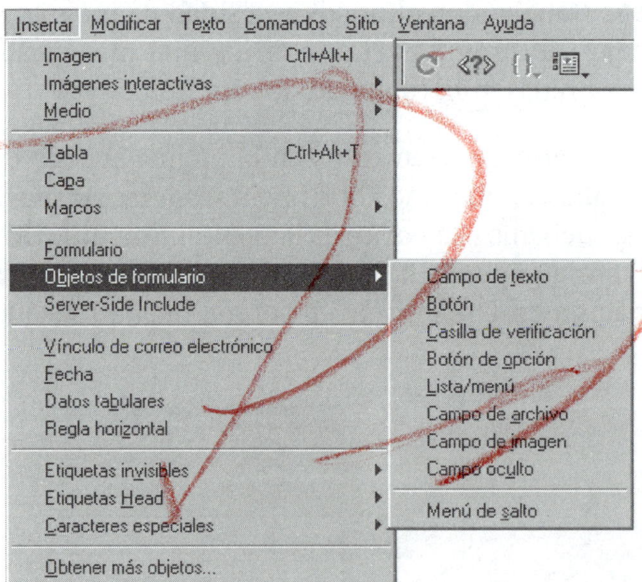

1. **Campo de texto**. Permite añadir el clásico cuadro de texto de los cuadros de diálogo. Este cuadro sólo permite escribir el texto

en una línea. Generalmente, se escribe una etiqueta delante que indique el contenido que se espera del usuario. Por ejemplo:

Nombre:

Si se hace clic sobre el cuadro de texto en el formulario, el inspector de propiedades ofrece ciertos datos útiles:

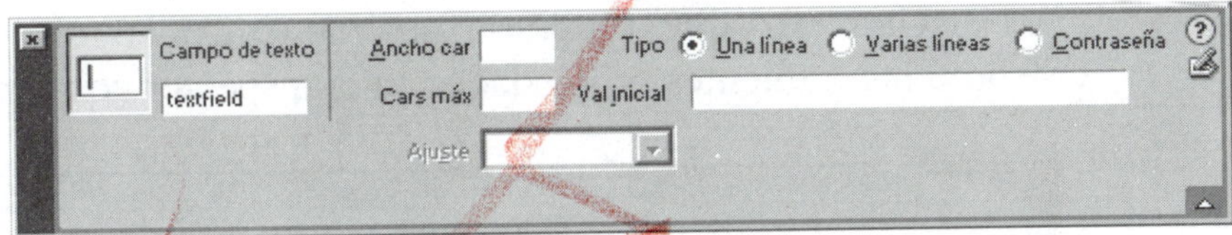

- **Campo de texto**. Permite asignarle un nombre al cuadro de texto. Éste es uno de los datos más importantes ya que el programa del servidor identificará cada dato que tecleemos en un cuadro de texto gracias a su nombre.

- **Ancho car**. Permite indicar el número máximo de caracteres que puede mostrar el cuadro de texto.

- **Cars máx**. Permite indicar el número máximo de caracteres que se podrán teclear en el cuadro de texto.

- **Una línea**. Establece que el cuadro únicamente contendrá una línea de texto.

- **Varias líneas**. Establece que el cuadro puede contener más de una línea de texto.

- **Contraseña**. Establece que el cuadro contendrá un dato que no podrá verse puesto que ofrecerá un asterisco por cada letra que se teclee en su interior.

- **Val inicial**. Permite teclear un valor que aparecerá ya escrito en el cuadro de texto cuando el internauta obtenga la página en su navegador. El mismo internauta podrá cambiar ese valor por el que desee, pero si necesitaba teclear lo que ya aparece escrito no necesitará hacerlo él mismo.

2. **Botón**. Es el botón tradicional de Windows:

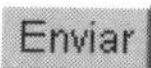

Una vez que el botón se encuentre en el formulario obtendrá las siguientes propiedades en el inspector correspondiente:

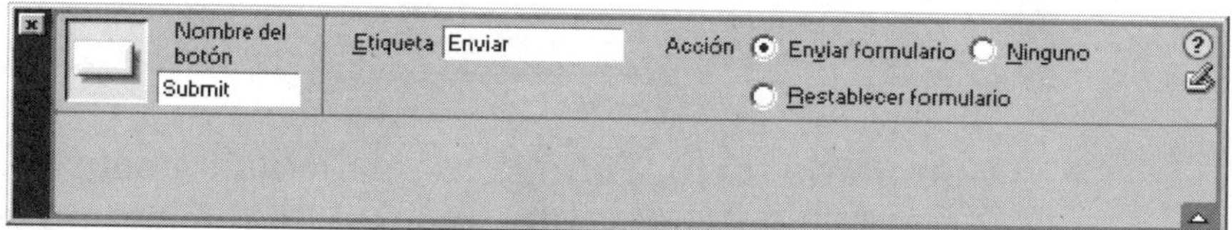

- **Nombre del botón**. Permite asignarle un nombre al botón.

- **Etiqueta**. Permite escribir el pequeño rótulo de texto que muestra el botón en su interior.

- **Enviar formulario**. Envía automáticamente al servidor todos los datos que el internauta haya tecleado o elegido dentro del formulario en el que se encuentra el botón (lo que haya escrito en los cuadros de texto, lo que haya elegido en las listas desplegables, en los botones de opción y en las casillas de verificación).

- **Ninguno**. No realiza ninguna tarea automática.

- **Restablecer formulario**. Vacía todos los valores que haya escrito el internauta en los distintos elementos que compongan el formulario en el que se encuentre el botón (vacía los cuadros de texto, desactiva los botones que haya activado el internauta y vuelve a seleccionar el valor inicial en las listas desplegables).

3. **Casilla de verificación**. Es un pequeño cuadrito que podemos activar o desactivar.

Mostrar cada página sólo una vez ☑

Una vez que la casilla se encuentre en el formulario obtendrá las siguientes propiedades en el inspector correspondiente:

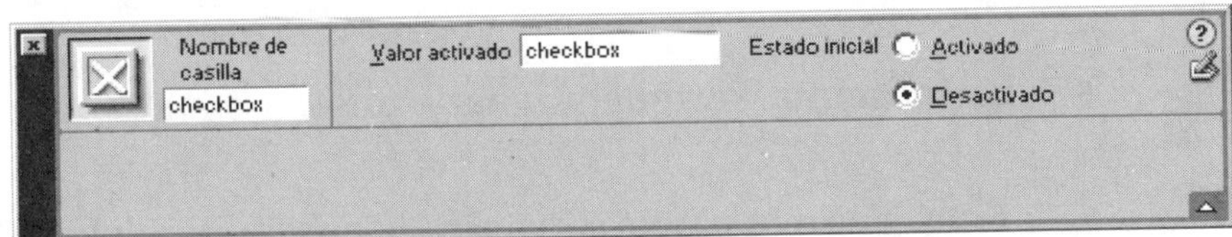

- **Nombre de casilla**. Permite asignarle un nombre a la casilla.

- **Valor activado**. Permite escribir el valor devolverá la casilla al servidor si es activado por el internauta.

- **Estado inicial**. Permite elegir si el botón aparecerá **Activado** o **Desactivado** cuando el internauta obtenga la página en su navegador.

4. **Botón de opción**. Es un pequeño botón redondo que podemos activar o desactivar, pero si hay varios haciendo referencia al mismo tema, cuando se activa uno automáticamente se desactivan los demás.

⦿ Imprimir todo

○ Imprimir páginas

○ Imprimir selección

Las propiedades de este tipo de botones son las mismas que hemos visto para las casillas de verificación.

5. **Lista/menú**. Se trata de las listas desplegables de Windows.

Una vez que la lista se encuentre en el formulario obtendrá las siguientes propiedades en el inspector correspondiente:

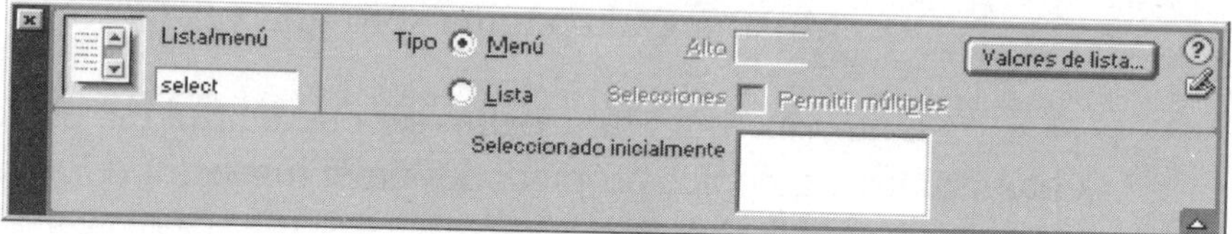

- **Lista/menú**. Permite asignarle un nombre a la lista.

- **Tipo**. Permite elegir si nuestra lista será desplegable (**Menú**) o no (**Lista**). Si se selecciona **Lista**, podremos indicar el número de líneas de texto que abarcará la lista en la página (**Alto**) y si el internauta podrá seleccionar más de un elemento de la lista al mismo tiempo (**Permitir múltiples**).

- **Valores de lista...**. Lleva a un cuadro de diálogo en el que podremos teclear los valores que obtendrá ya escritos el internauta al obtener la página en su navegador. Si se trata de una lista desplegable esos valores aparecerán cuando el internauta despliegue la lista.

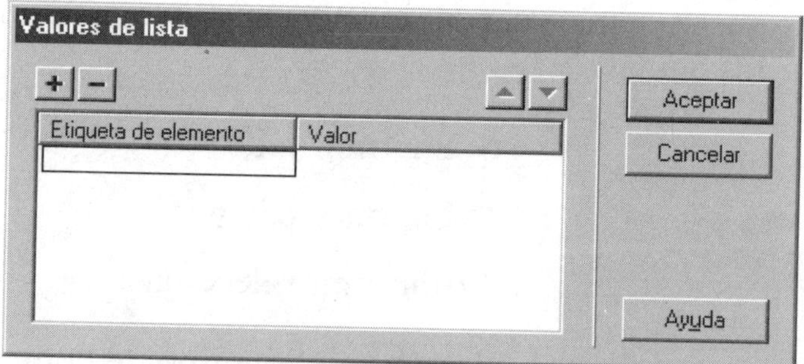

Teclee el dato que desee en el cuadro que aparece bajo **Etiqueta de elemento** y su correspondiente **Valor** (para teclear un valor haga clic debajo de **Valor**). Si cuando el internauta elija un elemento de la lista deberá aparecer otra página Web en su navegador, teclee el nombre de dicha página en **Valor**. Puede utilizar los botones + y − para añadir y eliminar elementos de la lista respectivamente.

6. **Campo de archivo**. Se trata de un cuadro de texto destinado a que tecleemos en él un nombre de archivo. A dicho cuadro le acompaña el botón , ya programado, para que el internauta sólo necesite pulsarlo y buscar el archivo en el disco.

Una vez que el cuadro de texto y el botón se encuentren en el formulario obtendrá las siguientes propiedades en el inspector correspondiente:

- **Campo archivo**. Permite asignarle un nombre al cuadro de texto.

- **Ancho car**. Permite indicar el número máximo de caracteres que puede mostrar el cuadro de texto.

- **Car máx**. Permite indicar el número máximo de caracteres que se podrán teclear en el cuadro de texto.

7. **Campo de imagen**. Genera un cuadro que contendrá una imagen. Se trata del modo más correcto de incorporar imágenes dentro del formulario, aunque si sólo se trata de incorporar una imagen, puede hacerlo de la forma clásica. La imagen se elige mediante un cuadro de diálogo que se maneja como hemos visto en el apartado *Imágenes* del capítulo 2: *Trabajo elemental*. Si desea

recordarlo, le remitimos a dicho apartado para que lo consulte con detenimiento.

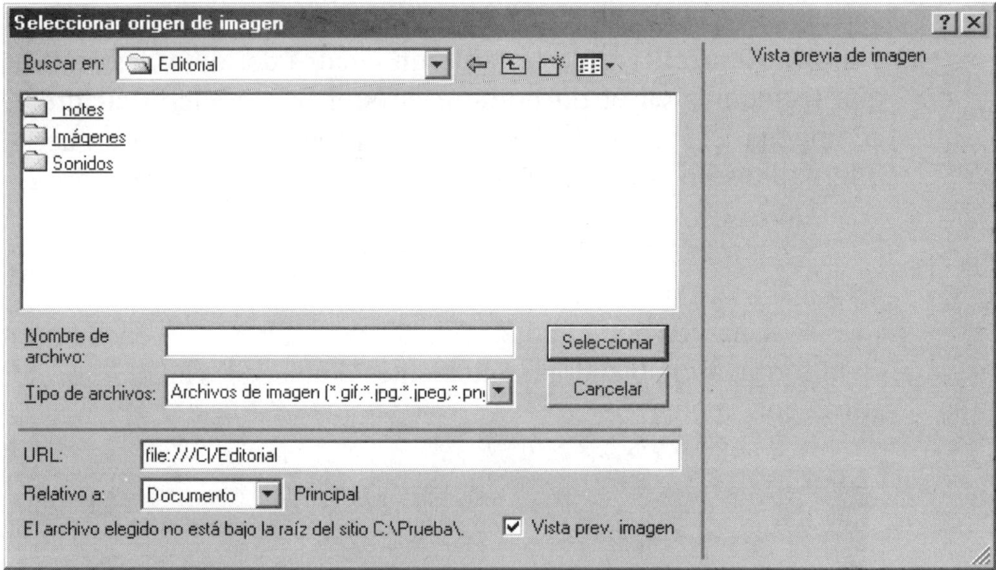

8. **Campo oculto**. Permite crear un dato que no se vea en la página. Si se conoce algo de programación, estos campos pueden hacerse visibles a voluntad.

9. **Menú de salto**. Se trata de una lista desplegable que contiene una relación de sitios (o páginas) Web a los que el internauta podrá acceder sólo con elegir uno en la lista. Este objeto es totalmente automático por lo que funcionará perfectamente al terminar sin necesitar conocimientos de programación:

Al elegir **Menú de salto** obtendrá el siguiente cuadro de diálogo:

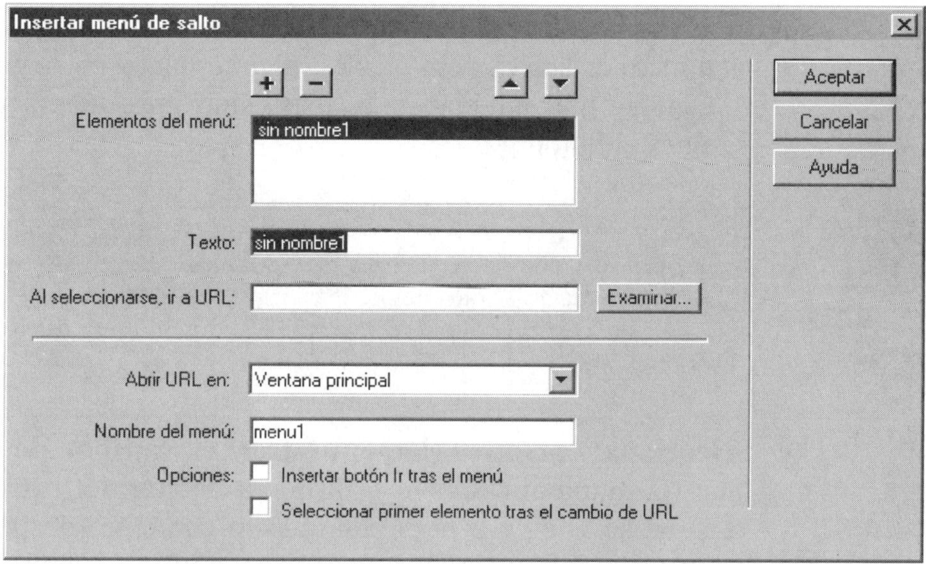

- Comience por teclear, en el cuadro **Texto**, un nombre para que aparezca en la lista desplegable.

- En el cuadro de texto **Al seleccionarse, ir a URL** debemos teclear el nombre de la página Web a la que nos debe llevar esa opción del menú. Resultará más cómodo elegir la página mediante el botón Examinar... .

- Puede añadir más opciones a la lista mediante el botón ＋ .

- Si necesita eliminar una opción del menú haga clic sobre ella y pulse el botón − .

- **Abrir URL en** permite elegir si la página aparecerá en la misma ventana que la que contiene el menú, o bien, si lo hará en otro marco de la misma. Naturalmente, para que esto funcione la página tendrá que tener marcos. Si es así, sus nombres aparecerán al desplegar la lista para que elijamos uno con el ratón.

- **Nombre del menú** permite dar nombre al menú.

- **Insertar botón Ir a tras el menú** añade el botón [Ir] junto al menú. Si se activa esta casilla, al internauta no le bastará con elegir una página en la lista, sino que deberá pulsar después el botón [Ir].

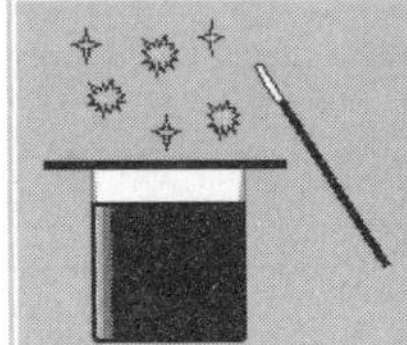

Una vez que el botón [Ir] se encuentre en el formulario puede hacer clic sobre él para modificar sus propiedades como lo haría con cualquier otro botón. Por ejemplo, puede cambiar el rótulo **Ir** por otro tecleándolo en el cuadro de texto **Etiqueta** del inspector de propiedades.

- **Seleccionar primer elemento tras el cambio de URL** muestra automáticamente la primera opción del menú una vez que se vuelve a la página que lo contiene (después de haber visitado una de las que ofrezca el propio menú). Si no se activa esta casilla, la opción que quedará mostrada en la lista es la que elija el internauta desplegándola y haciendo clic sobre ella.

INSERTAR PARTES DE PROGRAMA EN JAVA

Aunque el lenguaje HTML es el clásico para desarrollar páginas Web, actualmente existen otros lenguajes y complementos más evolucionados para esta tarea.

JavaScript es más popular y está basado en el lenguaje C, por lo que cualquier usuario que lo conozca no tendrá problema alguno para poder crear programas en Java.

Java proporciona más elementos que permiten una programación con lo que las funciones de las páginas Web pueden mejorarse y potenciarse considerablemente. Las instrucciones de JavaScript, hoy por hoy, son reconocibles por cualquier programa navegador y, por tanto, lo que sea programado en Java podrá ser ejecutado sin problemas (por ejemplo, con Internet Explorer o Netscape Navigator).

Sin embargo, aún quedan navegadores que no reconocen las instrucciones de lenguajes como JavaScript o VBScript, por lo que algunos diseñadores de sitios Web muestran un botón o enlace especial en el que dan a elegir al usuario si su sistema navegador soporta Java o no para que el enlace les lleve a una página que, básicamente ofrezca el mismo contenido, pero sin las funciones que ofrece dicho lenguaje.

Cuando desee añadir un programa escrito en lenguaje Java a su página Web, utilice el menú **Insertar**. En él deberá seleccionar la opción **Etiquetas invisibles** y, en el submenú que aparezca, elegir **Secuencia**, con lo que obtendrá un cuadro de diálogo para establecer los datos del programa que desee añadir:

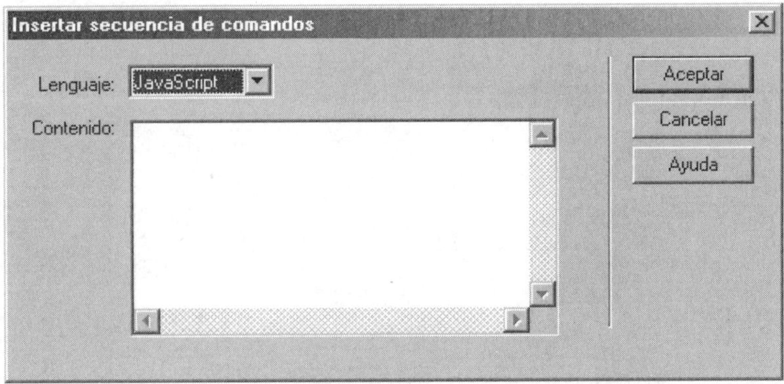

1. Seleccione el **Lenguaje** en la lista que lleva ese nombre. Este dato es muy importante ya que Dreamweaver debe anotarlo y así el navegador empleará el lenguaje adecuado para interpretar las instrucciones que sean programadas.

2. Las instrucciones en ese lenguaje se deben teclear en el cuadro **Contenido**. Sólo podrá rellenar datos aquí si domina un lenguaje de programación como JavaScript, VBScript o similar.

BARRAS DE EXPLORACIÓN

Una barra de exploración es similar a una barra de herramientas con botones. Dreamweaver permite crear una barra con pequeñas imágenes que simularán botones. Cada uno de esos botones será capaz de llevarnos a una página Web distinta.

Para crear una de estas barras colocaremos el cursor en el lugar adecuado (la parte superior de la página puede ser un buen sitio para empezar) y accederemos al menú **Insertar**. En él elegiremos **Imágenes interactivas** y, en el submenú que aparezca, **Barra de navegación**, lo que nos ofrecerá el siguiente cuadro de diálogo:

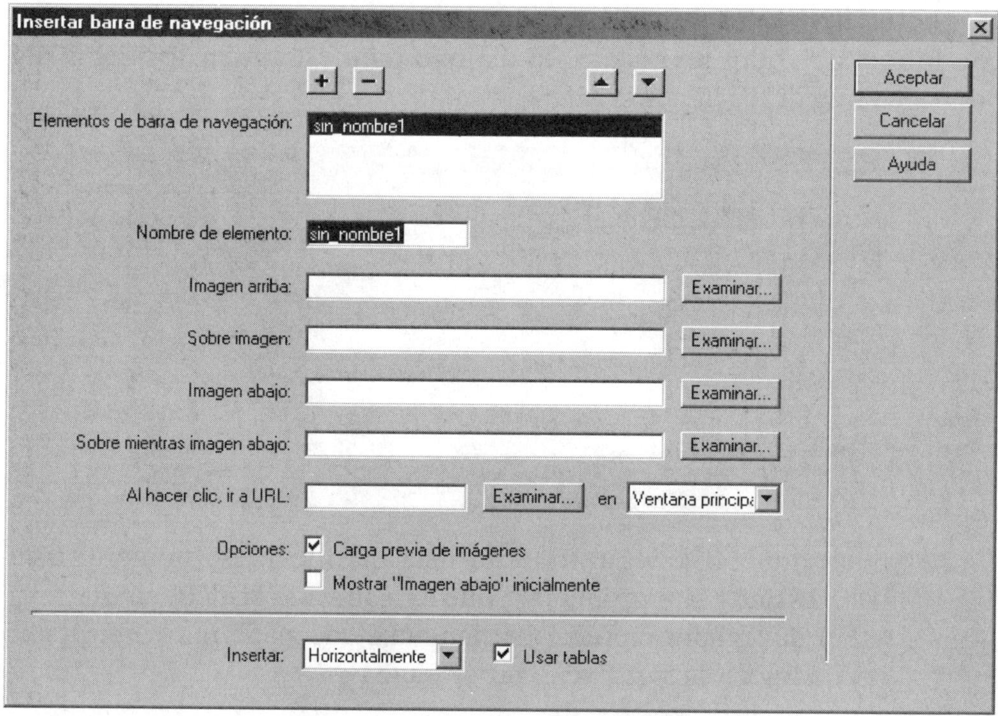

1. A cada "botón" debemos asignarle un nombre, por lo que lo teclearemos en el cuadro de texto **Nombre de elemento**. Recuerde que es aconsejable teclear un nombre adecuado para recordar fácilmente su función en el futuro.

2. **Imagen arriba** permite elegir la imagen que ofrecerá el botón cuando no está en uso. Debemos elegir una imagen que parezca un botón y no muy grande.

3. **Sobre imagen** permite elegir la imagen que ofrecerá el botón cuando el internauta mueva el ratón sobre ésta.

4. **Imagen abajo** permite elegir la imagen que ofrecerá el botón cuando se haga clic sobre él. Debemos elegir una imagen del mismo tamaño que la que hayamos elegido para **Imagen arriba**. Generalmente **Imagen arriba** contiene la imagen del botón sin pulsar e **Imagen abajo** la del botón pulsado.

5. **Sobre mientras imagen abajo** permite elegir la imagen que ofrecerá el botón cuando el internauta haga clic sobre ella y, sin soltar el botón, arrastre.

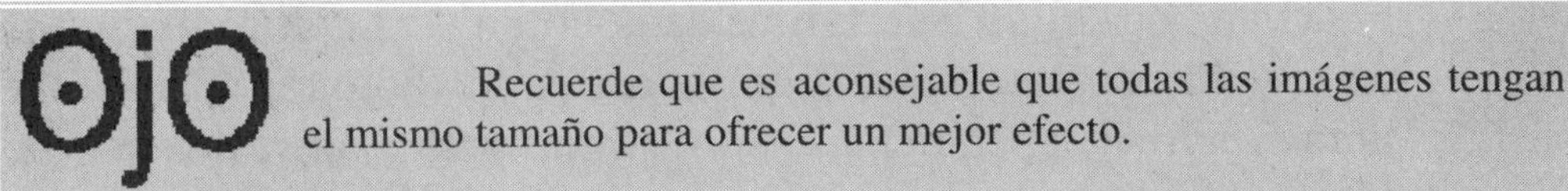

Recuerde que es aconsejable que todas las imágenes tengan el mismo tamaño para ofrecer un mejor efecto.

6. **Al hacer clic, ir a URL** permite elegir la página Web a la que llevará el botón cuando sea pulsado por el internauta.

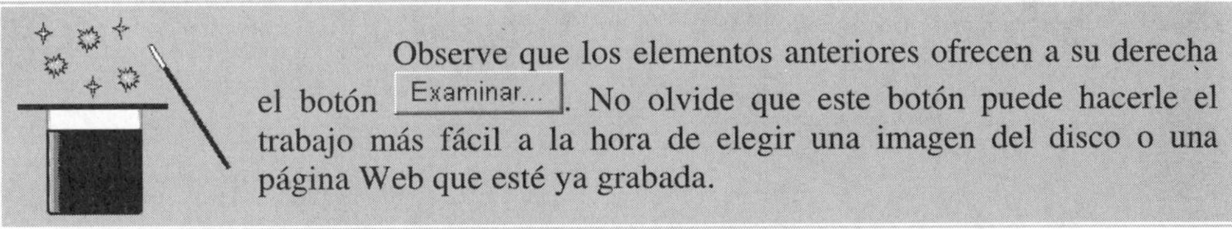

Observe que los elementos anteriores ofrecen a su derecha el botón Examinar... . No olvide que este botón puede hacerle el trabajo más fácil a la hora de elegir una imagen del disco o una página Web que esté ya grabada.

7. La lista Ventana principal permite elegir si la página aparecerá en la misma ventana que la que contiene la barra, o bien, si lo hará en otro marco de la misma página. Naturalmente, para que esto funcione la página tendrá que tener marcos. Si es así, sus nombres aparecerán al desplegar la lista para que elijamos uno con el ratón.

8. Es recomendable activar la casilla **Carga previa de imágenes** puesto que así el navegador las leerá al abrir la página y al hacer clic o arrastrar el ratón por las imágenes el cambio de la imagen

inicial por la que corresponda será instantáneo. Si la casilla no se activa cada imagen se carga al producirse la acción sobre la barra (por ejemplo, no se verá inmediatamente el botón pulsado cuando hagamos clic sobre él ya que tiene que ser descargado entonces por el módem).

9. Si lo desea puede conseguir que algunos botones de la barra aparezcan "pulsados" activando para ellos la casilla **Mostrar "Imagen abajo" inicialmente**.

10. Puede elegir, mediante la lista **Insertar**, si los botones de la barra se colocarán **Horizontalmente** o **Verticalmente**.

11. Si activa la casilla **Usar tablas** cada botón será colocado dentro de la celda de una tabla. Si no la activa los botones aparecerán juntos pero independientes, con lo que podrá moverlos por la página a voluntad y no será necesario que formen una hilera (ya sea horizontal o vertical).

Dreamweaver sólo permite colocar una barra de exploración por cada página Web.

BOTONES DE FLASH

Flash es un programa de la compañía Macromedia especializado en animación e interactividad para Internet. Sus aplicaciones pueden verse hoy día en una gran cantidad de sitios Web. Dreamweaver ofrece una serie de botones ya definidos con Flash que podremos emplear en nuestras páginas Web.

Estos botones se definen accediendo al menú **Insertar**, en el que seleccionaremos **Imágenes interactivas** y, en el submenú que aparezca, **Botón Flash**:

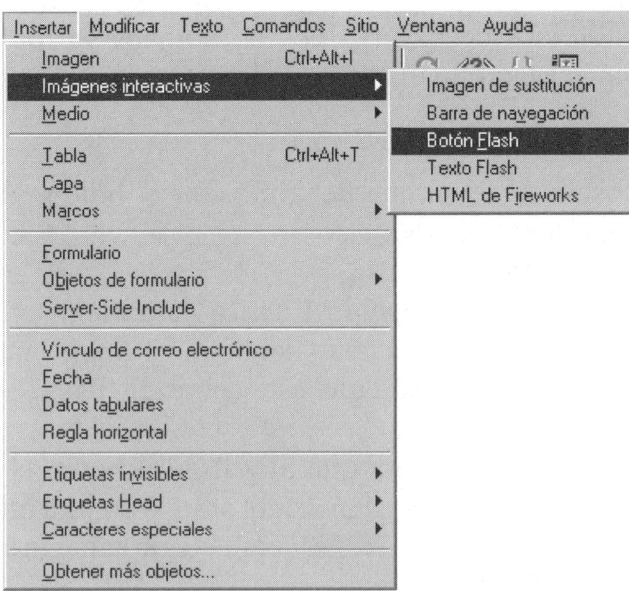

Esta opción nos llevará al siguiente cuadro de diálogo:

1. Dispondremos de varios tipos de botones ya diseñados por la compañía Macromedia que podremos elegir mediante la lista **Estilo**.

2. El mensaje de texto que deba mostrar el botón puede teclearse en **Texto del botón**.

3. Utilice la lista desplegable **Fuente** para elegir el tipo de letra que desee emplear en el texto del botón. También puede teclear el **Tamaño** de la letra para que ésta aparezca más o menos grande.

4. **Vínculo** se emplea para que al pulsar el botón el internauta le lleve a una de nuestras páginas del sitio Web (o a otro sitio Web). Puede utilizar el botón Examinar... para elegir la página a la que debe llevar el vínculo.

5. Si ha tecleado (o elegido) un vínculo, puede emplear la lista desplegable **Destino** para elegir un marco en el que deberá aparecer la página con la que enlaza el vínculo. Naturalmente, para que esto funcione será necesario que su página disponga de marcos.

6. **Color fondo** permite elegir un color para el fondo del botón. Es muy práctico cuando vaya a emplear botones circulares, ya que el objeto que contiene el botón es rectangular y las esquinas podrían verse de distinto color a menos que elijamos el mismo que tenga de fondo la página.

7. Si lo desea puede dar un nombre a su botón y grabarlo en el disco (para emplearlo en otras ocasiones) mediante el cuadro de texto **Guardar como**, o bien, mediante su botón Examinar... .

8. Si pulsa el botón Obtener más estilos... (y se encuentra conectado a Internet) accederá al sitio Web de Macromedia en el que podrá encontrar más tipos de botones Flash.

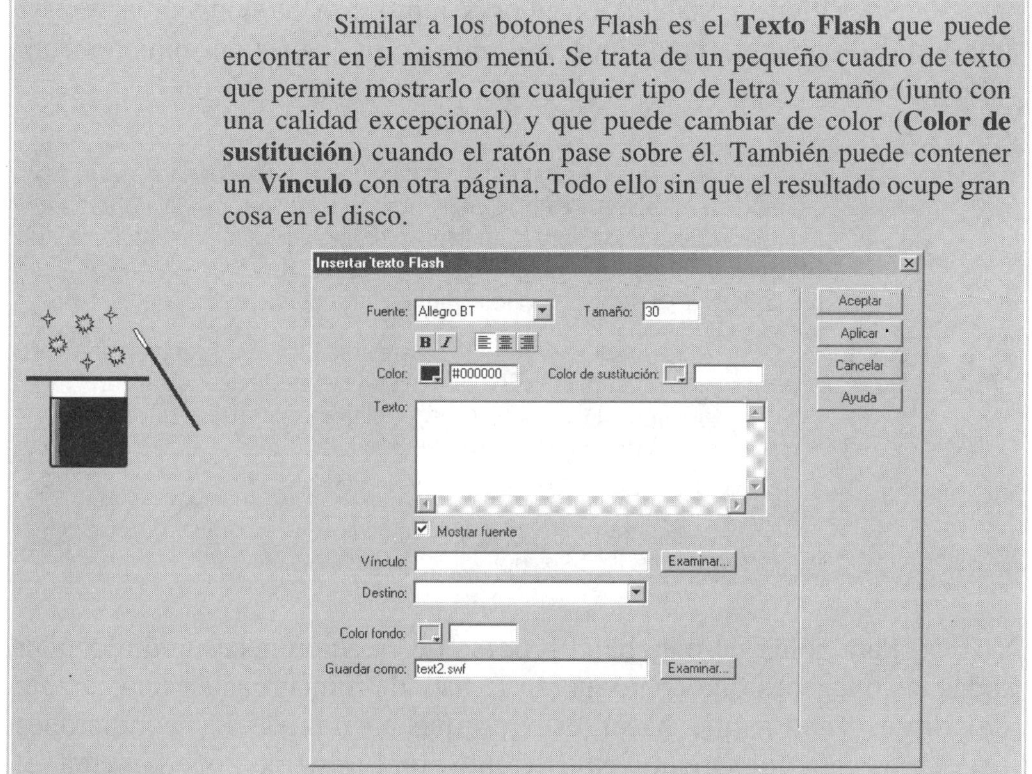

Similar a los botones Flash es el **Texto Flash** que puede encontrar en el mismo menú. Se trata de un pequeño cuadro de texto que permite mostrarlo con cualquier tipo de letra y tamaño (junto con una calidad excepcional) y que puede cambiar de color (**Color de sustitución**) cuando el ratón pase sobre él. También puede contener un **Vínculo** con otra página. Todo ello sin que el resultado ocupe gran cosa en el disco.

ÁLBUM DE FOTOS

Aquellos que han navegado por Internet sabrán que en las páginas que ofrecen una colección de imágenes suele obtenerse primero una lista con miniaturas de dichas imágenes en las que al hacer un clic sobre una, aparece ésta a su tamaño natural. Normalmente esto se hace así porque cargar la colección de imágenes completas llevaría mucho tiempo, lo que implicaría un gasto telefónico considerable. Si se emplean estas listas de imágenes en miniatura la cosa cambia, ya que un usuario cualquiera puede elegir sólo las imágenes que le interesen al verlas antes en ese pequeño tamaño (que tarda poco en cargarse), mientras que aquel interesado en todas puede descargarlas una por una y emplear el tiempo que necesite para ello.

Si se tiene instalado Fireworks junto con Dreamweaver existe una utilidad capaz de crear una colección de imágenes en miniatura: un álbum de fotos.

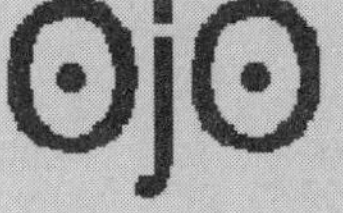

Puesto que es Fireworks el que realiza la mayor parte del trabajo, es imprescindible que éste se encuentre instalado en nuestro ordenador. De lo contrario nada de lo que vamos a exponer en el presente apartado funcionará. Si no dispone de Fireworks, en el sitio Web de Macromedia puede descargarse una versión limitada con la que realizar el trabajo.

La dirección Web de Macromedia es **www.macromedia.com** y la dirección de la página Web en la que se puede descargar Fireworks es (en la fecha en la que fue escrito el libro que tiene en sus manos) **www.macromedia.com/software/fireworks/trial**

Por otra parte, en el CD-ROM del libro puede encontrar la misma versión demostrativa, en inglés (no existen versiones demostrativas de los programas de Macromedia en español).

Para poner en marcha el proceso de creación necesitará recopilar todas las imágenes que compondrán la lista de miniaturas en una carpeta del disco. Tendrá que hacer esto porque es una de las condiciones necesarias para que Dreamweaver (junto con Fireworks) puedan crear el álbum. Una vez hecho esto, accederemos al menú **Comandos** en el que activaremos **Crear álbum de fotos web**.

Comandos	Sitio	Ventana	Ayuda	
Iniciar grabación				Ctrl+Mayús+X
Reproducir comando grabado				Ctrl+P
Editar lista de comandos...				
Obtener más comandos...				
Administrar extensiones...				
Aplicar formato de origen				
Limpiar HTML...				
Limpiar HTML de Word...				
Agregar/Quitar reparación de cambio de tamaño de Netscape...				
Optimizar imagen en Fireworks...				
Crear álbum de fotos web......				
Definir combinación de colores...				
Formatear tabla...				
Ordenar tabla...				

Esta opción nos llevará al siguiente cuadro de diálogo:

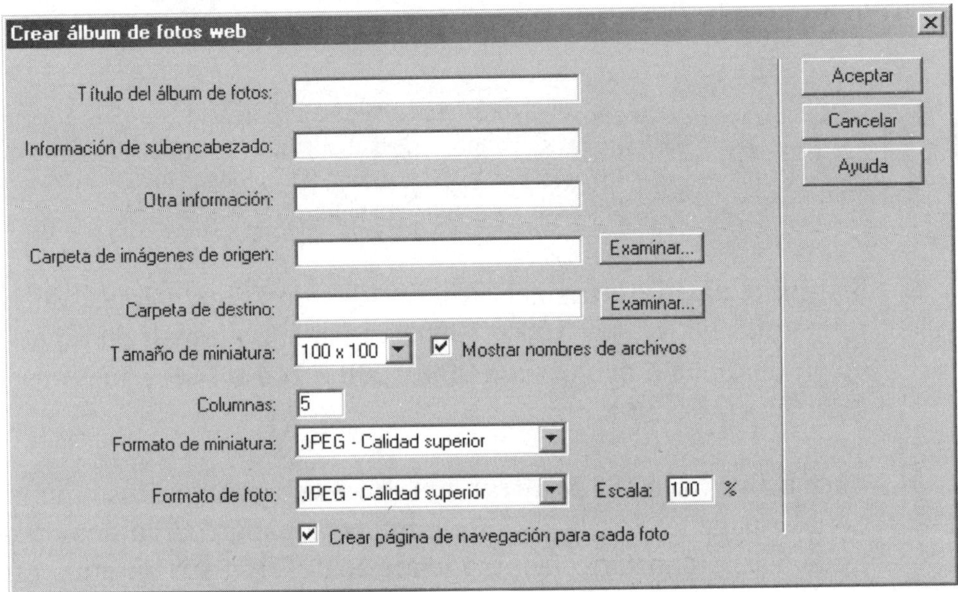

1. **Título del álbum de fotos**. Permite escribir un rótulo de texto que aparecerá encabezando la lista de imágenes. Este dato es obligatorio escribirlo.

2. **Información de subencabezado**. Permite escribir un mensaje, a modo de segundo título, que aparecerá bajo el título principal (aunque también encima de la lista de imágenes). Podemos no utilizar este dato y dejarlo vacío.

3. **Otra información**. Permite escribir un tercer mensaje de texto bajo el subencabezado. Suele emplearse para teclear información complementaria acerca de las imágenes. Podemos no utilizar este dato y dejarlo vacío.

4. **Carpeta de imágenes de origen**. Se emplea para teclear (o seleccionar con el botón Examinar...) el nombre de la carpeta en la que están recopiladas las imágenes originales.

5. **Carpeta de destino**. Se emplea para teclear (o seleccionar con el botón Examinar...) el nombre de la carpeta en la que Dreamweaver y Fireworks van a colocar todos los archivos del nuevo álbum.

> **OjO** Le recomendamos que utilice una carpeta de destino diferente a la que contiene las imágenes originales y que la cree dentro de la que contenga su sitio Web, si bien, ninguna de ambas cosas es necesaria, únicamente dejará todo mejor organizado.

6. **Tamaño de miniatura**. Permite elegir las dimensiones de las miniaturas de la lista: **100 x 100** es el tamaño normal, pero puede elegir un tamaño mayor (con **200 x 200** ó **144 x 144**) o uno menor (con **72 x 72** ó **36 x 36**).

7. Si se activa la casilla **Mostrar nombres de archivos**, los nombres de las imágenes (en la lista de miniaturas) aparecerán debajo de éstas. De lo contrario las imágenes aparecerán sin ninguna otra referencia.

8. **Columnas**. Permite elegir el número de columnas en las que aparecerán distribuidas las imágenes. Por ejemplo, si teclea un 5 obtendrá un lista de imágenes distribuidas de cinco en cinco.

9. **Formato de miniatura**. Permite elegir el tipo de archivo de imagen con el que Fireworks almacenará las miniaturas en el disco. El formato que ofrece más calidad es **JPEG – Calidad superior**.

10. **Formato de foto**. Permite elegir el tipo de archivo de imagen con el que Fireworks almacenará la copia de las fotografías originales, ya que éstas pueden estar almacenadas en un formato no comprimido (como BMP) que ocuparía un espacio excesivo y retardaría mucho la carga de las imágenes. Puede teclear una **Escala** para que el internauta vea las imágenes ya ampliadas en un tamaño concreto. Por norma general, la **Escala** se establece en un **100%** que permite ver la imagen en su tamaño natural.

11. Si se activa la casilla **Crear página de navegación para cada foto**, Dreamweaver coloca mensajes con vínculos para acceder a las demás fotos (**Anterior** y **Siguiente**) o volver de nuevo a la lista (**Inicio**).

12. Cuando pulsemos el botón [Aceptar], Dreamweaver pondrá a trabajar Fireworks para que éste diseñe y grabe en el disco las miniaturas. Luego, y en este orden, Dreamweaver creará una tabla, colocará en ella las miniaturas y diseñará el programa HTML necesario para que funcionen todos los vínculos en las páginas del álbum.

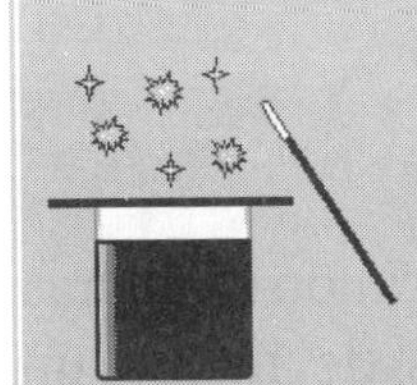

Una vez que Dreamweaver ha terminado de crear la página de miniaturas podremos retocarla a nuestro gusto. Por ejemplo, podremos cambiar los colores del título, de los nombres que aparecen bajo las miniaturas o de la tabla que contendrá las imágenes.

CORRECTOR ORTOGRÁFICO

Una de las funciones más sofisticadas que ofrecen los programas modernos relacionados con el tratamiento de textos es la incorporación de un diccionario para poder corregir (siempre hasta cierto punto) su ortografía.

Dreamweaver puede comprobar, palabra por palabra, el texto que haya escrito en las tablas, deteniéndose en aquella que no figure en su diccionario (en principio porque ésta no estará bien escrita) y ofreciendo una lista de posibles palabras correctas, de las cuales habremos de seleccionar la adecuada (si es que la hay) para sustituirla por la errónea.

Para poder utilizar esta herramienta, hemos de pulsar las teclas **MAYÚSCULAS + F7** o seleccionar la opción **Ortografía** del menú **Texto**.

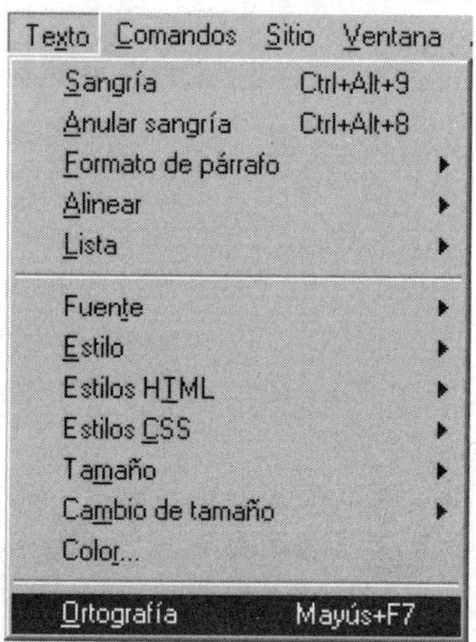

Al hacerlo, el corrector se pone en marcha buscando palabras erróneas en el texto y si encuentra alguna, obtendremos de nuevo un cuadro de diálogo con varias opciones y también varios botones:

Como decíamos, este cuadro aparece cuando se encuentra una palabra en el texto que no figura en el diccionario, dando la impresión de que la citada palabra está incorrectamente escrita. Esto podría no ser así, ya que los diccionarios de Dreamweaver no poseen la absoluta totalidad de las palabras que forman el léxico español (ni de ningún otro idioma). Así, si en alguno de sus textos usted emplea una palabra que el programa no reconoce el corrector la dará por errónea, planteándole la posibilidad de reemplazar dicha palabra por otra similar, a pesar de que la palabra del texto esté correctamente escrita.

Tenga en cuenta, por otra parte, que los correctores no comprenden el significado de las palabras, sino que se limitan a ir comparando cada palabra de su texto con las que existen en el diccionario, de modo que si encuentra la palabra en cuestión la dará por válida.

Veamos ahora el cuadro de diálogo anterior: el cuadro **Palabra no encontrada en el diccionario** muestra la palabra que, a juicio del corrector, está ortográficamente mal escrita. En el cuadro de texto **Cambiar por** puede escribir otra palabra que sustituya a la incorrecta en caso de que en la lista de **Sugerencias** no aparezca ninguna que le satisfaga. Por el contrario, si alguna de las que aparecen en dicha lista es aceptable para sustituir a la errónea, selecciónela con el ratón (o con las teclas de dirección del cursor) y pulse el botón Cambiar . Más aún, si desea que el corrector intercambie ambas palabras siempre que encuentre la errónea en el texto, pulse [Cambiar todas] en lugar del anterior.

Como hemos comentado, puede darse el caso de que el corrector encuentre en el texto una palabra que esté bien escrita (ortográficamente) y, sin embargo, la dé por errónea porque ésta no figure en su diccionario. En este caso, volvemos a tener dos posibilidades:

1. Con [Omitir] podrá dar como buena la palabra en cuestión, pero el corrector recibe la orden de detenerse si vuelve a encontrarla de nuevo.

2. Con [Omitir todas] podrá dar como buena la palabra en todo el texto (pero sólo en él y mientras no lo cierre).

Si pulsa el botón [Añadir a personal], la palabra teóricamente incorrecta será añadida al diccionario. De ese modo, siempre que el corrector la encuentre de nuevo en cualquier texto será aceptada, al igual que el resto de las que ya estaban en el diccionario.

> **OjO** Recuerde activar el corrector ortográfico en todas las páginas que compongan su sitio Web.

COMPORTAMIENTOS

En Dreamweaver podemos programar acciones que probablemente realizará el internauta en nuestra página, ya sea por iniciativa suya o por indicaciones nuestras.

Cada objeto que coloquemos en la página (excepto el texto corriente) puede tener asociado uno o más comportamientos, de modo que cuando el usuario realice una acción en él (por ejemplo, hacer un clic) éste responda **comportándose** de una cierta forma.

Ya vimos en el apartado *Sonido* del capítulo 3 (*Trabajo avanzado*) que podíamos asignarle un sonido a una imagen empleando estos comportamientos, de modo que cuando el usuario hiciese clic sobre la imagen escuchase el sonido.

Para poder crear comportamientos necesitamos colocar en la página algún objeto especial como una imagen, un texto seleccionado o la página completa (mediante la etiqueta **<body>**). Nosotros vamos a describirle el método de trabajo empleando una imagen, puesto que se trata de algo muy común.

Si hace clic sobre una imagen, el panel Comportamientos mostrará lo siguiente:

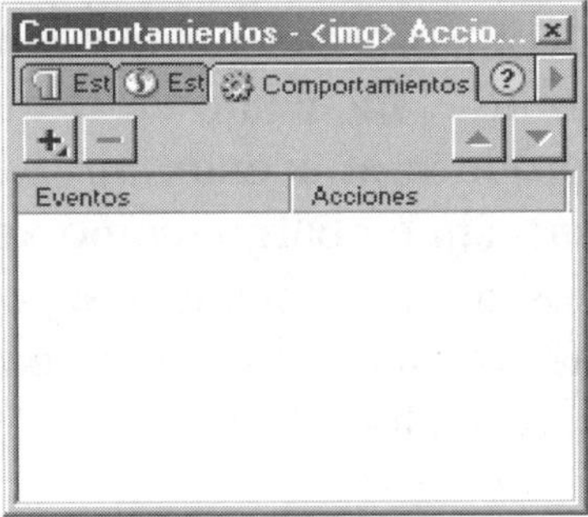

Debemos comenzar por pulsar el botón que desplegará una lista de comportamientos posibles. La lista mostrará disponibles aquellos comportamientos que se puedan aplicar al objeto seleccionado (si se trata de una imagen podemos aplicar ciertos comportamientos, si es un texto podremos aplicar otros, etc.).

La lista de comportamientos que se despliega al pulsar este botón es la siguiente:

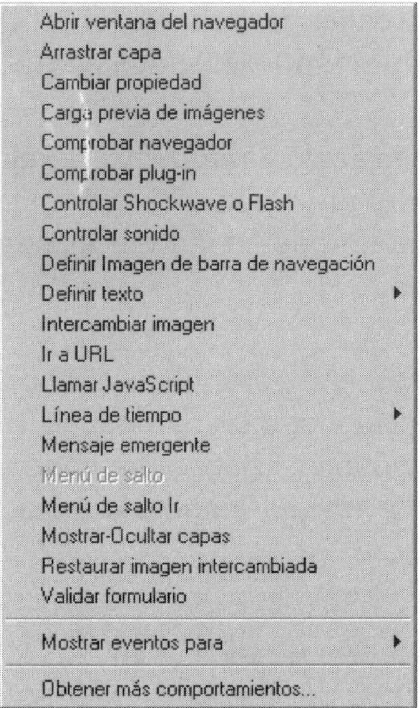

En principio los comportamientos que aquí ve se activan cuando el internauta hace clic sobre el elemento en el que se programan, dicho algo mejor, cuando se produce el evento *onMouseDown* en la ventana (cuando el ratón se pulsa); sin embargo, como veremos posteriormente, podemos conseguir que los comportamientos se pongan en marcha cuando se produzcan otros eventos (cuando el ratón pase sobre un objeto, cuando aparece la página en el navegador, etc.).

Vamos a empezar por comentar algunas de las funciones que ofrecen estos comportamientos con la intención de que quede claro el modo con el que se manejan.

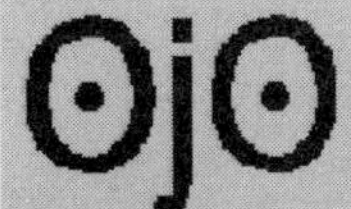

El comportamiento **Controlar sonido** ya lo hemos descrito en el apartado *Sonido* del capítulo 3: *Trabajo avanzado*.

Abrir ventana del explorador

Con este comportamiento, cuando el usuario haga clic sobre la imagen se abrirá una nueva ventana del navegador mostrando una página Web que indicaremos en el cuadro de diálogo que ofrece esta opción.

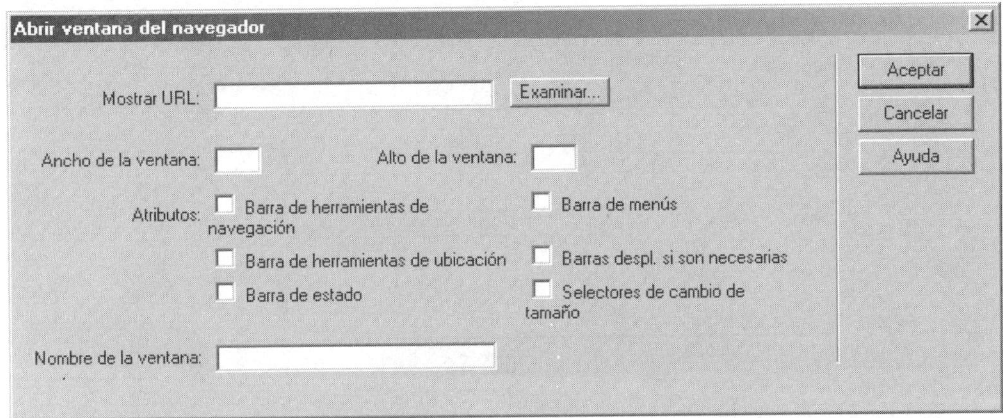

1. En **Mostrar URL** teclee la dirección del sitio Web que desea que aparezca en la ventana, o bien, utilice el botón Examinar... para elegir una página de su Web.

2. Utilice los cuadros de texto **Ancho de la ventana** y **Alto de la ventana** para establecer el tamaño de la ventana que aparecerá.

3. Active las casillas con los **Atributos** que desee. Por ejemplo, puede indicar que aparezca la barra de menú del navegador (**Barra de menús**) o no, o la **Barra de herramientas de navegación** (con los botones *Atrás*, *Adelante*, etc.).

4. También puede teclear qué nombre ofrecerá la ventana en el cuadro de texto **Nombre de la ventana**.

Arrastrar capa

Este comportamiento permite al internauta arrastrar una capa por la ventana. Para que funcione correctamente, debemos seleccionar primero la etiqueta **<body>** de la ventana (así se podrá arrastrar la capa por toda la ventana del navegador).

Cuando seleccione este comportamiento obtendrá el siguiente cuadro de diálogo:

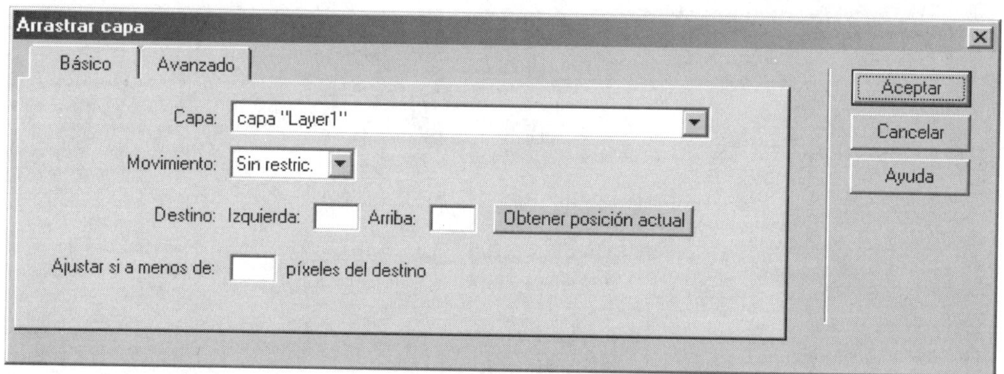

Dispone de dos modos de permitir que la capa se arrastre:

1. El modo de la ficha **Básico** contiene funciones más sencillas como el nombre de la **Capa** que se permita arrastrar o si el **Movimiento** tendrá restricciones a la hora de que el internauta arrastre la capa (así, si restringe el movimiento, no se podrá arrastrar la capa sobrepasando ciertos límites que nosotros establezcamos).

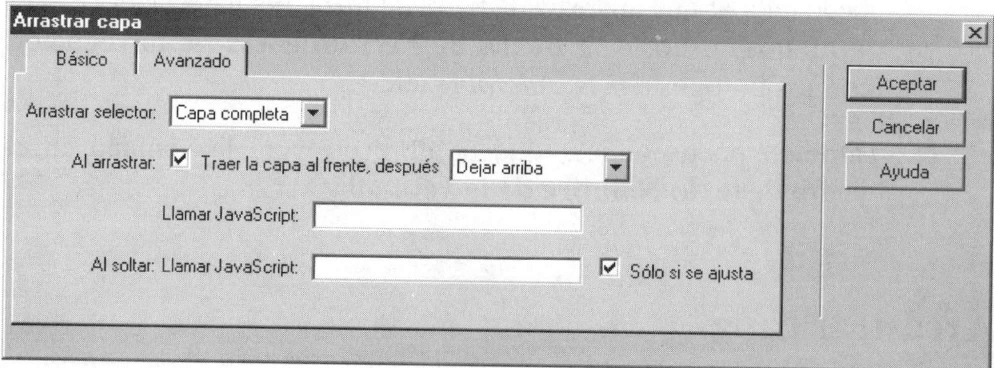

2. El modo de la ficha **Avanzado** contiene funciones más completas como la posibilidad de arrastrar solamente una parte de la capa (**Arrastrar selector**) o indicar si la capa debe continuar al frente de las demás o cambiar su posición con otras capas (**Traer capa al frente, después**).

Cambiar propiedad

Este comportamiento cambia las propiedades de un elemento de la página. Recuerde que las propiedades de los elementos se pueden ver en cl inspector de propiedades y que la mayoría de ellas se pueden cambiar con este comportamiento.

Al seleccionar este comportamiento aparecerá el siguiente cuadro de diálogo:

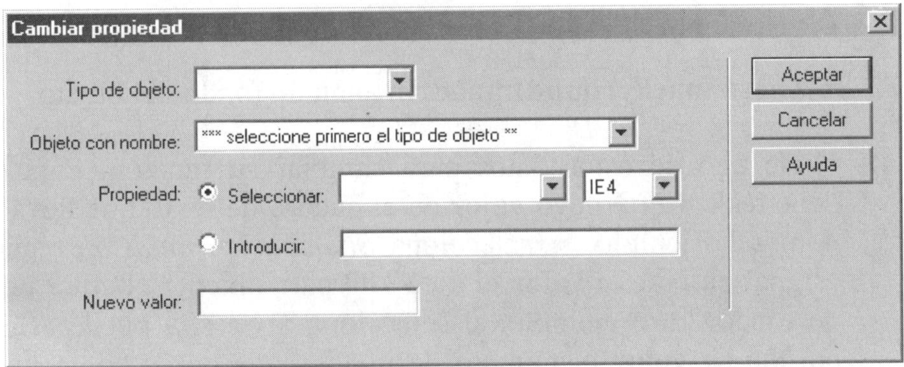

1. Comience por elegir el **Tipo de objeto** de la página al que va a cambiar las propiedades. Puede ser una capa (**LAYER**), una imagen (**IMG**), un formulario (**FORM**), etc.

2. Según el **Tipo de objeto** que haya seleccionado, la lista **Objeto con nombre** mostrará el nombre de todos aquellos objetos de su página que pertenezcan a ese tipo (capas, imágenes, formularios, etc.). Debido a funciones como ésta, es recomendable asignar

un nombre adecuado a cada objeto que incorpore a sus páginas Web. Recuerde que esto lo puede hacer fácilmente en el inspector de propiedades haciendo clic previamente sobre el objeto al que desee asignar un nombre.

3. Luego debe elegir la propiedad del objeto que desee cambiar. Para ello, puede emplear la lista desplegable **Seleccionar** o bien, teclear su nombre en el cuadro de texto **Introducir**. Por ejemplo, la lista seleccionar le ofrecerá datos como:

- **Style.Top**: Posición superior del objeto.

- **Style.Left**: Posición izquierda del objeto.

- **Style.width**: Anchura del objeto.

- **Style.height**: Altura del objeto.

- **Style.visibility**: Visibilidad del objeto (se verá o no).

- **Style.backgroundColor**: Color de fondo del objeto.

- **Style.backgroundImage**: Imagen de fondo del objeto.

4. Varíe uno de estos datos para cambiar su función. Para ello debe teclear el **Nuevo valor** en el cuadro de texto que lleva ese nombre. Ejemplo, si selecciona *Style.backgroundColor* puede asignar en **Nuevo valor** el dato **100** para obtener el color negro de fondo. Otro ejemplo, si selecciona *Style.Top* puede asignar en **Nuevo valor** el número de píxeles que desee como nueva distancia del objeto con respecto al borde superior de la ventana.

Carga previa de imágenes

Este comportamiento (que se debe asignar en la etiqueta **<body>** de la página) descarga ciertas imágenes —aparte de las que se ven en la página directamente— al aparecer la página en el navegador del internauta.

De este modo, cuando sea necesario que dichas imágenes aparezcan en la página, no tardarán en hacerlo, debido a que ya estarán descargadas y el navegador no necesitará descargarlas entonces.

Al seleccionar este comportamiento, obtendrá el siguiente cuadro de diálogo:

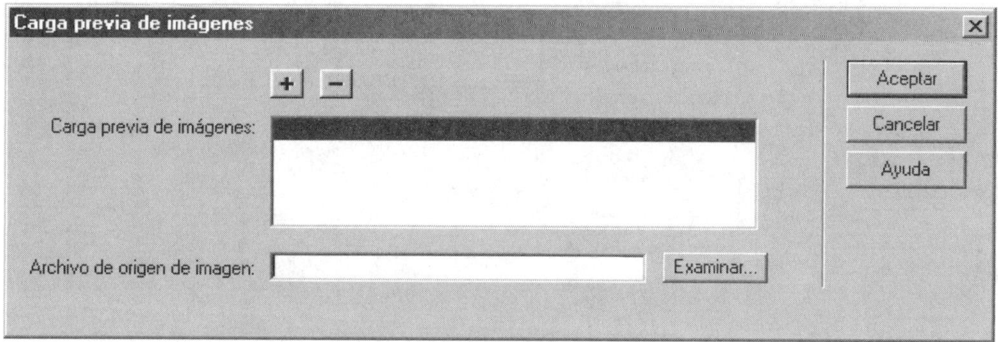

1. Utilice el cuadro de texto **Archivo de origen** de imagen (o su botón Examinar...) para elegir las imágenes (una a una) que desea que se descarguen previamente.

2. Cuando elija una de esas imágenes, su nombre aparecerá en la lista **Carga previa de imágenes**. Utilice el botón **+** para añadir más imágenes a la lista, o bien, seleccione una en la lista y pulse el botón **−** para eliminarla.

Comprobar explorador

Este comportamiento se emplea para que aparezca una página Web u otra dependiendo del navegador que tenga el internauta que visita nuestro sitio Web. Así podremos programar características especiales que sólo funcionen en un determinado navegador y que los que tengan otro verán de forma diferente (porque será otra página la que vean). Suele configurarse en la etiqueta **<body>**.

Al seleccionar este comportamiento, obtendrá el siguiente cuadro:

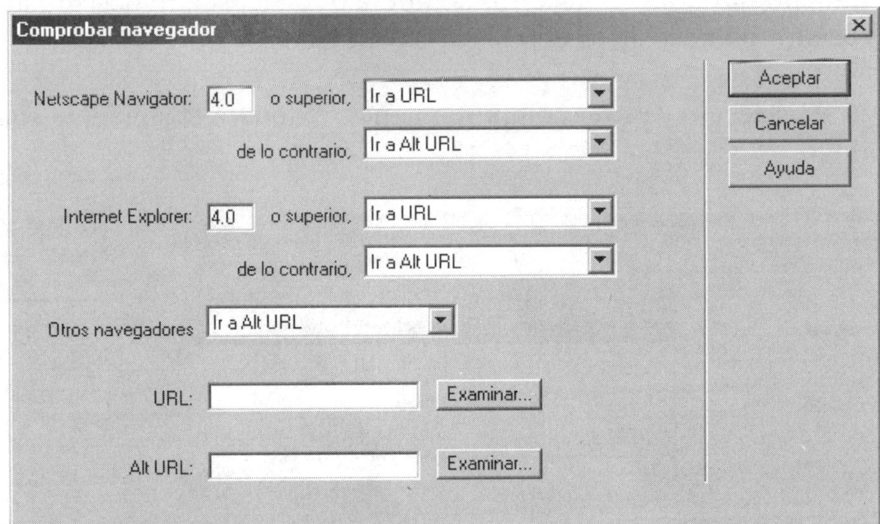

1. Utilice **Netscape Navigator** para teclear la versión de ese navegador que desee controlar. Si se trata de esa versión o de otra posterior, deberá indicar en la lista desplegable **o superior** lo que debe hacer Dreamweaver: quedarse en la página actual (**Permanecer en esta página**) o ir a otra (**Ir a URL**). Incluso disponemos de una tercera página (**Ir a Alt URL**). La dirección de **Ir a URL** debe teclearse en el cuadro de texto **URL** (o elegirse mediante su botón Examinar...), mientras que la dirección de **Ir a Alt URL** debe teclearse en el cuadro **Alt URL** (o elegirse mediante su botón Examinar...).

2. Lo mismo deberá hacer si se desea comprobar si el navegador es **Internet Explorer** o si se trata de **Otros navegadores**.

Comprobar Plug-in

Este comportamiento se emplea para enviar al internauta a una página Web alternativa si su navegador no tiene instalados ciertos plug-ins. Suele configurarse en la etiqueta **<body>**.

Al seleccionar este comportamiento, obtendrá el siguiente cuadro de diálogo:

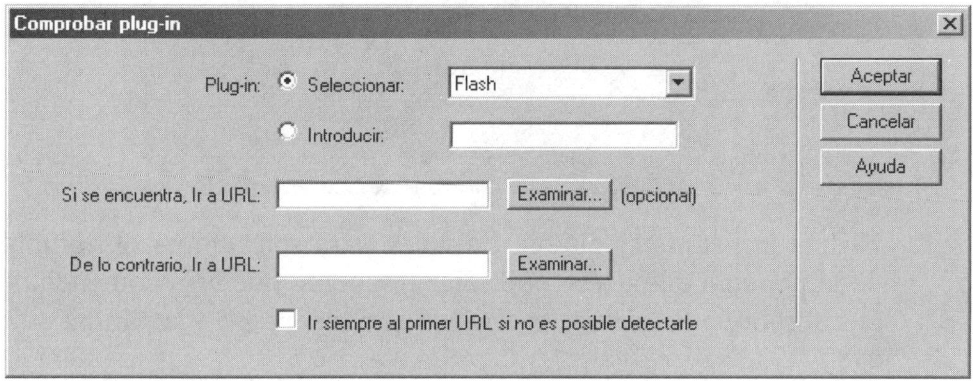

1. Utilice la lista desplegable **Seleccionar** para elegir un plug-in. Si no se encuentra ahí, puede teclear su nombre en el cuadro de texto **Introducir**. Si va a hacer esto último no olvide teclear el nombre correctamente o Dreamweaver no lo detectará.

2. Utilice el cuadro de texto **Si se encuentra, Ir a URL** para teclear la dirección de la página Web que debe aparecer si el plug-in está instalado en el navegador del internauta. Teclee otra dirección en **De lo contrario, Ir a URL** a la que llevará Dreamweaver al internauta si su navegador no dispone del plug-in. En ambos casos puede emplear el botón Examinar... para seleccionar la página en lugar de escribirla.

3. Active la casilla **Ir siempre al primer URL si no es posible detectarle** para que Dreamweaver lleve al internauta a la dirección que haya tecleado en **Si se encuentra, Ir a URL** en caso de que no pueda detectar el plug-in.

Controlar Shockwave o Flash

Este comportamiento se emplea para que una película de Flash o de Shockwave responda a una acción del internauta.

Al seleccionar este comportamiento, obtendrá el siguiente cuadro:

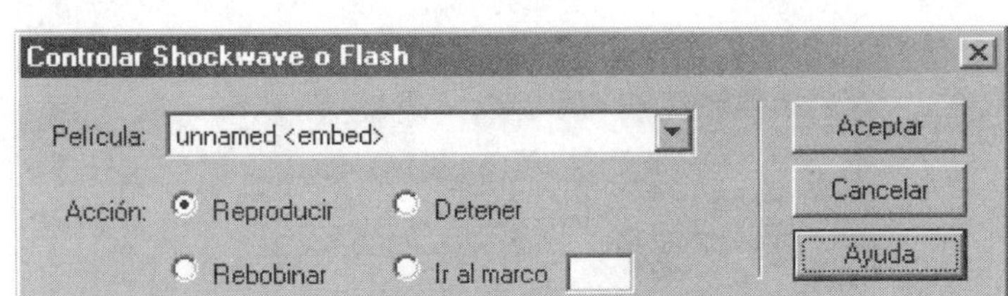

1. Utilice la lista desplegable **Película** para seleccionar el nombre de la película que desee controlar (recuerde que es recomendable dar nombre a los distintos objetos que incorpore a la página).

2. Una vez elegida la película active uno de los botones de **Acción** para que la película se ponga en marcha (**Reproducir**), se detenga (**Detener**), comience desde el principio aunque su reproducción estuviese a medias (**Rebobinar**) o continúe reproduciéndose desde un determinado fotograma (**Ir al marco**).

Intercambiar imagen

Este comportamiento cambia una imagen de la página por otra (por ejemplo, cuando el ratón pasa sobre ella): lo que se denomina un rollover.

Al seleccionar este comportamiento, obtendrá el siguiente cuadro:

1. La lista **Imágenes** contiene los nombres de las imágenes que hay en la página. Puede elegir una ahí para que sea esa la que se intercambie por otra.

2. También puede teclear el nombre de la imagen que sustituirá a la anterior en el cuadro de texto **Definir origen como** (o utilizar el botón Examinar... para elegir dicha imagen).

Es recomendable que la imagen que sustituya a la original tenga las mismas dimensiones que ésta ya que, de lo contrario, la nueva imagen adaptará su tamaño al de la imagen original y aparecerá, por tanto, deformada.

3. Active la casilla **Carga previa de imágenes** para que la imagen que sustituya a la primera también se cargue al aparecer la página.

4. Active la casilla **Restaurar imágenes onMouseOut** si desea que cuando el ratón salga fuera de la imagen vuelva a aparecer la original.

Ir a URL

Este comportamiento trabaja exactamente como un vínculo: cuando el internauta haga clic sobre el elemento, el navegador le llevará a otra página (que nosotros debemos determinar).

1. Teclee la dirección de la página a la que debe accederse en el cuadro de texto **URL** (también puede elegir la página mediante el botón Examinar...).

2. La lista **Abrir en** le mostrará los marcos que haya en su página por si desea que la nueva página Web aparezca en uno de ellos.

Llamar JavaScript

Este comportamiento pone en marcha una función programada con JavaScript. Para ello se ofrece un cuadro de diálogo en el que debemos teclear el nombre del archivo que contiene las instrucciones del programa en JavaScript.

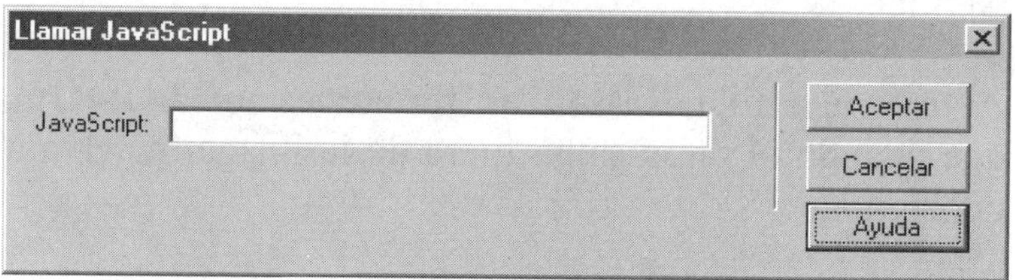

Línea de tiempo

Este comportamiento permite controlar las líneas de tiempo que tengamos en la página. Naturalmente, si no hemos diseñado ninguna, el comportamiento no estará disponible.

Al seleccionar esta opción de comportamiento, se nos ofrecerá un pequeño submenú:

1. Si optamos por **Detener línea de tiempo**, podremos parar la ejecución de dichas líneas. Para ello, se nos ofrecerá un sencillo cuadro de diálogo en el que deberemos indicar qué líneas de tiempo deseamos que se detengan (pueden ser todas).

2. Si elegimos **Ir a un fotograma en la línea de tiempo** podremos comenzar la reproducción de una línea de tiempo a partir de un determinado fotograma. Para ello, obtendremos un cuadro de diálogo en el que deberemos elegir la línea de tiempo, el fotograma desde el que deseamos comenzar la reproducción y si debe repetirse un cierto número de veces.

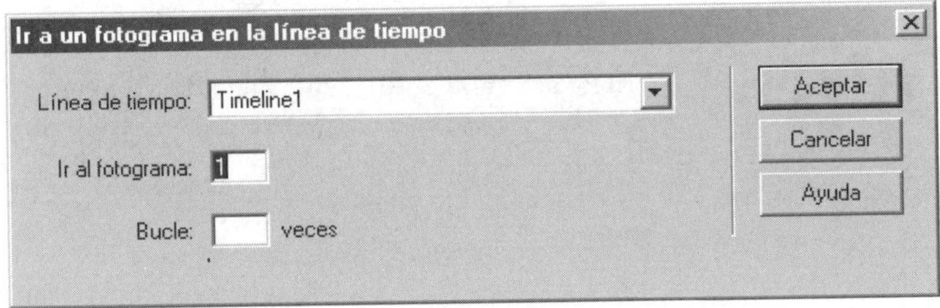

3. Si elegimos **Reproducir línea de tiempo** pondremos en marcha la reproducción de una línea de tiempo incluso aunque se encontrase detenida o en mitad de la reproducción. Únicamente necesitaremos establecer qué línea de tiempo deberá reproducirse.

Mensaje emergente

Abre un cuadro de diálogo con un mensaje cuando el internauta haga clic sobre el objeto en cuestión.

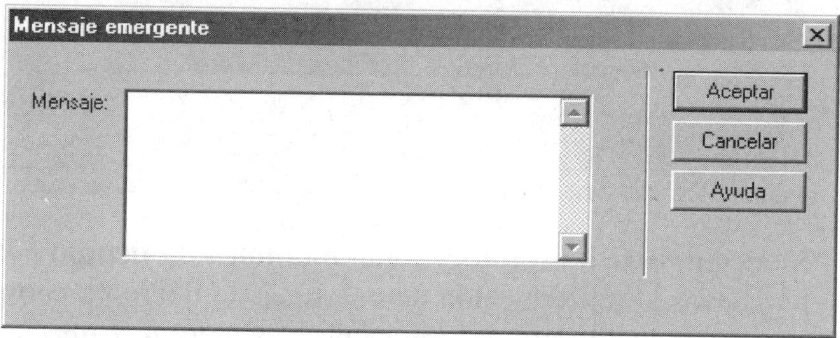

Bastará con teclear el texto que deseemos en la lista **Mensaje** del cuadro de diálogo.

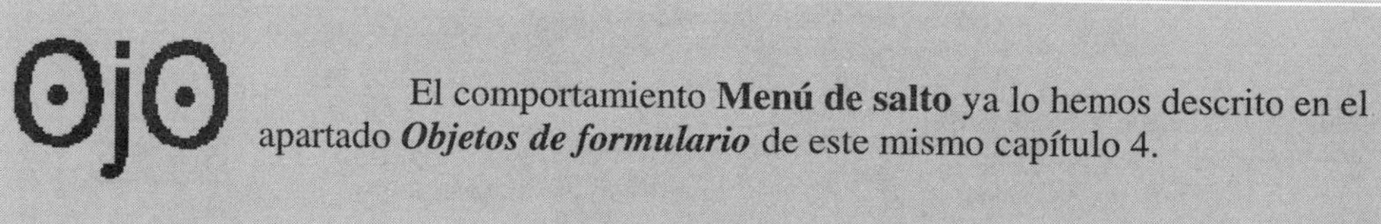

Mostrar-Ocultar capas

Este comportamiento permite al internauta mostrar una capa que estuviese oculta o bien, ocultar una capa que hasta ese momento estuviese a la vista. Naturalmente, necesitaremos que la página contenga capas para que el comportamiento esté disponible.

Al seleccionar este comportamiento, obtendrá el siguiente cuadro de diálogo:

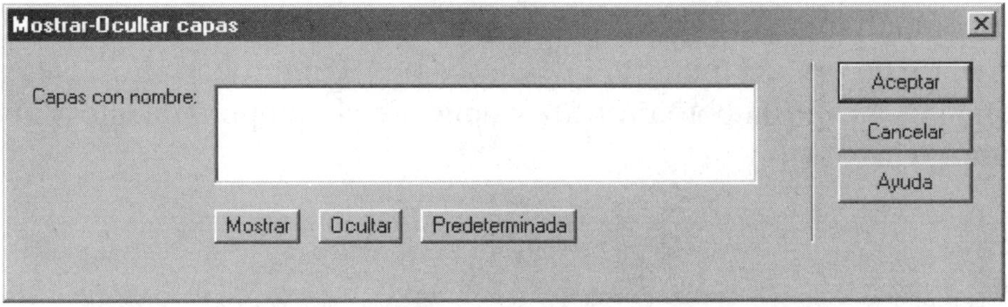

1. Seleccione una capa en la lista **Capas con nombre**.

2. Pulse Mostrar si desea que la capa elegida le aparezca al internauta, Ocultar si desea que la capa elegida se oculte y Predeterminada si desea que la capa elegida se vea o no según tenga predeterminado en sus propiedades (recuerde que esto puede verlo en el inspector de propiedades haciendo clic previamente sobre la capa).

Restaurar imagen intercambiada

Este comportamiento vuelve a mostrar las imágenes originales si antes se las aplicó el comportamiento **Intercambiar imágenes**. Sólo obtendrá un cuadro informativo en el que deberá pulsar el botón Aceptar para que la restauración se lleve a cabo.

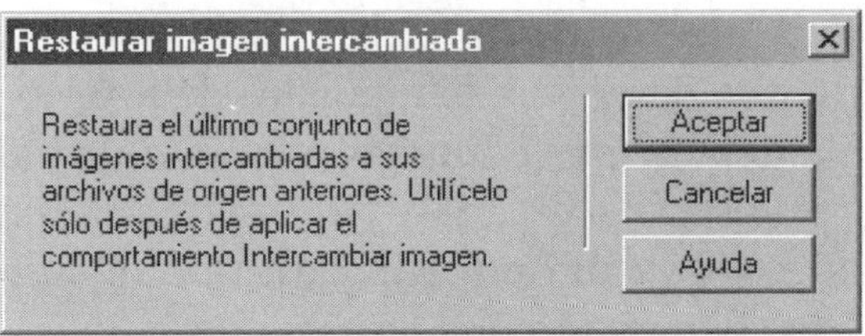

Validar formulario

Este comportamiento se encarga de comprobar que los datos que teclee el internauta en un formulario son los adecuados. Para que este comportamiento funcione correctamente debemos aplicarlo a cada elemento de un formulario que deseemos comprobar. Por ejemplo, podríamos añadir un botón *Enviar* y aplicarle el comportamiento **Validar formulario**.

El comportamiento se limita a no enviar el formulario si alguno de sus datos no es adecuado. Luego deberá programarse en la página lo que debe responderse cuando esto suceda y eso exige conocer algún lenguaje de programación como JavaScript. Por ejemplo, deberíamos responder mediante un cuadro de diálogo informando al internauta del dato incorrecto

Una vez elegido el comportamiento, obtendremos el siguiente cuadro de diálogo:

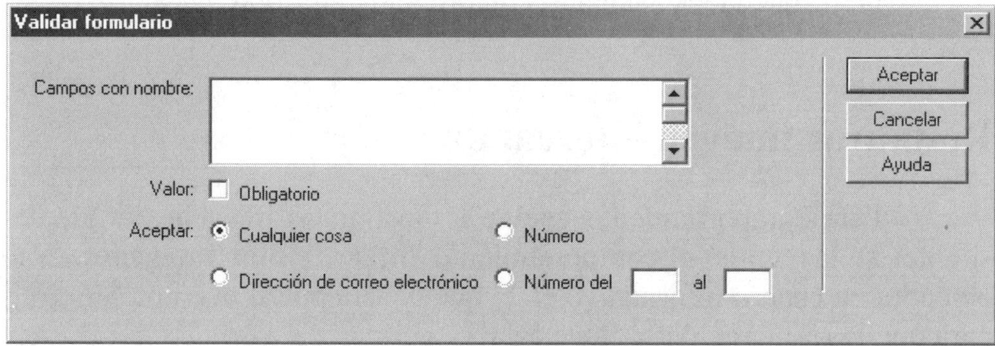

1. En la lista **Campos con nombre**, deberá elegir el elemento del formulario que desee validad (cuadro de texto o lista desplegable, son los elementos más comunes a la hora de validar).

2. Active la casilla **Obligatorio** para que el internauta no pueda dejar vacío el elemento en cuestión.

3. Utilice los botones de **Aceptar** para indicar los valores que el internauta podrá emplear:

    • **Cualquier cosa** permitirá que el internauta teclee cualquier dato.

- **Número** obligará al internauta a escribir un número exclusivamente (no podrá teclear texto).

- **Dirección de correo electrónico** obligará al internauta a teclear una dirección de e-mail.

- **Número del-al** obligará al internauta a teclear un número comprendido entre las dos cifras que se tecleen en **del** y **al**.

En caso de que el internauta teclee un valor incorrecto, al pulsar el botón **Enviar** obtendrá un mensaje similar al siguiente:

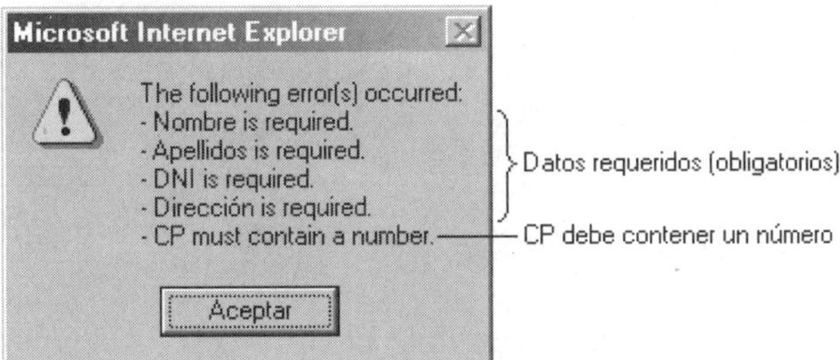

Obtener más comportamientos

Permite descargar a su sistema más comportamientos desde el sitio Web de Macromedia en Internet (para lo que se utilizará la dirección —en la fecha en la que se ha escrito el libro que ahora tiene en sus manos— http://www.macromedia.com/es/exchange/dreamweaver/).

Siga las instrucciones que obtenga en la pantalla para descargarse los comportamientos que allí haya disponibles.

Eventos

Por otro lado, una vez que está todo definido podrá observar que, en el panel Comportamientos, aparece el comportamiento junto con un nombre similar a *onClic* (al hacer clic) o *onMouseOver* (al pasar el ratón sobre). Se trata de los distintos eventos (en inglés) que obligan al comportamiento a entrar en acción. Así, *onClic* significa que cuando el usuario haga clic en el elemento el comportamiento hará tal cosa.

Si ha definido un comportamiento que tiene un evento que no le interesa, puede cambiarlo por otro. Por ejemplo, si el evento que ha obtenido es *onClic* (cuando el usuario haga clic) y desea cambiarlo por *onMouseOver* (cuando el ratón se deslice sobre el elemento) deberá seleccionar *onClic* en la lista y pulsar sobre el botón ▼. Este botón despliega una lista de eventos como los siguientes:

La lista que se despliegue con el botón ▼ dependerá del comportamiento elegido.

- *onLoad* = Al cargar el objeto en la página.

- *onClick* = Al hacer clic sobre el objeto.

- *onDblClick* = Al hacer doble clic sobre el objeto.

- *onMouseOut* = Al salir el ratón del objeto.

- *onMouseOver* = Al pasar el ratón sobre el objeto.

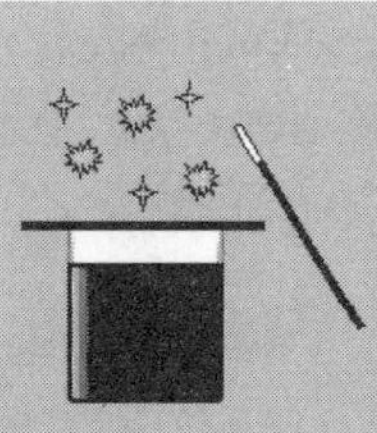

Cuando tenga el objeto en el panel Comportamientos, podrá hacer doble clic sobre uno para modificar su contenido. Por ejemplo, si asignó incorrectamente un sonido a una imagen, seleccione la imagen, acceda al panel Comportamientos y haga doble clic en el evento que aparezca junto a la acción **Controlar sonido**. Con ello obtendrá el mismo cuadro que utilizó para crear el comportamiento y podrá modificar su contenido hasta corregir el error.

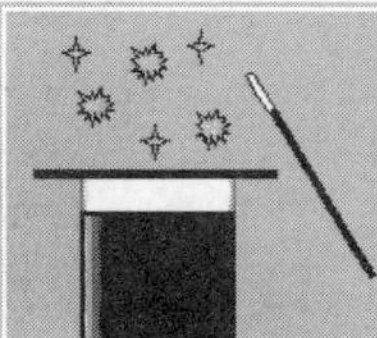

Puede eliminar un comportamiento de la página haciendo clic sobre su evento (en el panel Comportamientos) y pulsando la tecla **SUPR** o el botón ▬ del panel.

AYUDA EN DREAMWEAVER

Esta función puede resultar muy práctica cuando olvidemos algo y deseemos consultarlo rápidamente y sin recurrir a un manual.

La ayuda de Dreamweaver no emplea el sistema estándar de Windows, por lo que varía ligeramente con respecto a éste. En su lugar, como veremos después, emplea páginas Web para ofrecer información.

Para empezar, en cualquier momento podremos pulsar la tecla **F1** con el fin de obtener ayuda sobre un tema concreto. Al pulsar esta tecla, aparecerá la ventana de ayuda con información sobre el cuadro de diálogo o la ventana sobre la que nos encontrásemos.

El sistema más común para entrar en la ayuda es seleccionar la opción **Uso de Dreamweaver** del menú **Ayuda**.

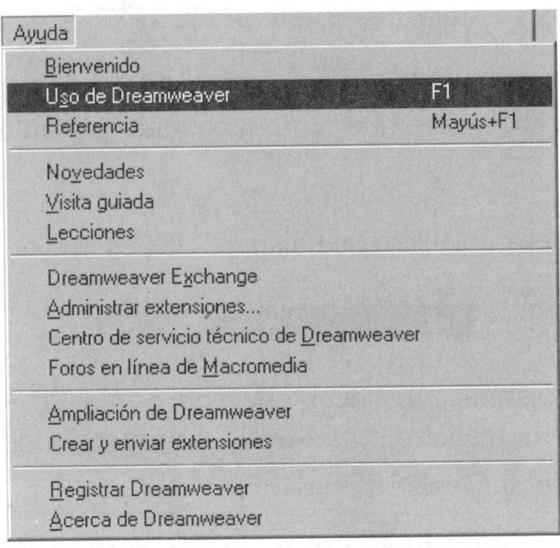

La ventana de ayuda posee tres botones principalmente. Veamos el aspecto general al entrar en el sistema de ayuda comenzando por el primero de ellos:

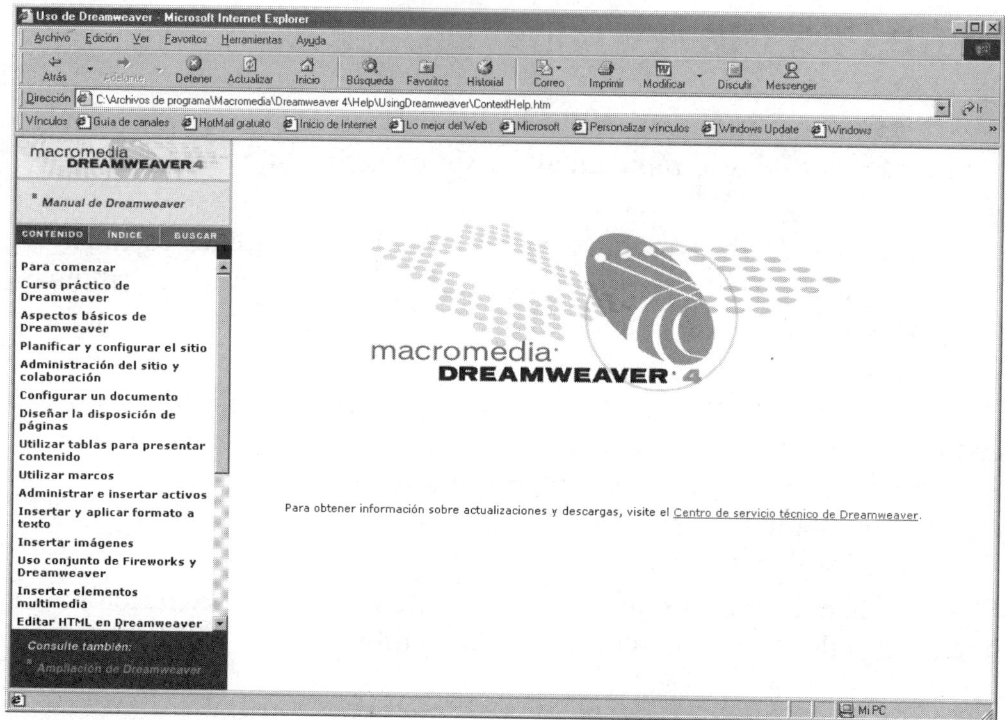

Como puede apreciar, esta ventana del sistema de ayuda consiste en una página Web, por lo que si ha navegado por Internet le resultará muy familiar.

1.   Para empezar, observe que dispone de tres botones.

Bastará con hacer clic sobre uno de los temas que el marco de la izquierda muestre la información de ayuda referente a ese tema:

- **Contenido**: Muestra un primer encuentro con la ayuda en el que podremos encontrar la lista de temas más significativos dentro del programa que esté utilizando. Simplemente haga clic en el tema que desea consultar y éste aparecerá en la parte derecha de la ventana, a menos que se trate de un tema que contenga otros subtemas, en cuyo caso, al hacer clic sobre el tema, se desplegará la lista de subtemas.

- **Índice**: Muestra una lista alfabética de los temas que ofrece el sistema de ayuda. Esta ficha proporciona lo siguiente:

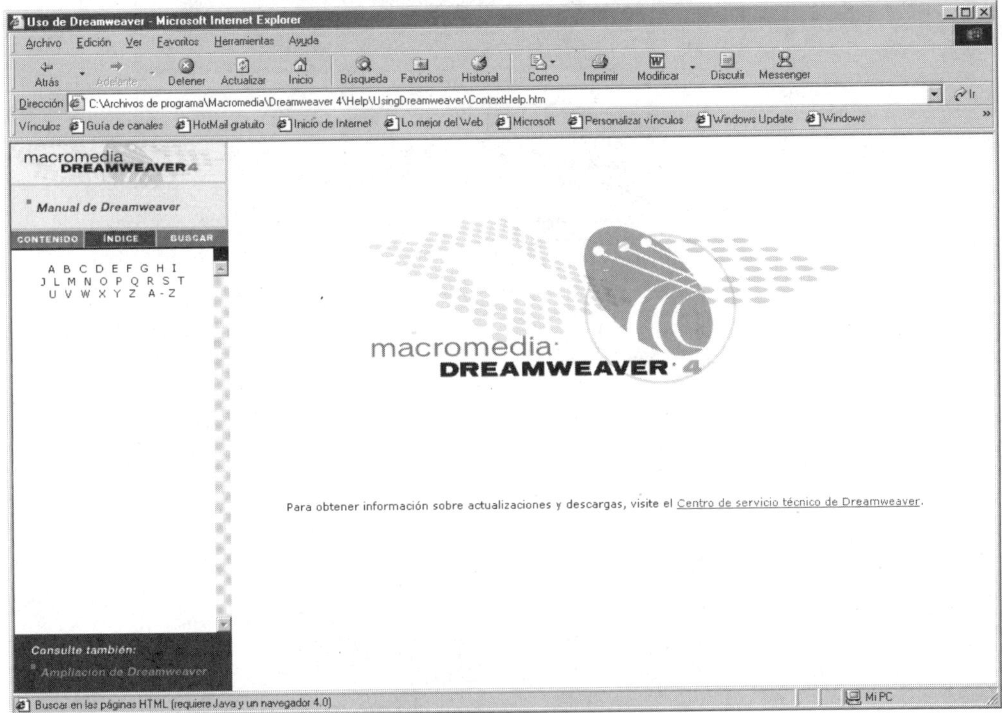

Observe que aparece una lista alfabética de letras en el marco de la izquierda. Haga clic sobre una letra y la lista ofrecerá una relación de temas (por orden alfabético) cuyo nombre comience por esa misma letra. Utilice la barra de desplazamiento para localizar el tema que desee y luego haga clic sobre él para que aparezca la información asociada en el marco de la derecha.

- **Buscar**: Es similar a la ficha anterior, pero la lista que ofrece es una relación de palabras contenidas dentro de los temas en sí. Se utiliza de forma similar, es decir, en el cuadro de diálogo que aparece, teclee el término que desea encontrar y Dreamweaver le proporcionará una lista de coincidencias (datos encontrados que coinciden con lo que haya escrito).

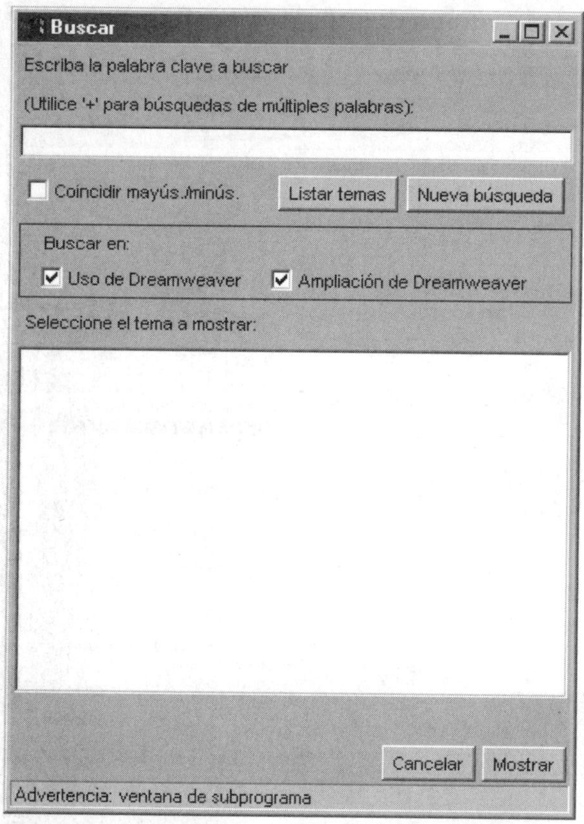

Teclee el dato en el cuadro **Escriba la palabra clave a buscar** y pulse el botón Listar temas . En la lista situada bajo ese botón y que ofrece los datos coincidentes que se hayan encontrado, elija el término que desee y pulse el botón Mostrar . La ventana de ayuda ofrecerá la información relativa al dato elegido.

2.   Aparte de estas fichas, puede emplear la ventana como si estuviese navegando por Internet. Por ejemplo:

- 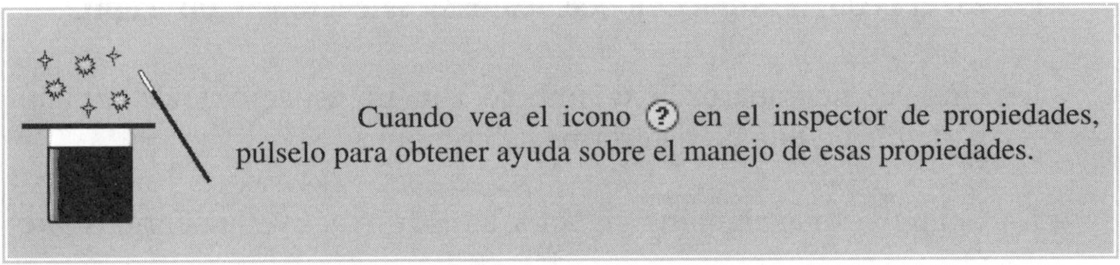. Vuelve al anterior tema de ayuda consultado. Este botón no estará disponible si se encuentra en el primer tema de ayuda que consulta.

- . Vuelve de nuevo al tema que acabe de abandonar si pulsó el botón **Atrás**.

> Cuando vea el icono ⑦ en el inspector de propiedades, púlselo para obtener ayuda sobre el manejo de esas propiedades.

EJERCICIOS

I   Añadir fecha de actualización

1. Abra la página principal del Web de la editorial (*Maestro Pajo*).

2. Sitúese debajo de la última línea de texto que haya y teclee lo siguiente: *Esta página fue actualizada por última vez el.*

3. Deje un espacio detrás de la frase y acceda al menú **Insertar**. En él seleccione **Fecha**.

4. En el cuadro de diálogo que aparezca seleccione el formato de fecha que prefiera y active la casilla **Actualizar automáticamente al guardar**.

II   Insertar Copyright

1.   Abra de nuevo la página principal de la editorial.

2.   Sitúese debajo de la fecha que acaba de añadir.

3.   Acceda al menú **Insertar** y seleccione **Caracteres especiales**. En el pequeño submenú que aparezca seleccione **Copyright**.

4.   Una vez que aparezca el símbolo deje un espacio, teclee el año y, detrás de una coma escriba su nombre.

5.   Centre la línea, aplique un color al texto y active la negrita sobre él.

III   Añadir animaciones

1.   Abra la página principal del Web de la editorial (*Maestro Pajo*).

2.   Dibuje una pequeña capa en la que escribirá el texto *Página creada por* y detrás teclee su nombre. No olvide que, al depender del tamaño de una capa la letra de los demás navegadores puede ser mayor que la suya, por lo que es necesario aplicar un tamaño a la letra (ya sea grande o pequeño).

3.   Ajuste el tamaño de la capa hasta que el texto anterior encaje perfectamente dentro.

4.   Arrastre la capa hasta la esquina superior izquierda de la página. La forma más sencilla consiste en hacer clic sobre el borde de la capa y, en el inspector de propiedades, colocar el valor **0px** (cero) en los cuadros **Iz** y **Sup**.

5. Acceda al menú **Ventana** y active las **Líneas de tiempo**.

6. Arrastre la capa hasta el primer canal de animación (al primer fotograma).

7. Manteniendo pulsada la tecla de **CONTROL** haga clic en el punto medio de la línea de tiempo que acaba de aparecer.

8. En el cuadro **Iz** del inspector de propiedades teclee **100px** (la posición que alcanzará la capa cuando se esté moviendo).

9. Arrastre el cuadro clave del extremo derecho hasta el número de cuadro **200**.

10. Aumente la cantidad de cuadros por segundo (**FPS**) hasta **100** (estos dos últimos datos mejorarán la suavidad del desplazamiento de la capa, aunque si el ordenador en el que se muestre la página Web no es muy rápido podría no apreciarse muy bien el efecto de suavidad).

11. Active la casilla **Bucle** del panel Líneas de tiempo.

12. Si la casilla **Reprod automática** (del panel Líneas de tiempo) no está activada, actívela.

IV   Intercambiar imagen: Rollovers

Vamos a crear un **Rollover**: una imagen que cambia (por otra) cuando el ratón pasa sobre ella:

1. Abra la página de *Distribuidoras* de la editorial.

2. Haga clic en la imagen que hay colocada al principio de dicha página.

3. En el panel Comportamientos active el botón ⊞ para agregar un comportamiento.

4. En la lista que despliegue este menú, seleccione **Intercambiar imagen**.

5. En el cuadro de diálogo que aparezca pulse el botón Examinar... y seleccione una imagen de tamaño similar a la que tiene en la página (puede elegir cualquiera pero el efecto será mejor si elige una de tamaño parecido). En el CD-ROM le ofrecemos la imagen *SOLD* que puede emplear para el ejemplo.

6. Pulse Aceptar para terminar.

V   Texto Flash

1. Acceda a la página *Índice de autores*.

2. En el marco inferior coloque el cursor debajo de todo el texto que allí haya.

3. En el menú **Insertar**, seleccione **Imágenes interactivas** y, en el submenú que aparezca, elija **Texto Flash**.

4. En el cuadro de texto que aparezca establezca lo siguiente:

    - En la lista **Texto** teclee *Volver a la página principal*.

    - Utilice una **Fuente** sencilla (por ejemplo, **Arial**).

    - Aplique un **Tamaño** de **12** puntos.

    - Active el botón de negrita (**B**).

    - Elija un **Color de sustitución** a su gusto.

- Mediante el botón  del cuadro de texto **Vínculo** elija la página principal del Web (*Maestro Pajo*).

- En la lista desplegable **Destino** seleccione **_parent** para que el enlace vuelva a llevarnos a la página principal normalmente.

> Recuerde que este ejercicio no funcionará en los navegadores que no tengan instalado el reproductor de películas Flash.

VI   Corrección ortográfica de todas las páginas

Puesto que una página Web es un documento al que va a acceder el público en general, resulta preferible que aparezca con el mínimo de fallos posible, incluidos los ortográficos.

Por ello, vamos a activar esta función de corrección seleccionando la opción **Ortografía** del menú **Texto**, o bien, pulsando las teclas **MAYÚSCULAS + F7**.

Recuerde que deberá realizar esta operación en todas las páginas del Web.

CAPÍTULO 5

CREACIÓN DE UN SITIO WEB PROFESIONAL PASO A PASO

Si no dispone de ciertos plug-ins instalados es posible que no todo el sitio Web funcione adecuadamente. Por ejemplo, si no tiene instalado el reproductor de Flash 5, no podrá ver la película de Flash en su navegador. Igualmente, los sonidos podrían necesitar que se instalara un plug-in en el navegador para que sean escuchados sin necesidad de que aparezca la grabadora de sonidos cada vez que vaya a reproducirse uno.

Alguno de estos plug-ins pueden descargarse desde Internet, como el del sonido. En este caso, cuando intentemos visitar por primera vez la página con nuestro navegador se nos ofrecerá un mensaje invitándonos a descargar el plug-in desde la red. Si desea que funcione, responda afirmativamente a la pregunta que le haga el navegador.

En este capítulo vamos a desarrollar un ejercicio en el que podrá ver, paso a paso, como diseñar un sitio Web completo de nivel profesional.

Le animamos a que, una vez que termine y haya visto nuestro ejemplo, diseñe otros sitios Web basándose en el mismo método. Una vez que haya aprendido a diseñar un sitio Web, su próximo paso debería ser aprender algún lenguaje de programación de Internet como JavaScript o VBScript, que le permitirán diseñar sitios Web aún más potentes y con funciones más prácticas para los internautas que las visiten.

COMIENZO: DEFINICIÓN DEL SITIO WEB

Abra Dreamweaver en primer lugar y muestre la ventana de sitio, ya que lo primero será definir el sitio Web. Para ello, despliegue la lista **Sitio** y seleccione **Definir sitios**. En el cuadro de diálogo que aparezca, pulse [Nuevo...]. Obtendrá otro cuadro de diálogo:

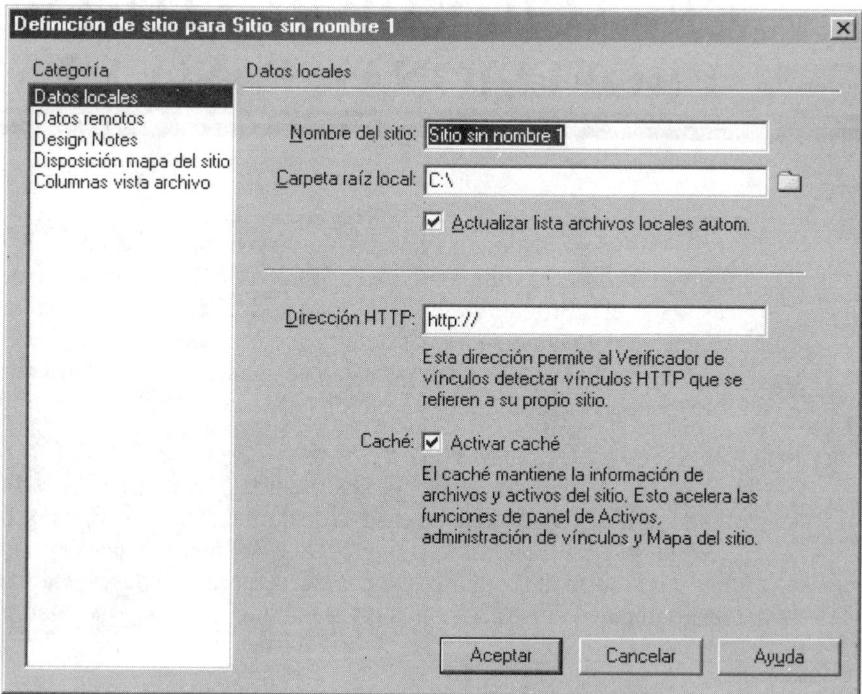

1. Teclee *Megatecla* en **Nombre del sitio**.

2. Haga clic en el icono 📁 de la **Carpeta raíz local**. Esto le ofrecerá otro cuadro de diálogo para que elija la carpeta en la que va a alojarse el sitio Web. En nuestro caso, esa carpeta aún no existe, por lo que vamos a crearla pulsando el botón 📁 (**Crear nueva**

carpeta). Cuando obtenga el cursor para dar nombre a la carpeta teclee *Megatecla* y pulse la tecla **INTRO**. Luego pulse Abrir y después Seleccionar.

3. De vuelta al cuadro de diálogo anterior, seleccione la categoría **Disposición mapa del sitio**.

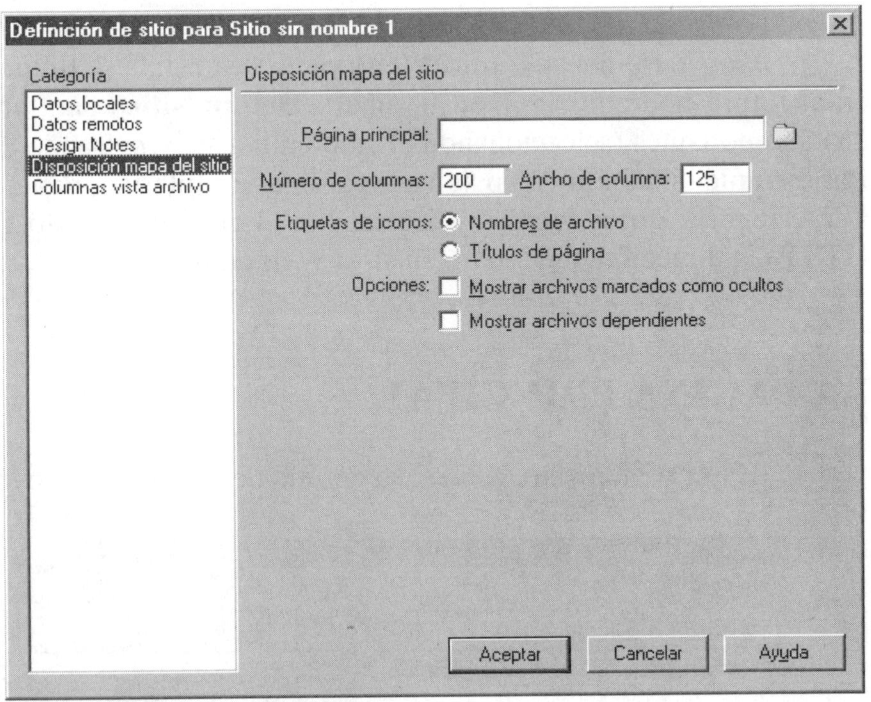

4. En el cuadro de texto **Página principal**, teclee *Marco grande.htm* y pulse el botón Aceptar.

5. Dreamweaver le informará de que la página *Marco grande.htm* aún no existe:

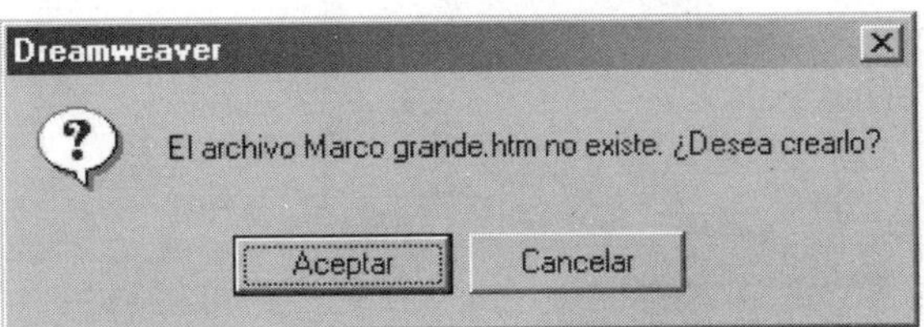

6. Acepte para que Dreamweaver cree la nueva página (vacía). También le informará de que va a crear un caché para la página: se trata de un trabajo interno que controlará mejor el sitio Web que estamos diseñando.

7. Con esto, Dreamweaver le llevará de nuevo al cuadro **Definir sitios**, en el que pulsaremos el botón Listo .

Con esto, nuestro sitio Web (vacío) ya estará definido, si bien, en el futuro podremos volver al cuadro **Definir sitios** para añadir más datos importantes (seleccionando el sitio en la lista y pulsando Editar...). Por ejemplo, si el sitio Web se va a publicar en Internet, deberá acceder a la categoría **Datos locales** y teclear (en el cuadro de texto **Dirección HTTP**) la dirección que tendrá su sitio Web en Internet.

LA PÁGINA PRINCIPAL

Hasta el momento, la ventana de sitio debería mostrar lo siguiente:

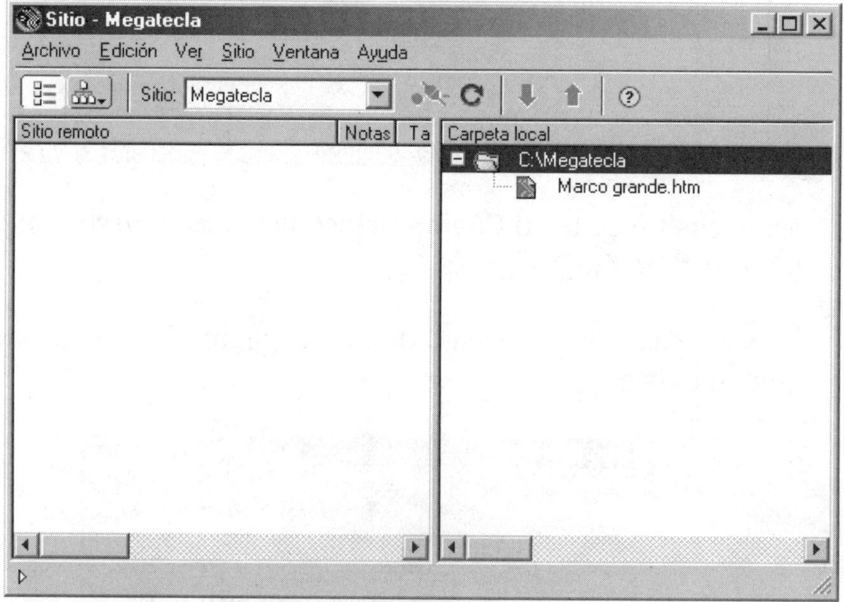

Haga doble clic en **Marco grande.htm** para que se abra la ventana de diseño con la página (aún vacía) y podamos comenzar a rellenarla.

Nuestra página va a contener marcos, así pues, vamos a continuar creándolos. Acceda al menú **Modificar** y seleccione **Conjunto de marcos**. Esta opción le ofrecerá un submenú con varias posibilidades para crear marcos: elija **Dividir marco hacia abajo**.

La ventana le quedará dividida en dos marcos, uno encima del otro. Haga clic en el marco inferior y vuelva a acceder al menú **Modificar** y a su opción **Conjunto de marcos**. Esta vez seleccione **Dividir marco a la derecha**.

El resultado, hasta ahora, debería ser el siguiente:

A continuación grabaremos cada marco, aunque aprovecharemos para asignar un nombre a cada uno antes de grabarlos.

1. Haga clic en el marco superior y, después, en la barra de herramientas teclee el **Título** *Rótulo* y pulse **INTRO**.

2. Acceda al menú **Archivo** y seleccione **Guardar marco**. En el cuadro de diálogo que aparezca, teclee como nombre para el archivo *Marco rótulo*. No olvide que debe grabar el archivo en la carpeta *Megatecla* por lo que, si esta carpeta no aparece ya seleccionada, deberá buscarla antes de pulsar el botón 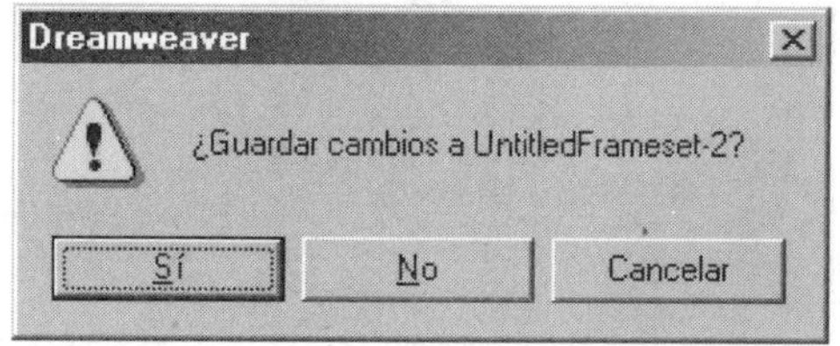.

3. Después haga clic en el marco de la izquierda, asígnele como **Título** *Menú* y grábelo en el disco igual que hizo con el marco superior (asignando al archivo el nombre *Marco botones*).

4. Para terminar, cierre la ventana para que Dreamweaver le pregunte cómo desea grabar la página que contendrá los marcos:

5. Responda afirmativamente y asígnele el nombre *Principal*.

Ésta será, en realidad, la página principal, por lo que vamos a establecerla como tal. Para ello, en la ventana de sitio, haga clic con el botón derecho del ratón sobre el icono de la página *Principal* y, en el menú que aparezca, seleccione la opción **Establecer como página principal** (la página *Marco grande* dejará de serlo).

Continuaremos poniendo un nombre a dicha página: haga doble clic sobre su icono en la ventana de sitio para que aparezca la ventana de diseño con lo que hasta ahora contiene.

En el menú **Modificar** seleccione, una vez más, **Conjunto de marcos**. En el submenú que aparezca, seleccione la opción **Editar**

contenido sin marcos para poder cambiar las características de la página que contiene los marcos.

Asígnele un nombre a la página mediante el cuadro de texto **Título** de la barra de herramientas. El nombre será *Megatecla Equipos Informáticos*. No olvide pulsar **INTRO** cuando haya escrito el rótulo.

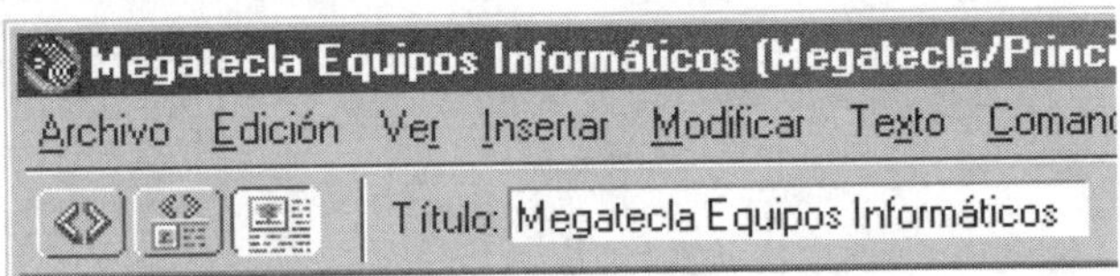

Vuelva a acceder al menú **Modificar** y seleccione **Conjunto de marcos**. En el submenú que obtenga seleccione **Editar contenido sin marcos**. Con esto volverá a trabajar con todos los marcos de la página.

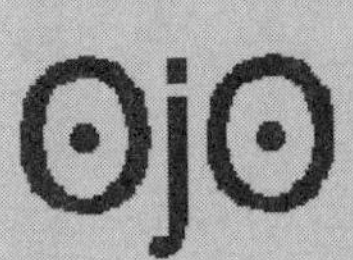

A partir de este instante no le recordaremos que grabe los cambios en sus páginas y marcos, por lo que le recomendamos que, cada vez que realice algún cambio importante en la página (o uno que le cueste mucho trabajo) no olvide grabarlo en el disco mediante la opción **Guardar marco** del menú **Archivo** (o **Guardar** en el mismo menú).

RELLENO DEL MARCO *RÓTULO*

Como acabamos de ver, la página principal va a consistir en tres marcos (con sus correspondientes páginas). A continuación rellenaremos los marcos con los datos que tendrán inicialmente (la presentación que tendrá la página cuando el internauta la visite).

Comenzaremos por el marco superior: *Rótulo*. Haga clic en él. Este marco va a contener un dibujo y una película de Flash:

En el CD-ROM hemos incorporado una carpeta con el nombre **Archivos**. En ella puede encontrar todos los archivos que le vamos a ir pidiendo que incorpore a las páginas del Web.

Cuando vaya a diseñar un sitio Web por su cuenta tendrá que conseguir estos archivos con imágenes, sonidos, etc.:

1. Necesitará conseguir imágenes para sus páginas. Si puede disponer de fotografías de los productos que anuncie en su Web, tanto mejor. Le darán un atractivo mayor a sus páginas. Si es así necesitará un escáner, una cámara de vídeo y una tarjeta capturadora o una cámara digital de fotografías.

    • Se pueden conseguir dibujos hechos por ordenador (llamados clipart) en muchos sitios Web de Internet.

    • Si tiene una fotografía, utilice un escáner para digitalizarla y algún programa como Photoshop o Fireworks para mejorarla: suele ser muy útil grabarla en el disco en formato **JPG** debido a que ocupa poco espacio y es un formato estándar.

    • Si dispone de una cámara de vídeo y una tarjeta capturadora puede emplear el programa de captura que lleve la tarjeta para obtener la imagen de un fotograma de la película que le interese colocar en su página Web.

    • Si dispone de una cámara digital el proceso es más sencillo: haga la foto y, si lo necesita, mejórela con Photoshop o Fireworks.

2. Los sonidos deberá grabarlos con un equipo de música, un micrófono o un equipo MIDI (también hay sitios en Internet con muestras).

    • Es recomendable que grabe los archivos con un equipo de música o un micrófono, procurando que el archivo no sea muy grande para que no tarde mucho en descargarse.

    • Si se trata de un equipo MIDI deberá componer la música y grabarla en el disco.

3. Si se trata de vídeo deberá grabarlo con una cámara y capturar la película resultante mediante una tarjeta capturadora de vídeo.

4. Si se trata de animaciones puede emplear programas como Flash o Director con los que puede generar animaciones muy vistosas y que ocuparán poco espacio en el disco.

Todo lo dicho anteriormente es válido siempre que disponga del equipo necesario (escáneres, cámaras, programas como Photoshop o Flash) y de los conocimientos para manejarlos.

1. Acceda al menú **Insertar** y seleccione **Imagen**. Busque el archivo *Logo* en el CD-ROM y selecciónelo.

2. Dreamweaver le ofrecerá el siguiente cuadro de diálogo:

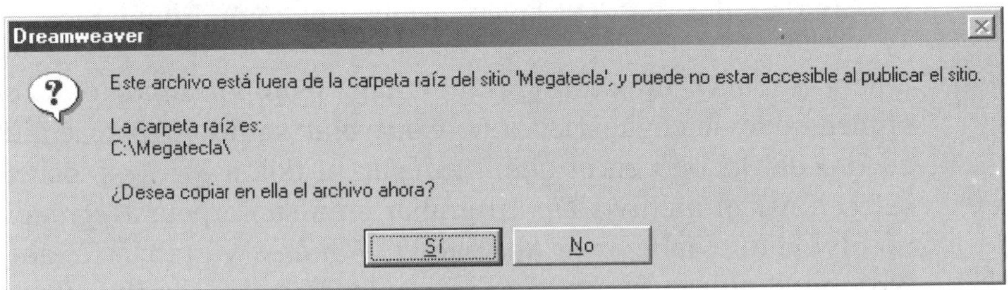

Con ello le indica que el archivo elegido no está dentro de la carpeta *Megatecla* en la que está diseñando el sitio Web. Para que no haya ningún problema, necesitará que ese archivo se encuentre dentro de dicha carpeta, por lo que deberá copiar el archivo en ella. Dreamweaver lo hará por usted cuando pulse el botón Sí. Esto le sucederá siempre que vaya a incorporar un archivo a su página que no se encuentre dentro de la carpeta de su Web por lo que le sugerimos que siempre que le aparezca este cuadro responda afirmativamente. Si lo hace, se lo ofrecerá otro cuadro de diálogo para que le dé un nombre al archivo que copia. Nuestra recomendación es que mantenga el mismo nombre original (símplemente pulsando el botón Guardar) a menos que le resulte tan ilegible que prefiera darle otro; ahora bien, a efectos prácticos resultará positivo crear una carpeta para cada tipo de archivo que vaya a incorporar a su Web (imágenes, sonidos, etc.). Así pues, en ese cuadro de diálogo pulse el botón para crear una nueva carpeta a la que, en este caso, llamaremos *Imágenes* para colocar ahí todas las que vayamos incorporando al Web.

3. La imagen resulta ligeramente grande, por lo que la reduciremos mediante el inspector de propiedades, tecleando el valor **430** en **An** (ancho) y **60** en **Al** (alto).

4. Vamos a aplicar a esta imagen dos comportamientos. Así pues, acceda al panel Comportamientos y pulse su botón .

5. En el menú que aparezca seleccione **Intercambiar imagen**. Obtendrá un cuadro de diálogo en el que deberá pulsar el botón `Examinar...` para elegir la imagen que sustituirá a *Logo*. En la lista de archivos busque *Logo-pulsado* y cópielo a la carpeta *Megatecla*. No olvide pulsar `Aceptar` para terminar el comportamiento.

6. Vuelva a pulsar el botón ⊞ en el panel Comportamientos y, en el menú que obtenga, seleccione **Controlar sonido**. Aparecerá un cuadro de diálogo en el que, mediante el botón `Examinar...`, deberá seleccionar el archivo *Tic* (al grabarlo en su carpeta *Megatecla* no olvide que debe crear una carpeta *Sonidos* y grabar *Tic* ahí). No olvide pulsar `Aceptar` para terminar el comportamiento. A la derecha de la imagen obtendrá el icono ⊞ que indica que esa página contiene un comportamiento de sonidos. Si desea que el sonido se escuche cuando el ratón pase por la imagen en lugar de cuando haga clic, cambie *onMouseDown* por *onMouseOver* en el panel Comportamientos.

7. A continuación vamos a añadir una película de Flash, para lo cual, deberá situarse detrás de la imagen (a su derecha) y acceder al menú **Insertar** para seleccionar **Medio**. Esto ofrecerá un submenú en el que deberá elegir la opción **Flash**. Como de costumbre, obtendrá un cuadro de diálogo en el que deberá seleccionar el archivo que contiene la película que va a incorporar (recuerde crear una carpeta en *Megatecla* para las películas, por ejemplo, *Películas Flash*). El nombre de la película es *Rótulo de bienvenida*.

8. La página deberá contener un fondo del mismo color que tienen el Logo y la película Flash, de modo que acceda al menú **Modificar** para elegir **Propiedades de la página**. En el cuadro de diálogo que aparezca, utilice el botón ▣ del cuadro de texto **Fondo** y haga clic sobre el color negro de fondo del *Logo* (debería obtener el código **#333333**, si no es así, puede teclearlo usted mismo).

9. Para terminar con el marco, debemos ajustar su tamaño de modo que haga clic sobre él y, sin soltar el botón del ratón arrástrelo

hasta que el contenido de la ventana (el logo y la película de Flash) encajen perfectamente dentro. Para que esto sea así, deberá ver el valor **100** en el cuadro de texto **Fila** del inspector de propiedades una vez que haya hecho clic en el borde del marco (si lo prefiere, puede teclear ahí mismo el valor para cambiar el tamaño del marco).

10.   No olvide seleccionar la opción **Guardar marco** en el menú **Archivo** para grabar el resultado en el disco.

Nuestro resultado, hasta el momento, debería ser el siguiente:

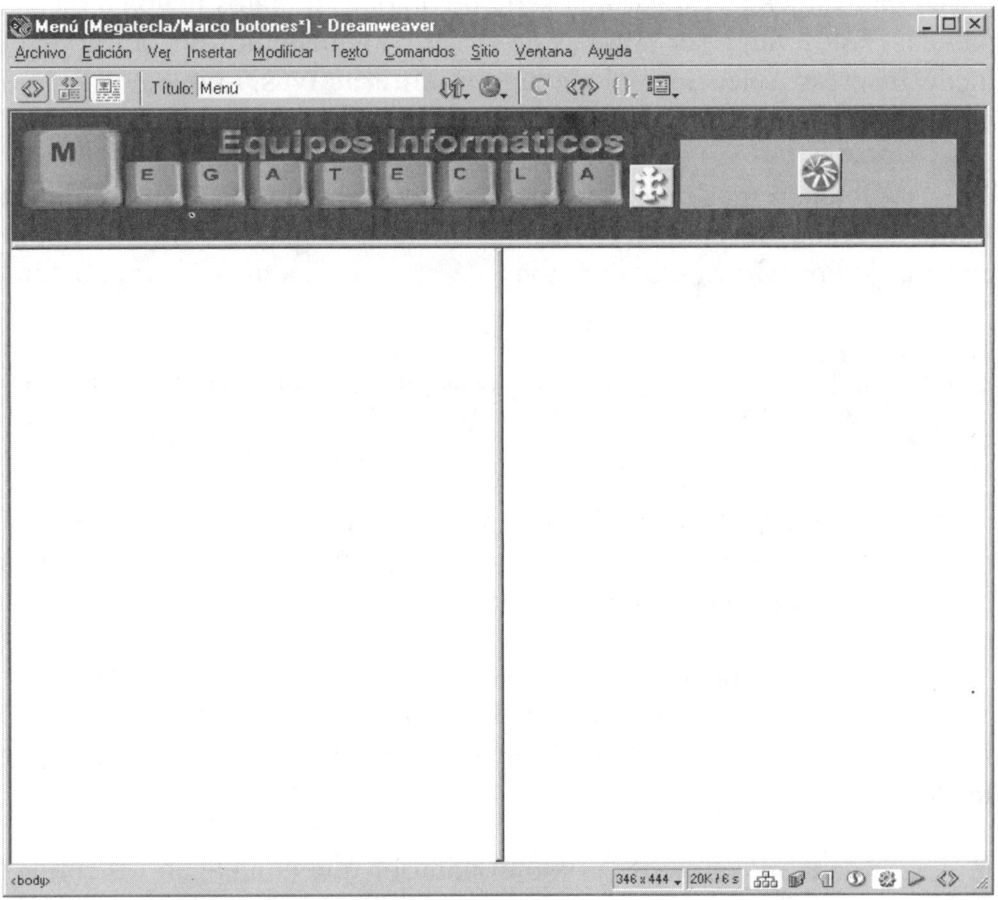

RELLENO DEL MARCO *MENÚ*

A continuación seguiremos por el marco de la izquierda (*Menú*). Haga clic sobre él y acceda al menú **Modificar** para seleccionar la opción **Propiedades de la página**.

En el cuadro de diálogo que obtenga, utilice el cuadro de texto **Fondo** para teclear el valor **#FFFF96** como color para su página (un amarillo suave).

Esta página va a contener la mayoría de los enlaces a las demás, por lo que vamos a colocar una serie de botones que nos lleven a dichas páginas. Éstos van a ser botones de Flash y los podemos encontrar en el menú **Insertar**, seleccionando **Imágenes interactivas**, lo que nos llevará a un submenú en el que elegiremos **Botón Flash**.

Obtendremos un cuadro de diálogo en el que seleccionaremos el **Estilo** de botón **Beveled Rect-Blue**. Escriba en el cuadro **Texto de botón** el mensaje *Portada* y pulse el botón [Aceptar] para terminar el botón.

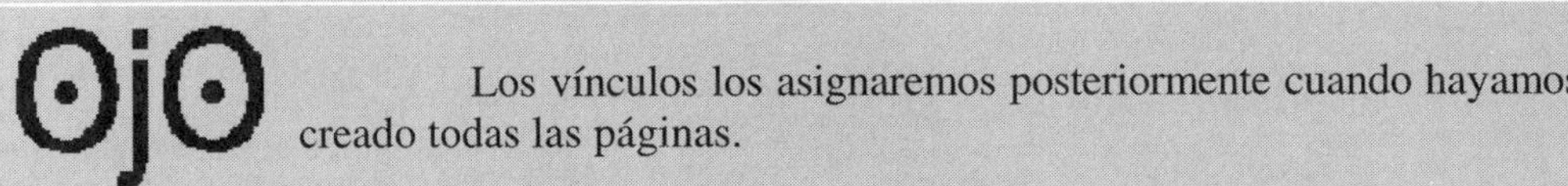

Pulse la tecla **INTRO** para pasar a la línea siguiente y teclee el mensaje *Productos:*. Luego, vuelva a pulsar **INTRO** para colocar más botones en la línea siguiente de texto.

Vuelva al menú **Insertar**, seleccione **Imágenes interactivas**, y en el submenú que aparezca, elija **Botón Flash**. Esta vez, seleccione el **Estilo** de botón **Beveled Rect-Bronze** y teclee *Portátiles* en **Texto de botón**.

Añada más botones como el anterior que contengan los rótulos *Sobremesa*, *Software*, *Rótulos* y *Consumibles*. Incorpórelos uno detrás del anterior sin pulsar **INTRO** entre ellos.

Después del último botón, sí que deberá pulsar **INTRO** para crear una pequeña separación y añadir dos botones más (iguales que estos últimos) con los rótulos *Pedidos* y *Clientes*.

Pulse **INTRO** para pasar a la línea siguiente y teclee *Sobre nosotros:*. Después de pulsar **INTRO** una vez más, añada dos botones Flash (con el **Estilo** de botón **Beveled Rect-Blue**) que tengan los rótulos *Quiénes somos* y *Contáctanos*.

Pulse **INTRO** y añada el símbolo © (menú **Insertar**, opciones **Caracteres especiales** y **Copyright**) seguido del año actual, una coma, un espacio y su nombre.

Pulse las teclas **CONTROL + A** (o active **Seleccionar todo** en el menú **Edición**) para seleccionar todo el texto de la página y aplíquele, en el inspector de propiedades, la fuente **Arial**, el tamaño **2**, el estilo **negrita** y como color el código **#3399CC**. Pulse también el botón ▤ para centrar los datos en el marco.

Termine la página ajustando el tamaño del marco al de la anchura de un botón de los que ha colocado en la página (le recomendamos **150** píxeles de ancho). Si no acierta a la primera continúe cambiando el tamaño del marco hasta que encaje perfectamente. Otros datos que puede utilizar para mejorar el marco son:

1. Active la opción **Marcos** en el menú **Ventana** para obtener el panel Marcos.

2. En dicho panel, haga clic sobre el marco que representa al de la izquierda.

3. En el inspector de propiedades realice los siguientes cambios:

    * En la lista **Desplaz** seleccione **No** para que no aparezcan las barras de desplazamiento.

    * Seleccione **No** en la lista **Bordes** para que no se vean líneas de separación entre los marcos de la página.

    * Active la casilla **Mismo tamaño** para que el internauta no pueda variar el tamaño de los marcos cuando esté visitando la página en su navegador.

    * Establezca el valor **4** en los cuadros de texto **Ancho del margen** y **Alto del margen** para que el contenido de la página se separe ligeramente de los bordes del marco.

Recuerde que puede ver el resultado pulsando la tecla **F12**. No olvide grabar el trabajo en el disco. El resultado de lo que debería llevar hasta el momento en el marco izquierdo es el siguiente:

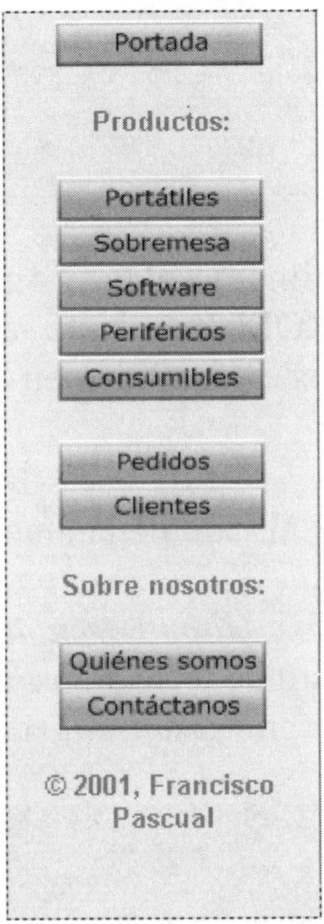

RELLENO DEL MARCO DE PRESENTACIÓN

Haga clic sobre el marco principal de la ventana y acceda al menú **Modificar** para seleccionar la opción **Propiedades de la página**.

En el cuadro de texto **Fondo** teclee el dato **#1EAFC8** para asignar un azul suave a la página.

Pulse el botón 🏢 del panel Objetos (o acceda al menú **Insertar** y seleccione **Tabla**) para crear una tabla. En el cuadro de diálogo que aparezca establezca los siguientes datos:

Haga clic en la primera celda de la tabla para colocar ahí la imagen *Novedad* del CD-ROM (mediante la opción **Imagen** del menú **Insertar**). Recuerde que debe guardarse en la carpeta *Imágenes* dentro del Web.

En la celda que hay al lado de la anterior teclee la frase *Nuestros equipos son admirados desde hace 20 años*. Dos filas más abajo, en la celda de la izquierda escriba *Última tecnología en portátiles*; después pulse la tecla **INTRO** y continúe tecleando *Pentium XIV*. En la celda que hay al lado de ésta inserte la imagen *p-note* del CD-ROM.

Acceda a la última fila de la tabla y seleccione con el ratón las dos celdas que la componen. Después, acceda al menú **Modificar** y seleccione **Tabla** para elegir, en el submenú que aparezca, la opción **Combinar celdas**. Repita el mismo proceso para la fila anterior.

En la última celda teclee la frase *Los precios y modelos que aparecen en este Web pueden modificarse sin previo aviso*. En la celda de la fila anterior teclee *Última actualización:* y, detrás, inserte la fecha actual (en el menú **Insertar**, la opción **Fecha**, seleccionando un formato de fecha que le guste y activando la casilla **Actualizar automáticamente al guardar**).

A continuación seleccione las seis primeras celdas de la tabla (3 filas por dos columnas) y, en el inspector de propiedades, asigne la fuente **Arial** y el color **#FFFF96** (el mismo amarillo que pusimos de fondo en el marco de la izquierda).

Las frases *Pentium XIV* y *Última actualización* deben aparecer en negrita (botón **B** del inspector de propiedades).

La frase de la última celda debe aparecer escrita con la fuente **Arial** y el **Tam**año **1**.

Seleccione las tres primeras celdas de la izquierda en la tabla y asígneles la alineación derecha (botón ≣ del inspector de propiedades).

ANIMACIÓN EN EL MARCO PRINCIPAL

El marco principal va a contener dos capas animadas. Comience por activar el botón ▦ del panel Objetos (o active **Capa** en el menú **Insertar**) y dibuje la capa (no importa demasiado el tamaño puesto que luego podremos corregirlo).

Dentro de la capa, teclee las frases *Garantía de 2 años. Precios IVA incluido*. Cuando lo haya escrito, selecciónelo y asígnele la fuente **Arial**, el **Tam**año **2**, la **negrita** y el color **#FFFF96** (amarillo suave).

Haga clic en uno de los bordes de la capa para poder modificar sus propiedades en el inspector. En él, asigne el valor **0** (cero) a **Iz**, **325** a **Sup**, **265** a **An** y **22** a **Al**.

Con esta capa vamos a crear un movimiento de vaivén, para lo cual necesitaremos el panel Líneas de tiempo (que puede activar en el menú **Ventana**).

Arrastre la capa hasta el canal **1** del panel Líneas de tiempo. Luego arrastre el fotograma clave del extremo derecho hasta la posición **60** (el fotograma clave de la izquierda deberá estar en la posición **1**). Manteniendo pulsada la tecla **CONTROL** haga clic en la posición **30** (la mitad de la duración) del mismo canal **1** para crear ahí un fotograma clave y, en el inspector de propiedades, asigne el valor **80** a **Iz**. Con esto habremos conseguido que la capa se desplace de izquierda a derecha (desde la posición **0** a la **80**) y de derecha a izquierda.

No olvide activar las casillas **Bucle** y **Reprod. Automática** para que Dreamweaver comience el movimiento al aparecer la ventana en el navegador y lo repita indefinidamente.

La segunda capa que vamos a añadir se encargará de que el mensaje *Novedad* parpadee constantemente. Así pues, vuelva al menú **Insertar** y seleccione **Capa** (o pulse el botón 🔲 del panel Objetos); recuerde que el tamaño inicial de la capa no tiene importancia.

Teclee la palabra **Novedad** dentro de la nueva capa y asígnele los mismos valores de texto que en la capa anterior (fuente **Arial**, **Tam**año **2**, **negrita** y color **#FFFF96**).

Haga clic en uno de los bordes de la capa para asignarle las siguientes propiedades en el inspector: **255** a **Iz**, **225** a **Sup**, **81** a **An** y **22** a **Al**.

Arrastre la capa hasta el canal **2** del panel Líneas de tiempo. Arrastre el fotograma clave de la derecha hasta la posición **60** (el fotograma clave de la izquierda deberá estar en la posición **1**). Manteniendo pulsada la tecla de **CONTROL** haga clic cada cinco fotogramas (posiciones **5**, **10**, **15**, **20**, **25**, **30**, **35**, **40**, **45**, **50** y **55**) del canal **2**. Alternando los fotogramas, oculte la capa (seleccione **Hidden** en la lista desplegable **Vis** en los fotogramas **5**, **15**, **25**, **35**, **45** y **55**). Si desea asegurarse de que en el resto de las posiciones la capa está visible, muestre la capa en esas posiciones (seleccione **Visible** en la lista desplegable **Vis** en los fotogramas **1**, **10**, **20**, **30**, **40**, **50** y **60**).

Algunos detalles finales de este apartado:

- Las posiciones de las capas pueden modificarse a su gusto, pero tenga en cuenta que funcionan con valores absolutos que hacen referencia a los bordes del marco en el que se encuentren (por ese motivo, los valores que le hemos ofrecido para las dos capas se ven correctamente en el navegador pero descolocados en la ventana de diseño de Dreamweaver).

- Si lo desea, puede cerrar el panel Líneas de tiempo.

CREAR EL RESTO DE LAS PÁGINAS

A continuación podemos crear las páginas que nos faltan para crear el Web. Lo cierto es que, por ahora, sólo vamos a crear las páginas vacías (aunque con el color de fondo ya asignado y su rótulo colocado en la parte superior) para tener algo con lo que trabajar.

En el menú **Archivo** de la ventana de sitio, seleccione **Nueva ventana**. Aparecerá una nueva ventana de diseño vacía. Acceda al menú **Modificar** y seleccione **Propiedades de la página**. Seleccione el color **#1EAFC8** para el **Fondo** (el mismo azul suave que hemos asignado a la página de presentación) y teclee **Portátiles** en el **Título**. Acceda al menú **Insertar** y seleccione **Imagen**. Busque el archivo *Rótulo-portátiles* en el CD-ROM (recuerde que deberá grabarlo en la carpeta *Imágenes* del Web).

Grabe la página en el disco mediante la opción **Guardar** del menú **Archivo**, dándole a la página el nombre *Portátiles*.

Con esto tenemos la página de *Portátiles* creada (aunque aún no está terminada). Ahora vamos a aprovechar para crear las demás páginas partiendo de ésta (así nos ahorraremos elegir el color de fondo para ellas.

1. Elimine la imagen *Rótulo-portátiles* haciendo clic sobre ella y pulsando la tecla **SUPR** en el teclado. Luego añada, en su lugar, el archivo *Rótulo-sobremesa* del CD-ROM.

2. Teclee como **Título** para la página (en la barra de herramientas) *Sobremesa*.

3.   Acceda de nuevo al menú **Archivo** y seleccione **Guardar cómo**, para grabar la página con otro nombre. El nombre será *Sobremesa*.

4.   Repita los tres pasos anteriores para las demás páginas. Las que nos faltan por crear deben tener los datos siguientes:

- Página *Software* (éste será el nombre del archivo al grabarlo y del **Título**): su imagen será *Rótulo-Software* (del CD-ROM).

- Página *Periféricos* (éste será el nombre del archivo al grabarlo y del **Título**): su imagen será *Rótulo-Periféricos* (del CD-ROM).

- Página *Consumibles* (éste será el nombre del archivo al grabarlo y del **Título**): su imagen será *Rótulo-Consumibles* (del CD-ROM)

- Página *Pedidos* (éste será el nombre del archivo al grabarlo y del **Título**): su imagen será *Rótulo-Pedidos* (del CD-ROM).

- Página *Clientes* (éste será el nombre del archivo al grabarlo y del **Título**): su imagen será *Rótulo-Clientes* (del CD-ROM).

- Página *Quiénes somos* (éste será el nombre del archivo al grabarlo): no lleva imagen con rótulo.

- Página *Contáctanos* (éste será el nombre del archivo al grabarlo): no lleva imagen con rótulo.

NOMBRES PARA LOS MARCOS Y ENLACES PRINCIPALES

Antes de continuar diseñando las nuevas páginas, necesitaremos dar un nombre a los tres marcos de la página principal, puesto que después los botones del marco de la izquierda necesitarán ese nombre para colocar las páginas en el marco correspondiente.

Acceda al menú **Ventana** y seleccione **Marcos** para activar el panel Marcos (si no lo tenía ya activo de antes). En dicho panel, haga clic sobre el marco superior y, en el inspector de propiedades, teclee el nombre **Rótulo** dentro del cuadro de texto **Nombre de marco**. No olvide pulsar **INTRO** para que el dato quede bien asignado.

En el panel Marcos, haga clic sobre el marco de la izquierda y, en el inspector de propiedades, teclee el nombre **Menú** dentro del cuadro de texto **Nombre de marco**. No olvide pulsar **INTRO** para que el dato quede bien asignado.

Por último, en el panel Marcos, haga clic sobre el marco de principal y, en el inspector de propiedades, teclee el nombre **Principal** dentro del cuadro de texto **Nombre de marco**. No olvide pulsar **INTRO** para que el dato quede bien asignado.

A continuación asignaremos a cada botón del marco de la izquierda la página que deberá aparecer y en qué marco deberá hacerlo.

1. Haga doble clic sobre el botón [Portada] y, en el cuadro de diálogo que aparezca, seleccione el archivo *Marco grande.htm* (mediante el botón [Examinar...] del cuadro de texto **Vínculo**) y elija como **Destino** el marco **Principal**.

2. Repita el paso anterior para todos los botones del marco izquierdo. Los datos son los siguientes (siempre empleando como **Destino** el marco **Principal**):

   - Para el botón [Portátiles] el archivo es *Portátiles.htm*.

   - Para el botón [Sobremesa] el archivo es *Sobremesa.htm*.

   - Para el botón [Software] el archivo es *Software.htm*.

   - Para el botón [Periféricos] el archivo es *Periféricos.htm*.

- Para el botón [Consumibles] el archivo es *Consumibles.htm*.
- Para el botón [Pedidos] el archivo es *Pedidos.htm*.
- Para el botón [Clientes] el archivo es *Clientes.htm*.
- Para el botón [Quiénes somos] el archivo es *Quiénes somos.htm*.
- Para el botón [Contáctanos] el archivo es *Contáctanos.htm*.

Como suele decirse, cada oveja con su pareja.

RELLENO DE LA PÁGINA *PORTÁTILES*

Abra la página de *Portátiles* (menú **Archivo**, opción **Abrir**) puesto que vamos a completarla con sus datos.

Pulse **INTRO** detrás de la imagen del rótulo e inserte allí una tabla (menú **Insertar**, opción **Tabla**, o bien, el botón ⊞ del panel Objetos) con los siguientes datos:

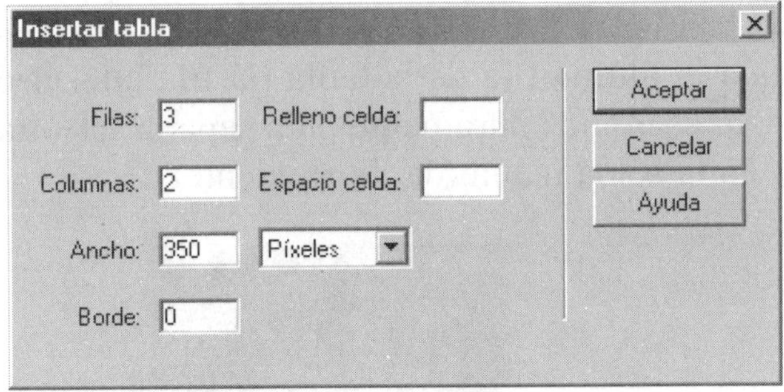

1. En el inspector de propiedades, active la lista **Alinear** y seleccione **Centro**.

2. En la primera celda, inserte la imagen *p-note* (no la cargue desde el CD-ROM sino desde la carpeta *Imágenes* de su Web y así no necesitará copiarla, puesto que ya la copió anteriormente). Alinee la imagen a la derecha de la celda, por ejemplo mediante

el botón ≣ del inspector de propiedades y colóquele un **Borde** alrededor de tamaño **1** (también desde el inspector).

3. En la celda que hay a su lado, teclee lo siguiente:

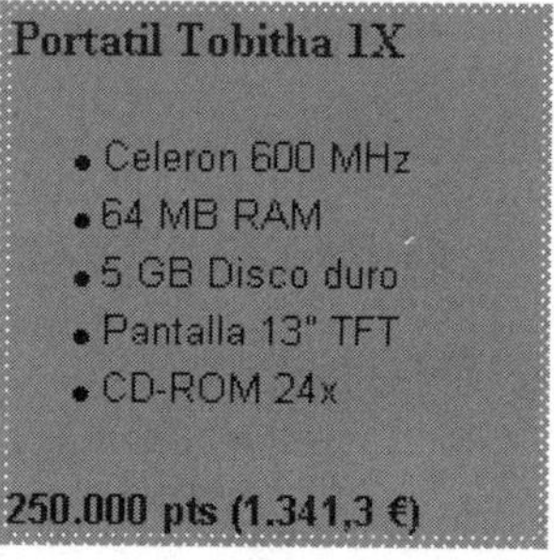

4. Seleccione todo el texto y asígnele los valores de siempre (fuente **Arial**, **Tam**año **2** y color **#FFFF96**). El nombre del ordenador portátil y su precio deben aparecer en negrita (por ejemplo, con el botón **B** del inspector de propiedades), mientras que al resto del texto deberá aplicarle una **Lista sin ordenar** (menú **Texto**, opción **Lista**). El símbolo euro (€) puede obtenerlo manteniendo pulsada la tecla **Alt Gr** y presionando la tecla **E**.

5. Acceda a la última fila de la tabla (la fila intermedia no llevará datos y la usaremos puramente para separar las otras dos filas) y teclee, en la celda izquierda, lo siguiente:

6. Igual que antes, deberemos asignarles los valores de siempre (fuente **Arial**, **Tam**año **2** y color **#FFFF96**). El nombre del

ordenador portátil y su precio deben aparecer en negrita (botón **B** del inspector de propiedades), mientras que al resto del texto deberá aplicarle una **Lista sin ordenar** (menú **Texto**, opción **Lista**).

7. Para terminar la página, en la última celda de la tabla insertaremos la imagen *Portátil 2* del CD-ROM (recuerde: menú **Insertar**, opción **Imagen**). No olvide guardar la página en el disco.

RELLENO DE LA PÁGINA *SOBREMESA*

La página de *Sobremesa* es idéntica a la de los *Portátiles*, con excepción del texto, las imágenes que contiene (las imágenes son *Novedad*, que como antes no necesitará ser copiada debido a que ya lo está y *Sobremesa 1* del CD-ROM) y que la tabla debe ser de una anchura mayor: **540** píxeles.

La página deberá tener el siguiente aspecto:

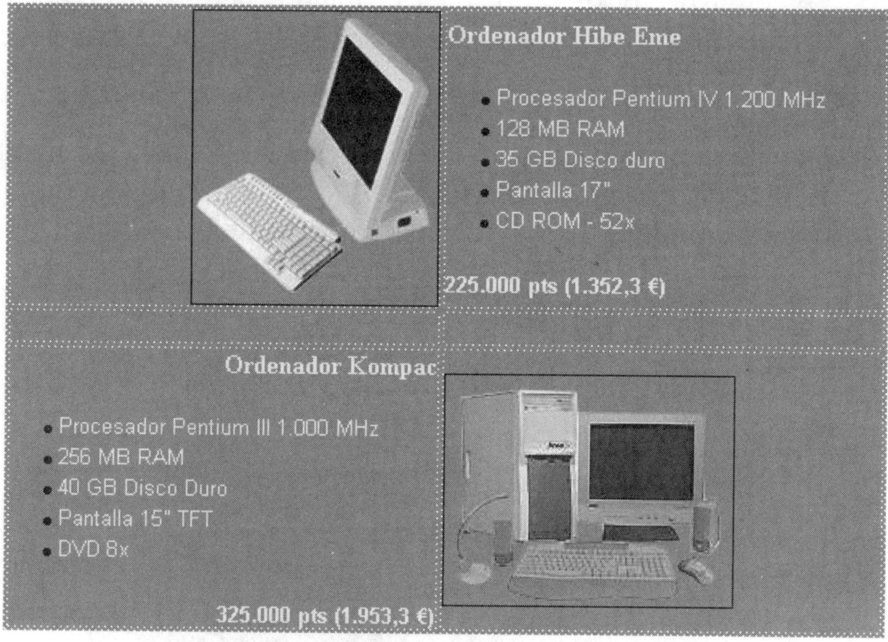

Recuerde que debe grabar el resultado.

RELLENO DE LA PÁGINA *SOFTWARE*

Abra la página de *Software*, pulse la tecla **INTRO** detrás de la imagen del rótulo e inserte una tabla (menú **Insertar**, opción **Tabla**, o bien, el botón 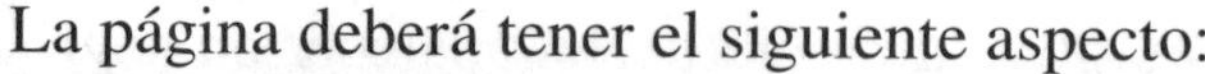 del panel Objetos) con los siguientes datos:

Una vez que la tabla se encuentre en la página, seleccione las tres celdas de la primera fila, acceda al menú **Modificar**, active la opción **Tabla** y, en el submenú que aparezca, elija **Combinar celdas**. Luego, teclee los siguientes datos:

Le ofrecemos una completa selección de programas que puede solicitarnos al mejor precio.		
Microsoft Windows	166,386 pts	1 €
Microsoft Office	166,386 pts	1 €
Macromedia Dreamweaver	166,386 pts	1 €
Macromedia Flash	166,386 pts	1 €
Macromedia Director	166,386 pts	1 €
Macromedia Fireworks	166,386 pts	1 €
Borland Delphi	166,386 pts	1 €
Borland J Builder	166,386 pts	1 €
Borland C++	166,386 pts	1 €
Lotus SmartSuite	166,386 pts	1 €
Lotus Notes	166,386 pts	1 €

Seleccione todas las celdas de la tabla y aplíqueles las propiedades de texto de siempre (fuente **Arial**, **Tam**año **2** y color **#FFFF96**). Los nombres de los programas deberán aparecer en negrita (botón **B** del inspector de propiedades).

Al lado de la tabla vamos a incorporar cuatro capas que contendrán una imagen cada una. Añada las capas (menú **Insertar**, opción **Capa**) y coloque una de las siguientes imágenes del CD-ROM en cada capa (haciendo clic dentro de una capa y activando la opción **Imagen** del menú **Insertar**): *Borland*, *Macromedia*, *Smartsuite* y *Windows-2000*.

No olvide que resultará muy práctico ampliar o reducir el tamaño de cada capa hasta que se ajuste a su contenido.

Luego coloque las capas de modo que las imagen queden situadas de la siguiente forma:

Sitúese debajo de la tabla y teclee lo siguiente:

Enlaces a sitios Web de Software para obtener características de programas:

- Microsoft
- Macromedia
- Lotus
- Borland
- Corel
- Adobe
- Adaptec
- Creative

A cada una de estas compañías les vamos a asociar un vínculo (seleccionando cada una y tecleando su dirección Web en el cuadro de texto **Vínculo** del inspector de propiedades).

1. Para *Microsoft*: http://www.microsoft.es

2. Para *Macromedia*: http://www.macromedia.com

3. Para *Lotus*: http://www.lotus.es

4. Para *Borland*: http://www.borland.es

5. Para *Corel*: http://www.es.corel.com

6. Para *Adobe*: http://www.adobe.es

7. Para *Adaptec*: http://www.adaptec-de.com/default.asp

8. Para *Creative*: http://www.europe.creative.com/mycountry/spain/welcome.asp

RELLENO DE LA PÁGINA *PERIFÉRICOS*

La página de los *Periféricos* va a ser construida de una forma ligeramente distinta debido a su contenido. En esta página vamos a colocar una lista desplegable cuyas opciones tendrán vínculos a otras páginas. El método de que disponemos no nos permite elegir el marco en el que esas páginas deben aparecer, a menos que nos encontremos en una página que tenga marcos. La página que a nosotros nos interesa es la principal, puesto que cuando hagamos clic en el botón ⬚ Periféricos ⬚, deberá llevarnos a esa página, pero en el marco más grande. Así pues, abriremos la página *Principal* y nos colocaremos en ese marco (el que contiene la presentación). Luego, accederemos al menú **Archivo** y seleccionaremos **Abrir en marco**. Esta opción abre una página, pero la coloca dentro del marco en el que nos encontremos. Para ello se nos ofrece el cuadro de diálogo de abrir que hemos empleado siempre.

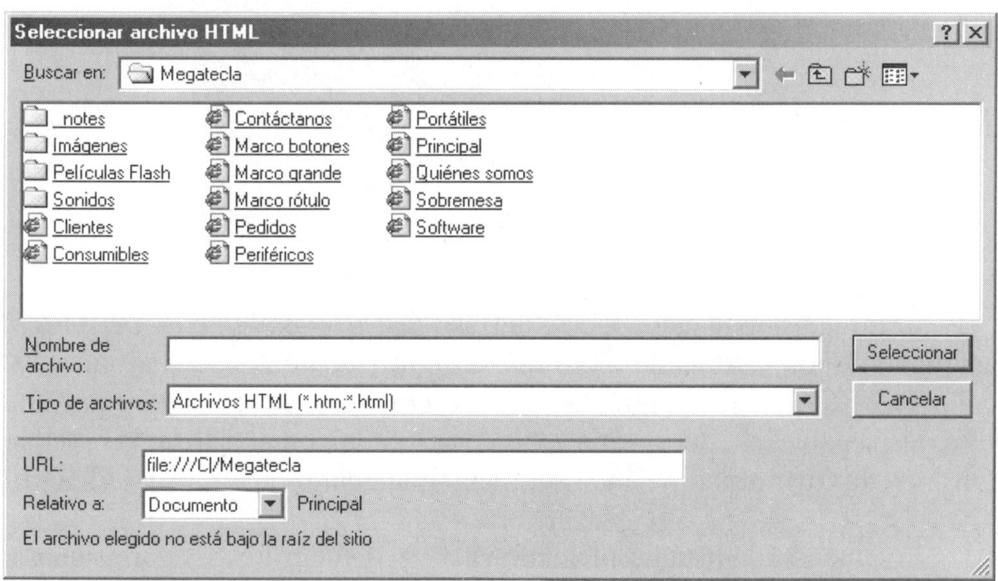

Elija la página que va a diseñar: *Periféricos*. Al hacerlo, ésta sustituirá a la página de presentación (aunque sólo momentáneamente, ya que después necesitaremos volver a dejar la página de presentación en su sitio).

Una vez que se encuentre en la página de *Periféricos* (dentro del marco principal), pulse **INTRO** detrás de la imagen del rótulo. Ahí, coloque la imagen *Epson-Stylus-photo-1290* (con el menú **Insertar**, opción **Imagen**) del CD-ROM. Como es excesivamente grande, acceda al inspector de propiedades y teclee los valores **125** en **An** y **122** en **Al** para reducir su tamaño. Inmediatamente detrás de la imagen de la impresora coloque la imagen *Módems* del CD-ROM. También es muy grande: para reducir su tamaño teclee **68** en **An** y **38** en **Al**.

Pulse **INTRO** para pasar a la línea siguiente, ya que ahí vamos a crear un pequeño **Formulario**, seleccionando esa opción en el menú **Insertar**. Dentro del formulario, vamos a insertar una tabla con tres columnas y una sola fila. Asígnele un **Ancho** de **460** píxeles y un **Borde 0** (cero).

En la primera celda teclee la frase *Seleccione el tipo de periférico*, asignándole los valores de texto de siempre (fuente **Arial**, **Tama**ño **2** y color **#FFFF96**). En la segunda celda de la tabla vamos a incorporar una lista desplegable, así pues, sitúese en ella, acceda al menú **Insertar**, active **Objetos de formulario** y, en el submenú que aparezca, elija **Lista/Menú**.

Obtendrá la lista desplegable vacía, y comenzaremos por asignarle el nombre *Lista* (mediante el cuadro de texto **Lista/Menú** del inspector de propiedades). Para rellenar la lista le asignaremos un comportamiento, ya que es un método que resulta muy práctico: acceda al panel de comportamientos y pulse su botón **+**. En el menú que se despliegue elija **Menú de salto**. Obtendrá el siguiente cuadro de diálogo:

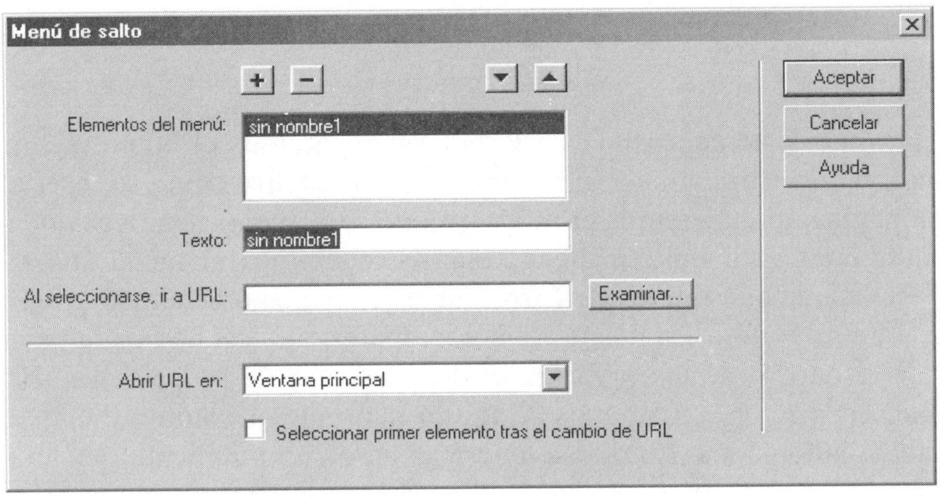

En **Texto** teclearemos cada opción que deba aparecer al desplegar la lista, mientras que en **Al seleccionarse, ir a URL** teclearemos el nombre de la página que debería aparecer al elegir esa opción escrita en **Texto**.

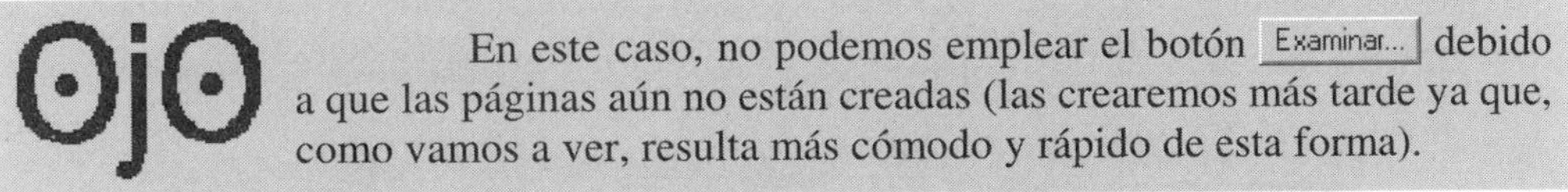

En este caso, no podemos emplear el botón Examinar... debido a que las páginas aún no están creadas (las crearemos más tarde ya que, como vamos a ver, resulta más cómodo y rápido de esta forma).

Cada vez que hayamos terminado una opción de la lista y vayamos a crear otra nueva, pulsaremos el botón +, pero no olvide que en cada caso, deberá utilizar la lista **Abrir URL en** para seleccionar su opción **marco "Principal"**. Los datos que iremos tecleando serán:

En **Texto**	En **Al seleccionarse, ir a URL**
Impresoras	*Impresoras.htm*
Módems	*Módems.htm*
Escáneres	*Escáneres.htm*
Cámaras de vídeo	*Cámaras.htm*
CD/DVD/Grabadoras	*CD-DVD.htm*

Cuando termine, pulse [Aceptar] y la lista desplegable estará terminada.

En la tercera celda de la tabla colocaremos el botón [Ir] (este botón no es estrictamente necesario, pero a detallar cómo se inserta en una página aprenderemos el modo en que se maneja). Una vez que nos encontremos situados en dicha celda accederemos al menú **Insertar**, seleccionaremos **Objetos de formulario** y, en el submenú que aparezca, elegiremos **Botón**. En cuanto el botón aparezca, teclearemos la palabra *Ir* en el cuadro de texto **Etiqueta** del inspector de propiedades. En el mismo inspector activaremos **Ninguno** para que el botón no tenga una función automática. Lo que sí tendrá es un comportamiento, por lo que activaremos el panel de comportamientos y pulsaremos su botón [+] para elegir uno: **Menú de salto Ir**.

Este botón nos ofrece un cuadro de diálogo en el que debemos elegir qué lista desplegable va a controlar. En nuestro caso, únicamente disponemos de una cuyo nombre pusimos nada más incorporarla a la página: *Lista*. Así deberá aparecer al seleccionar **Menú de salto Ir**:

Bastará con que pulsemos [Aceptar] para que el botón funcione.

A continuación, debemos ajustar las celdas de la tabla para que su contenido encaje perfectamente, así pues, utilice los bordes de las celdas para recolocar su tamaño.

En el menú **Archivo** seleccionaremos **Guardar marco** para grabar la página en el disco. Y para terminar, debemos volver a colocar la página de presentación en su sitio, para lo cual, en el menú **Archivo**, elegiremos **Abrir en marco**. Seleccione la página *Marco grande.htm*.

LAS PÁGINAS DE *PERIFÉRICOS*

No olvide cerrar y grabar la página *Principal* para que sus cambios surjan efecto.

Recuerde que en la página de *Periféricos* hemos mencionado los nombres de cinco páginas Web que aún no están creadas (*Impresoras.htm*, *Módems.htm*, *Escáneres.htm*, *Cámaras.htm* y *CD-DVD.htm*). Es ahora cuando vamos a definir estas páginas. Éstas van a tener un contenido muy similar entre sí y lo único que variará será la lista de marcas y modelos de cada caso. Esto significa que la página de *Periféricos* nos va a servir como plantilla para crear esas nuevas páginas a las que sólo necesitaremos teclear esas listas de marcas y modelos.

Así pues, abra la página de *Periféricos* (por ejemplo, haciendo doble clic en su icono de la ventana de sitio). En cuanto la tenga en la pantalla acceda al menú **Archivo** y seleccione **Guardar como**.

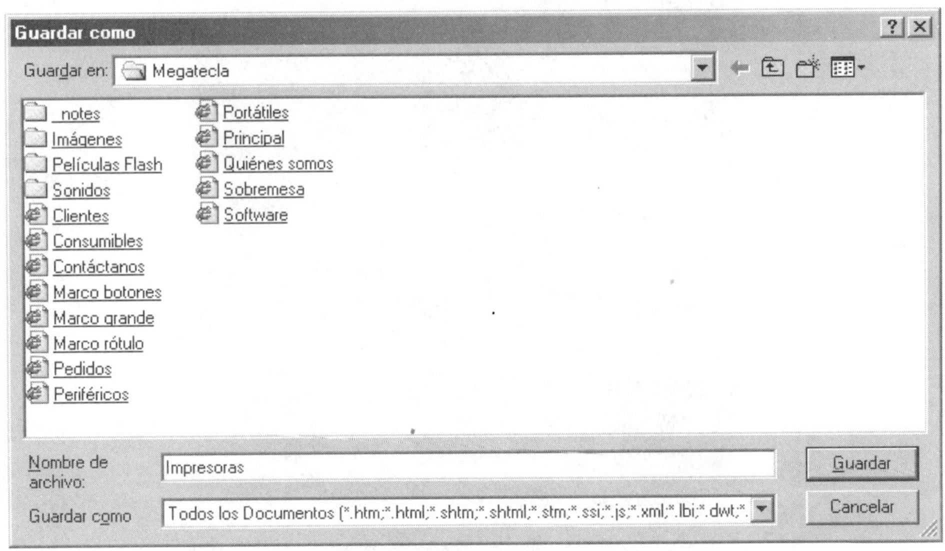

En el cuadro de texto **Nombre de archivo** teclee *Impresoras*. Ya tiene una página creada que será idéntica (por el momento) a la de *Periféricos*.

Crearemos las demás páginas de periféricos mediante el mismo sistema, es decir, elegiremos **Guardar como** en el menú **Archivo** e iremos tecleando como nombres para las páginas *Módems*, *Escáneres*, *Cámaras* y *CD-DVD*.

Ahora ya tenemos las cinco páginas creadas, aunque por el momento todas tienen el mismo contenido. A continuación bastará con que vayamos abriendo una a una y rellenando con datos (grabando el resultado en cuanto terminemos de rellenar cada una). He aquí los datos que deberán contener, debajo del formulario (observe que en cada caso hay una tabla que deberá crear sin borde y con el tamaño ajustado a su contenido):

Impresoras

Epson Stylus	166,386 pts	1 €
HP Deskjet	166,386 pts	1 €

Modems

Diamond	166,386 pts	1 €
3 Com	166,386 pts	1 €
Us Robotics	166,386 pts	1 €

Escáneres

HP	166,386 pts	1 €
Primax	166,386 pts	1 €

Cámaras de vídeo digital

Sony	166,386 pts	1 €
Nec	166,386 pts	1 €

CD / DVD / Grabadoras

DVD Nec	166,386 pts	1 €
Grabadora HP	166,386 pts	1 €
CD Sony 50x	166,386 pts	1 €

RELLENO DE LA PÁGINA *CONSUMIBLES*

Abra la página *Consumibles* (por ejemplo, haciendo doble clic sobre su icono en la ventana de sitio) y pulse **INTRO** detrás de la imagen del rótulo. Ahí añadiremos la imagen *Consumibles* del CD-ROM (recuerde, menú **Insertar**, opción **Imagen**). Como esta imagen es excesivamente grande, la reduciremos tecleando **192** en **An** y **138** en **Al** del inspector de propiedades.

Vuelva a pulsar **INTRO** detrás de la imagen *Consumibles* y añada una tabla sin borde de tres filas y tres columnas que contenga los datos siguientes.

Caja de disquetes	166,386 pts	1 €
Cartucho de tinta	166,386 pts	1 €
CD-R 74 min.	166,386 pts	1 €

No olvide grabar el resultado.

RELLENO DE LA PÁGINA *PEDIDOS*

La página de *Pedidos* va a contener un formulario bastante completo. Abra dicha página (por ejemplo, haciendo clic sobre su icono en la ventana de sitio) y pulse **INTRO** detrás de la imagen del rótulo.

Todo el texto de la página debe tener las características de siempre (fuente **Arial**, **Tam**año **2** y color **#FFFF96**).

Para empezar teclee las frases: *Para realizar un pedido es necesario darse de alta como cliente. Si no se ha dado de alta aún, pulse el botón Clientes.* La palabra clientes debe ir en **negrita** y va a ser un vínculo: selecciónela y, en el cuadro de texto **Vínculo** del inspector de propiedades escriba *Clientes.htm*.

Debajo, añada un **Formulario**, seleccionando esa opción en el menú **Insertar**.

Dentro del formulario, teclee la frase *Número de cliente:* y detrás añada un **Campo de texto** (que podrá encontrar en la opción **Objetos de formulario** del menú **Insertar**). A este campo de texto deberá asignarle el nombre *NumCliente* (en el cuadro **Campo de texto** del inspector de propiedades. Debajo, inserte una tabla con los valores siguientes:

Seleccione las tres celdas de la primera fila, acceda al menú **Modificar**, active **Tabla** y, en el submenú que aparezca, elija **Combinar celdas**. Dentro de la celda que quede, teclee *Hardware* y aplíquele las siguientes características de texto: fuente **Arial**, **Tam**año **3**, color, negrita (**B**), **#FFFF96** y alineación centrada (▤).

En las siguientes filas de la tabla deberá añadir los siguientes datos:

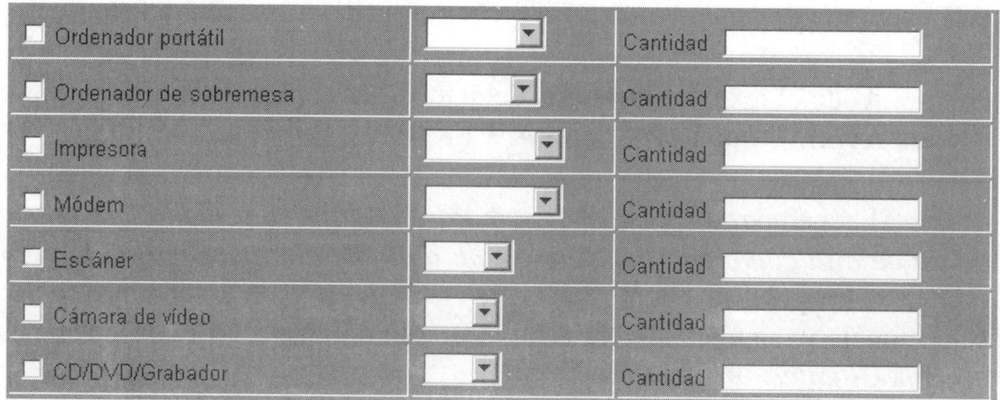

Las casillas de verificación de la primera columna se añaden desde el menú **Insertar**, seleccionando **Objetos de formulario** y, en el submenú que aparece, eligiendo **Casilla de verificación**. En el mismo submenú, podrá encontrar las listas desplegables de la segunda columna (opción **Lista/Menú**) y los cuadros de texto de la tercera mediante la opción **Campo de texto** (también en el mismo submenú). Esta parte es la más pesada porque no hay más remedio que incorporar todos los elementos uno a uno y teclear los mensajes que les acompañen. Además, tenemos que asignar un nombre a cada elemento (en el inspector de propiedades). Puede verlo abriendo el ejercicio del CD-ROM (en su carpeta *Megatecla*) y haciendo clic sobre cada elemento para ver su nombre en el inspector de propiedades.

En la siguiente fila también vamos a combinar las celdas para teclear *Software* y disponerla como hicimos con *Hardware* en la primera fila. Debajo de *Software* incorporaremos los siguientes datos (también deberá asignar un nombre a cada elemento):

Software		
☐ Microsoft	▼	Cantidad
☐ Macromedia	▼	Cantidad
☐ Borland	▼	Cantidad
☐ Lotus	▼	Cantidad

La siguiente fila también deberá tener combinadas las tres celdas en una sola. En ella, escribiremos *Consumibles* y le asignaremos las mismas características que a *Hardware*. Los datos de debajo serán:

Consumibles		
☐ Caja de disquetes	▼	Cantidad
☐ Cartucho de tinta	▼	Cantidad
☐ CD-R 74 min.	▼	Cantidad

Recuerde asignar nombres a los elementos. Además, deberá añadir ciertos datos a las listas desplegables. Puede guiarse por el ejercicio ya terminado que le ofrecemos en la carpeta *Megatecla* del CD-ROM.

Debajo de la tabla anterior (pero aún dentro del formulario) vamos a crear otra que tendrá una única fila y tres columnas (sin borde y con la misma anchura que la anterior: **600** píxeles) para colocar dentro de ella tres botones.

1. En la primera celda añada un botón "normal" (menú **Insertar**, opción **Objetos de formulario** y, subopción **Botón**). En el cuadro de texto **Etiqueta** del inspector de propiedades teclee el mensaje *Enviar datos*.

2. En la celda central añadiremos un **Botón Flash** (en el menú **Insertar**, opción **Imágenes interactivas**). Elija, como **Estilo**, el tipo **Generic-Ruby**, teclee el mensaje *Cancelar* en el cuadro **Texto del botón** y elija la página *Marco grande.htm* en el cuadro de texto **Vínculo**. Este botón anulará el pedido y se limita a llevarnos de nuevo a la página de presentación.

3. En la celda de la derecha añada un botón "normal" (con el menú **Insertar**, opción **Objetos de formulario** y subopción **Botón**). En el inspector de propiedades, active **Restablecer formulario** y teclee *Vaciar el formulario* en el cuadro de texto **Etiqueta**. Este botón restablecerá los elementos del formulario dejándolos como estaban inicialmente.

Seleccione las tres celdas y pulse el botón ▤ en el inspector de propiedades. También sería recomendable ampliar la altura de la tabla para separar estos tres botones de los datos anteriores (por ejemplo, haga clic sobre el borde de la tabla y, en el inspector de propiedades, teclee el valor **55** en **Al**).

No olvide grabar el resultado.

RELLENO DE LA PÁGINA *CLIENTES*

La página *Clientes* también lleva un formulario pero más sencillo que el de *Pedidos*.

Los botones son idénticos a los de *Pedidos*, con la excepción de que el botón Enviar datos va a contener un comportamiento que compruebe la validez de los datos que teclee el internauta.

Una vez que haya construido el formulario (y asignado nombre a los elementos) haga clic en el botón Enviar datos para seleccionarlo. Después, acceda al panel Comportamientos y pulse su botón ➕. En el menú que aparezca, seleccione **Validar formulario**.

Obtendrá un cuadro de diálogo en el que deberá establecer qué datos se admiten en cada cuadro de texto:

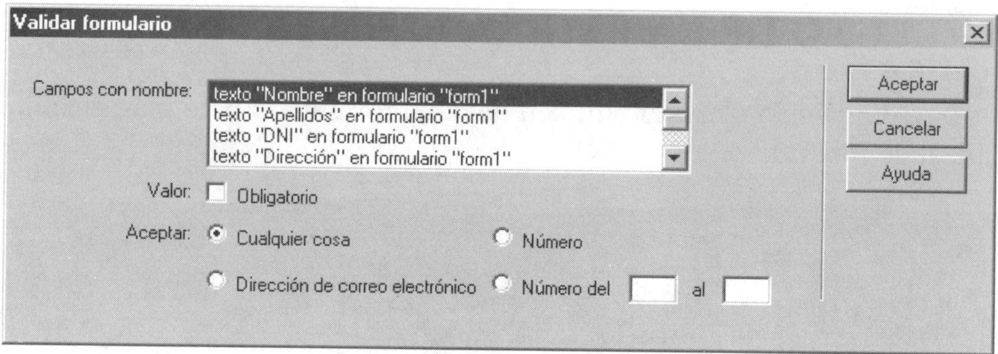

Los cuadros de texto deberían tener las siguientes características:

Nombre	Valor: ☑ Obligatorio Aceptar: ● Cualquier cosa ○ Número ○ Dirección de correo electrónico ○ Número del ___ al ___
Apellidos	Valor: ☑ Obligatorio Aceptar: ● Cualquier cosa ○ Número ○ Dirección de correo electrónico ○ Número del ___ al ___
DNI	Valor: ☑ Obligatorio Aceptar: ● Cualquier cosa ○ Número ○ Dirección de correo electrónico ○ Número del ___ al ___
Dirección	Valor: ☐ Obligatorio Aceptar: ● Cualquier cosa ○ Número ○ Dirección de correo electrónico ○ Número del ___ al ___
Código Postal	Valor: ☐ Obligatorio Aceptar: ○ Cualquier cosa ● Número ○ Dirección de correo electrónico ○ Número del ___ al ___
Provincia	Valor: ☐ Obligatorio Aceptar: ● Cualquier cosa ○ Número ○ Dirección de correo electrónico ○ Número del ___ al ___
E-Mail	Valor: ☐ Obligatorio Aceptar: ○ Cualquier cosa ○ Número ● Dirección de correo electrónico ○ Número del ___ al ___

RELLENO DE LA PÁGINA *QUIÉNES SOMOS*

La página *Quiénes somos* es una de las más sencillas. Debe contener lo siguiente:

En Megatecla tenemos una experiencia de más de 20 años trabajando con sistemas informáticos de todas clases.

y ponemos toda esa experiencia a su disposición.

Puede encontrarnos en

Madrid	Barcelona	Valencia
Avda. del Cartucho de tinta, 486.	Pza. del Disco redondo, 8.	C/ Pentium, 133.
28099 - Madrid	08099 - Barcelona.	46099 - Valencia

Como único dato a destacar diremos que la tabla no debe tener un tamaño fijo, sino un porcentaje (**100%**) de la anchura de la ventana para que se adapte a ésta (puede asignar ese valor en el cuadro de texto **An** del inspector de propiedades).

RELLENO DE LA PÁGINA *CONTÁCTANOS*

La página *Contáctanos* también es muy sencilla. Contendrá lo siguiente:

Si desea contactar con nosotros...

Por teléfono:

Madrid	Barcelona	Valencia	24 horas
91 999 88 77	93 999 77 88	96 999 78 78	902 99 88 77

Por e-mail:

Madrid	Barcelona	Valencia
madrid@megatecla.net	barcelona@megatecla.net	valencia@megatecla.net

1. Las tablas deben tener una anchura del **100%** (que puede teclear en el cuadro de texto **An** del inspector de propiedades).

2. Utilice los colores, tamaños y tipos de letra que considere más adecuados para cada parte de texto que puede ver en esta página.

3. Las tres direcciones de correo electrónico que puede ver en la última fila de la tabla deben crearse seleccionando cada una, accediendo al menú **Insertar** y seleccionando **Vínculo de correo electrónico**. En el cuadro de diálogo que aparezca, teclee la dirección de e-mail que desee (en **Correo electrónico**).

La empresa Megatecla, las marcas de los ordenadores, las direcciones, los números de teléfono y todos los precios que puede ver en este ejercicio son completamente imaginarios.

ALGUNOS DETALLES FINALES

Cuando vaya a diseñar un sitio Web, tenga en cuenta las siguientes consideraciones:

1. Siempre que vaya a diseñar un sitio Web complejo puede optar por añadir elementos vistosos como películas de Flash o sonidos (tal y como hemos hecho nosotros en este capítulo). Ahora bien, siempre existe la posibilidad de que algún internauta no disponga del plug-in o reproductor adecuado para que la página se vea correctamente en su navegador. Por ello, debe crear una página inicial en la que se permita elegir si el internauta desea ver la página con esos elementos o sin ellos. Naturalmente, para que esto funcione necesitará definir dos sitios Web paralelos que contengan la misma información pero distintos tipos de elementos. Por ejemplo, en nuestro caso, deberíamos haber creado otras páginas Web que no contengan ningún tipo de sonido ni de película o

botón Flash. El truco consiste en emplear la opción **Guardar como** del menú **Archivo** tal y como hemos hecho en el apartado *Las páginas de* **Periféricos** de este mismo capítulo, es decir, se abre una página que ya esté terminada y se graba inmediatamente después con esa opción **Guardar como**. De este modo, sólo necesitará eliminar o modificar los elementos en cuestión sin realizar un gran esfuerzo. Le animamos a que lo intente con las páginas del sitio Web *Megatecla* que ha creado eliminando los botones Flash, los sonidos y la película Flash y cambiándolos por otras funciones equivalentes que no exijan contener esos elementos.

2. Otro detalle que debe tener en cuenta es el tamaño de la página a la hora de diseñar un Web. Hoy por hoy están empezando a proliferar pantallas grandes de ordenador (de 15" o de 17") que admiten una mayor resolución. En ellas una página diseñada para que encaje perfectamente en una resolución de 1024x768 no ofrecerán problemas, sin embargo, si un internauta abre su página trabajando con resolución 800x600 puede no ver todo el contenido en la pantalla debido a que en ese modo los píxeles son mayores y las imágenes que aparecen en pantalla son, por tanto, mayores. Téngalo en cuenta, sobre todo, cuando vaya a incorporar una imagen y esté decidiendo qué tamaño va a ofrecer en la pantalla.

3. Existen en el mercado herramientas de retoque de imágenes que pueden resultar muy prácticas para generar rótulos que luego se colocan en las páginas Web de Internet. Por ejemplo, dispone de programas como Photoshop (de Adobe Systems), Photo-Paint (de Corel), Photo-Draw (de Microsoft) o Fireworks (de la misma Macromedia que ha diseñado Dreamweaver). Si domina el manejo de uno de estos sistemas se hará un experto en la creación y diseño de rótulos para sus páginas Web.

4. Las imágenes que emplee en sus páginas Web, también pueden retocarse con esos programas, sin embargo, siempre puede tener

la duda en cuanto a dónde puede hallar imágenes adecuadas para sus páginas.

- Se pueden conseguir dibujos diseñados por ordenador (llamados *clipart*) en muchos sitios Web de Internet. Por ejemplo, en la dirección **http://www.mistyangel.com/webmasters** o en las páginas de Microsoft (**http://www.microsoft.es**).

- Si tiene una fotografía cuyo contenido desea colocar en una página, utilice un escáner para digitalizarla y algún programa como Photoshop o Fireworks para mejorarla: suele ser muy útil grabarla en el disco en formato **JPG** debido a que ocupa poco espacio y es un formato estándar.

- Si dispone de una cámara de vídeo y una tarjeta capturadora puede emplear el programa de captura (que suelen llevar las tarjetas capturadoras) para obtener la imagen de un fotograma de la película que le interese colocar en su página Web. Este método se empleó en la imagen *Consumibles* que ha utilizado en el ejercicio de *Megatecla* o en el teclado que aparece en la página de presentación.

5. Si ya tiene un sitio Web diseñado (o una buena parte) y necesita cambiar el nombre de la carpeta que lo contiene, hágalo. Ahora bien, tendrá que cambiar ciertos datos en Dreamweaver para que siga respondiendo normalmente. Piense que este sistema crea un sitio y registra sus datos, entre los que se encuentra la carpeta en la que se ha creado. Si cambia el nombre de la carpeta sin más, Dreamweaver no encontrará el sitio, sus páginas o los elementos que contengan. Por tanto, necesitará acceder a la ventana de sitio y modificar el sitio indicando cuál es la nueva carpeta. Igualmente, puede sucederle esto si necesita cambiar otros datos relativos al sitio, como la dirección en Internet donde está publicado el sitio.

CAPÍTULO 6

EQUIVALENCIAS EN INGLÉS

Español	Inglés
Abrir	Open
Abrir comillas	Left Quote
Abrir en	Open In
Abrir URL en	Open URLs In
Abrir ventana del explorador	Open Browser Window
Absoluta	Absolute
Acceso	Access
Acción	Action
Aceptar	Accept
Aceptar	OK

Español	Inglés
Activado	Checked
Actualizar lista archivos remotos autom.	Refresh Remote File List Automatically
Actualizar automáticamente al guardar	Update automatically on Save
Agregar imagen de espaciador	Add Spacer Image
Ajustar si a menos de	Snap if Within
Al	H
Al aplicar	When Applying
Al arrastrar	While Dragging
Al hacer clic, ir a URL	When Clicked, Go To URL
Al seleccionarse, ir a URL	When Selected, Go To URL

Español	Inglés
Al soltar: Llamar JavaScript	When Dropped: Call JavaScript
Alfabeto en mayúsculas	Alphabet Large
Alfabeto en minúsculas	Alphabet Small
Alineación	Alignment
Alineación de texto	Text Align
Alineación vertical	Vertical Alignment
Alinear	Align
Alto	Height
Alto de la ventana	Window Height
Alto de margen	Margin Height
Alto del margen	Margin Height
Ampliación de Dreamweaver	Extending Dreamweaver
An	W
Ancho	Border Width
Ancho	Width
Ancho car	Char Width
Ancho de columna	Column Width
Ancho de la ventana	Window Width
Ancho de margen	Margin Width
Ancho del margen	Margin Width
Anterior	Previous
Anular sangría	Outdent
Añadir a estilo existente	Add to Existing Style
Añadir a personal	Add to Personal
Aplicar	Apply
Aplicar a	Apply To
Archivo	File
Archivo de origen de imagen	Image Source File
Archivo de plantilla	Template File
Archivos de XML	XML Files
Archivos del sitio	Site Files
Archivos seleccionados en el sitio	Selected Files in Site
Arrastrar capa	Drag Layer
Arrastrar selector	Drag Handle
Atributos	Attributes
Atributos de fuente	Font Attributes
Atributos de párrafo	Paragraph Attributes
Aumentar ancho de columna	Increase Column Span
Aumentar tamaño de fila	Increase Row Span
Avanzado	Advanced
Ayuda	Help
Bajo la selección	Below the Selection
Barra de estado	Status Bar
Barra de herramientas de navegación	Navigation Toolbar
Barra de herramientas de ubicación	Location Toolbar
Barra de menús	Menu Bar

Español	Inglés	Español	Inglés
Barra de navegación	Navigation Bar	Cambiar por	Change To
Barras despl. si son necesarias	Scrollbars as Needed	Cambiar propiedades	Change Property
Base de datos SourceSafe	SourceSafe Database	Cambiar todas	Change All
Básico	Basic	Cambiar vínculo	Change Link
Bloque	Block	Cambio de tamaño	Size Change
Borde	Border	Campo archivo	File Field Name
Borde	Brdr	Campo de archivo	File Field
Bordes	Borders	Campo de imagen	Image Field
Borrar	Clear	Campo de texto	Text Field
Borrar alto de celda	Clear Cell Heights	Campo oculto	Hidden Field
Borrar ancho de celda	Clear Cell Widths	Campos con nombre	Named Fields
Borrar estilo de la selección	Clear Selection Style	Cancelar	Cancel
Borrar estilo del párrafo	Clear Paragraph Style	Capa	Layer
Borrar estilo existente	Clear Existing Style	Capas con nombre	Named Layers
Botón	Button	Caracteres especiales	Special Characters
Botón de opción	Radio Button	Carga previa de imágenes	Preload Images
Botón Flash	Flash Button	Cargar Design Notes para compartir	Upload Design Notes for Sharing
Bucle	Loop	Carpeta	Folder
Buscar	Search	Carpeta de destino	Destination Folder
Buscar	Search For	Carpeta de imágenes de origen	Source Images Folder
Buscar en	Find in	Carpeta raíz local	Local root folder
Buscar sig.	Find Next	Carpeta remota	Remote folder
Buscar siguiente	Find Next	Cars max	Max Chars
Buscar todos	Find All	Casilla de verificación	Check Box
Buscar y reemplazar	Find and Replace	Categoría	Category
Cambiar	Change	Centímetros	Centimeters

Español	Inglés	Español	Inglés
Centro	Center	Conjunto de marcos	Frameset
Cerrar	Close	Contenido	Content
Cerrar comillas	Right Quote	Contenido	Contents
Cita	Citation	Contraseña	Password
Codificación del doc.	Document Encoding	Controlar Shockwave o Flash	Control Shockwave or Flash
Código	Code	Controlar sonido	Play sound
Código fuente	Source Code	Convertir ancho a píxeles	Convert Widths to Pixels
Coincidir mayúsculas y minúsculas	Match Case	Convertir ancho a porcentaje	Converts Width to Percent
Col. borde	Brdr Color	Copiar	Copy
Col. fondo	Bg Color	Correo electrónico	E-Mail
Colocación	Placement	Cortar	Cut
Color borde	Border Color	Crear álbum de fotos Web	Create Web Photo Album
Color de fondo	Background Color	Crear estilo person. (clase)	Make Custom Style (class)
Color de sustitución	Rollover Color	Crear página de navegación para cada foto	Create Navigation Page for Each Photo
Columnas	Columns	Crear vínculo	Make Link
Columnas vista archivo	File View Columns	Cuadro	Box
Comandos	Commands	Cuadro	Square
Combinar celdas	Merge Cells	Cualquier cosa	Anything
Comentario	Comment	Cursiva	Italic
Comportamiento	Behavior	Datos locales	Local Info
Comportamientos	Behaviors	Datos remotos	Remote info
Comprobar explorador	Check Browser	Dcha.	Right
Comprobar Plug-in	Check Plugin	De lo contrario	Otherwise
Conectar	Login	De lo contrario, ir a URL	Otherwise, Go To URL
Configuración	Settings	Definición	Definition

Español	Inglés
Definir en	Define In
Definir origen como	Set Source to
Definir sitios	Define sites
Dejar arriba	Leave on Top
Delante	Before
Derecha	Right
Derecho	Right
Desactivado	Unchecked
Desbord.	Overflow
Deshacer	Undo
Desplaz.	Scroll
Desplazar	Scroll
Desproteger/proteger	Check In/Out
Destacado	Strong
Destino	Drop Target
Destino	Target
Detener	Stop
Detener línea de tiempo	Stop Timeline
Detrás	After
Dibujar celda de disposición	Draw Layout Cell
Dibujar tabla de disposición	Draw Layout Table
Dirección de correo electrónico	Email Address
Dirección HTTP	HTTP address

Español	Inglés
Directorio del servidor	Host directory
Disposición mapa del sitio	Site Map Layout
Dividir	Split Cell Into
Dividir celda	Split Cell
Dividir marco a la derecha	Split Frame Right
Dividir marco a la izquierda	Split Frame Left
Dividir marco hacia abajo	Split Frame Down
Dividir marco hacia arriba	Split Frame Up
Documento actual	Current Document
Documentos HTML	HTML Documents
Duplicar	Duplicate
Edición	Edit
Editar	Edit
Editar contenido sin marcos	Edit NoFrames Content
Editar hoja de estilos	Edit Style Sheet
Editar lista de fuentes	Edit Font List
Efecto visual	Visual Effect
Elementos de barra de navegación	Nav Bar Elements
Elementos del menú	Menu Items
Eliminar columna	Delete Column
Eliminar fila	Delete Row
En etiqueta	Inside Tag
Enc.	Header

Español	Inglés	Español	Inglés
Encabezado	Heading	Filtro	Filter
Énfasis	Emphasis	Flotante	Float
Enviar formulario	Submit form	Fnd.	Bg.
Escala	Scale	Fondo	Background
Esp. celda	CellSpace	Formato	Format
Espac. letras	Letter Spacing	Formato de día	Day Format
Espac. palabras	Word Spacing	Formato de fecha	Date Format
Espacio celda	Cell Spacing	Formato de foto	Photo Format
Espacio en blanco	Whitespace	Formato de hora	Time Format
Espacio H	H Space	Formato de miniatura	Thumbnail Format
Espacio V	V Space	Formato de párrafo	Paragraph Format
Estado inicial	Initial State	Formulario	Form
Estática	Static	Fotogramas clave	Keyframes
Estilo	Style	Fuente	Font
Estilos CSS	CSS Styles	Fuentes disponibles	Available Fonts
Estilos HTML	HTML Styles	Fuentes elegidas	Chosen Fonts
Etiqueta	Label	Generador	Generator
Etiqueta de elemento	Item Label	Guardar	Save
Etiqueta específica	Specific Tag	Guardar como	Save as
Etiquetas de iconos	Icon Labels	Guardar como plantilla	Save as Template
Etiquetas invisibles	Invisible Tags	Guión	Em-Dash
Eventos	Events	Hacer que la columna sea autoampliable	Make Column Autostretch
Examinar	Browse	Heredada	Inherit
Extensiones	Extensions	Herramienta Puntero de zona interactiva	Pointer Hotspot Tool
Fecha	Date	Herramienta Zona interactiva oval	Oval Hotspot Tool
Fijo	Fixed	Herramienta Zona interactiva poligonal	Polygon Hotspot Tool
Filas	Rows	Herramienta Zona interactiva rectangular	Rectangular Hotspot Tool

Español	Inglés
Horiz.	Horz.
Horizontalmente	Horizontally
ID de capa	Layer ID
Ignorar diferencias de espacios en blanco	Ignore Whitespace Differences
Igualar ancho de celdas	Make Cell Widths Consistent
Im.	Bg Image
Im. fondo	Bg Image
Imagen	Image
Imagen abajo	Down Image
Imagen arriba	Up Image
Imagen de fondo	Background Image
Imagen de rastreo	Tracing Image
Imagen de viñeta	Bullet Image
Imágenes	Images
Imágenes interactivas	Interactive Images
Índice	Index
Índice Z	Z-Index
Inf.	Bottom
Inferior absoluta	Absolute Bottom
Información de subencabezado	Subheading Info
Iniciar recuento	Start Count
Inicio	Home
Insertar	Insert
Insertar botón Ir tras el menú	Insert Go Button After Menu
Insertar columna	Insert Column
Insertar fila	Insert Row

Español	Inglés
Insertar filas o columnas	Insert Rows or Columns
Inspector de propiedades	Property inspector
Intercambiar imagen	Swap Image
Introducir	Enter
Ir a un fotograma en la línea de tiempo	Go To Timeline Frame
Ir a URL	Go to URL
Ir al fotograma	Go to Frame
Ir al marco	Go to frame
Ir siempre al primer URL si no es posible detectarle	Always go to first URL if detection is not possible
Iz	L
Izda.	Left
Izquierda	Left
Izquierda superior	Left Top
Izquierda y arriba	Left and Top
Lenguaje	Language
Libra	Pound
Línea de base	Baseline
Línea de tiempo	Timeline
Líneas de tiempo	Timelines
Lista	List
Lista con números	Numbered List
Lista con viñetas	Bulleted List
Lista de definición	Definition List
Lista de directorio	Directory List
Lista de fuentes	Font List
Lista de menú	Menu List

Español	Inglés	Español	Inglés
Lista ordenada	Ordered List	Mostrar URL	URL to Display
Lista sin ordenar	Unordered List	Mostrar-Ocultar capas	Show-Hide Layers
Lista/Menú	List/Menu	Movimiento	Movement
Listo	Done	Muestra	Sample
Llamar JavaScript	Call JavaScript	Negrita	Bold
Local/Red	Local/Network	Ning.	None
Mantener Design Notes	Maintain Design Notes	Ninguno	None
Mapa del sitio	Site map	No aj.	No Wrap
Marca	Trademark	No está en etiqueta	Not Inside Tag
Marcos	Frames	No volver a mostrar este mensaje	Don't show me this message again
Margen izquierdo	Left margin	Nombre	Name
Margen superior	Top margin	Nombre de casilla	Check Box
Medio	Media	Nombre de la ventana	Window Name
Medio	Middle	Nombre de marco	Frame Name
Medio absoluta	Absolute Middle	Nombre del botón	Button Name
Mensaje	Message	Nombre del elemento	Element Name
Mensaje emergente	Popup Message	Nombre del menú	Menu Name
Menú de salto	Jump Menu	Nombre del punto de fijación	Anchor name
Mismo tamaño	No resize	Nombre del sitio	Site name
Modificar	Modify	Nombres de archivo	File names
Mostrar	Show	Nuevo	New
Mostrar "imagen abajo" inicialmente	Show "Down Image" Initially	Nuevo archivo de hoja	New Style Sheet File
Mostrar archivos dependientes	Display Dependent Files	Nuevo de plantilla	New from Template
Mostrar archivos marcados como ocultos	Display Files Marked as Hidden	Nuevo estilo	New Style
Mostrar fuente	Show Font	Nuevo sitio	New site
Mostrar nombres de archivos	Show Filenames	Nuevo valor	New Value

Español	Inglés	Español	Inglés
Número	Number	Parámetros	Parameters
Número de columnas	Number of columns	Párrafo	Paragraph
Número de columnas	Number of Columns	Pegar	Paste
Número de filas	Number of Rows	Película	Movie
Número del	Number from	Permitir múltiples	Allow multiple
O superior,	Or Later	Pix	Pixels
Objeto con nombre	Named Object	Píxeles	Pixels
Objetos de formulario	Form Objects	Plantillas	Templates
Obtener más comportamientos	Get More Behaviors	Posición	Positioning
Obtener más estilos	Get more styles	Posición horizontal	Horizontal Position
Obtener posición actual	Get Current Position	Posición vertical	Vertical Position
Occidental	Western	Predet.	Default
Oculta	Hidden	Predet. naveg	Browser Default
Omitir	Ignore	Predeterminada	Default
Omitir todas	Ignore All	Predeterminado	Default
Orig.	Low Src	Propiedades	Properties
Origen	Src	Propiedades de la página	Page properties
Ortografía	Check Spelling	Pulgadas	Inches
Otra información	Other Info	Punto de fijación con nombre	Named Anchor
Otros navegadores	Other Browsers	Quitar	Remove
Página principal	Home Page	Quitar todas las imágenes de espaciador	Remove All Spacer Images
Palabra no encontrada en el diccionario	Word not found in dictionary	Quitar vínculo	Remove Link
Panel Comportamientos	Behaviors Panel	Rebobinar	Rewind
Panel Objetos	Objects Panel	Recorte	Clip

Español	Inglés	Español	Inglés
Redefinir etiqueta HTML	Redefine HTML Tag	Restaurar imágenes onMouseOut	Restore Images onMouseOut
Reducir tamaño de columna	Decrease Column Span	Restaurar Índice Z	Restore z-index
Reducir tamaño de fila	Decrease Row Span	Romanos en mayúsculas	Roman Large
Reemp. todos	Replace All	Romanos en minúsculas	Roman Small
Reemplazar	Replace	Salir	Exit
Reemplazar con	Replace With	Salto de página	Page Break
Registrada	Registered	Sangría	Indent
Regla horizontal	Horizontal Rule	Sangría de texto	Text Indent
Reglas	Rulers	Secuencia	Script
Relativa	Relative	Selección	Selection
Relativo	Relative	Seleccionar	Select
Rell. celda	CellPad	Seleccionar primer elemento tras el cambio de URL	Select First Item After URL Change
Relleno	Padding	Seleccionar tabla	Select Table
Relleno celda	Cell Padding	Selecciones	Selections
Repetir	Repeat	Selectores de cambio de tamaño	Resize Handles
Reprod. automática	Autoplay	Servidor FTP	FTP host
Reproducir	Play	Si se encuentra, ir a URL	If Found, Go To URL
Reproducir línea de tiempo	Play Timeline	Siguiente	Next
Reproducir sonido	Play sound	Sin día	No Day
Rest. recuento a	Reset Count To	Sin hora	No Time
Restab. tamaño	Reset Size	Sin nombre	Unnamed
Restablecer formulario	Reset form	Sitio	Site
Restablecer origen	Reset Origin	Sobre imagen	Over Image
Restaurar imagen intercambiada	Swap Image Restore	Sobre la selección	Above the Selection

Español	Inglés	Español	Inglés
Sobre mientras imagen abajo	Over While Down Image	Traer la capa al frente, después	Bring Layer to Front, then
Sólo este documento	This Document Only	Transparencia de imagen	Image transparency
Sólo si se ajusta	Only if snapped	Una línea	Single line
Sombreado	Shading	Unidades	Units
Subrayado	Underline	Unión	Attachment
Sugerencias	Suggestions	Usar cortafuegos (en preferencias)	Use Firewall (in Preferences)
Sup	T	Usar expresiones regulares	Use Regular Expressions
Superior	Top	Usar selector CSS	Use CSS Selector
Superior izquierda	Top Left	Usar tablas	Use Tables
Tabla	Table	Uso de Dreamweaver	Using Dreamweaver
Tachado	Strikethrough	Utilizar FTP pasivo	Use Passive FTP
Tamaño	Size	Val inicial	Init val
Tamaño de miniatura	Thumbnail Size	Validar formulario	Validate Form
Teclado	Keyboard	Valor	Value
Teletipo	Teletype	Valor activado	Checked Value
Texto	Text	Valores de la lista	List Values
Texto (avanzado)	Text (Advanced)	Varias líneas	Multiline
Texto del botón	Button Text	Veces	Times
Texto Flash	Flash Text	Ventana	Window
Texto superior	TextTop	Ventana de sitio	Site Window
Tipo	Type	Ventana principal	Main Window
Tipo de lista	List Type	Ver	View
Tipo de objeto	Type of Object	Verticalmente	Vertically
Título	Title	Vinc. activos	Active Links
Título del álbum de fotos	Photo Album Title	Vinc. visitados	Visited Links
Títulos de página	Page Titles	Vínculo	Link
Todo el sitio local	Entire Local Site	Vínculo de correo electrónico	Email Link

Español	Inglés
Vínculos	Links
Viñeta	Bullet
Visibilidad	Visibility

Español	Inglés
Vista de disposición	Layout View
Vista estándar	Standard View
Vista prev. imagen	Preview Images

ÍNDICE ALFABÉTICO

CN6/E1/01

Esta edición se terminó de imprimir en julio de 2001. Publicada por
ALFAOMEGA GRUPO EDITOR, S.A. de C.V. Apartado Postal
73-267, 03311, México, D.F. La impresión y encuadernación se
realizaron en TALLERES GRAFICOS DEL D.F., Calle Puente
Moralillo No. 49, Col. Puente Colorado, 01730, México, D.F.